패스 브레이킹 5P

패스 브레이킹 5P

교회 세움을 위한 핵심 가치

초판 1쇄 인쇄 | 2019년 6월 15일
초판 1쇄 발행 | 2019년 6월 25일

지은이 | 김석년, 주희현, 박관용
펴낸이 | 강영란

편집 | 권지연, 이홍림
디자인 | 트리니티
마케팅 및 경영지원 | 이진호

펴낸곳 | 도서출판 샘솟는기쁨
주소 | 서울시 충무로 3가 59-9 예림빌딩 402호
전화 | 대표 (02)517-2045
팩스 | (02)517-5125(주문)

이메일 | atfeel@hanmail.net
홈페이지 | www.vivi2.net
출판등록 | 2006년 7월 8일

ISBN 979-11-89303-18-1(03200)

이 도서의 국립중앙도서관 출판예정도서목록(CIP)은
서지정보유통지원시스템 홈페이지(http://seoji.nl.go.kr)와
국가자료종합목록 구축시스템(http://kolis-net.nl.go.kr)에서
이용하실 수 있습니다. (CIP제어번호 : CIP2019023006)

PATH BREAKING 5P

패스 브레이킹 5P

교회 세움을 위한 핵심 가치

김석년, 주희현, 박관용

샘솟는기쁨

길이 없으면
길을 만들어 간다!

여기, 개척자의 길이 있다. 만들어 가야 하고 뚫고 가야 하는 좁은 길이다. 저자는 그 길을 먼저 가서 뒤를 돌아보는 여유를 가지고, 셰르파의 심정으로 또 다른 개척자들에게 도움을 주려 한다. 저자의 몸부림과 성공적 발돋음을 지켜본 나로서 자신있게 이 책을 추천한다. **최종진** | 서울신학대학교 전 총장

그의 경이로운 개척교회 성공체험에 근거하여 이 책을 저술하였기에 이 책을 읽고 그대로 실천하는 개척목회자들은 반드시 성공할 것이라고 확신한다. 십자가 복음을 통한 근원적 확신과 성화적 영성의 바탕 위에 차별화 성장 방법론을 전개하는 것이 김 목사의 21세기적 목회방법론이라고 할 수 있다. **김홍기** | 감리교신학대학교 전 총장

이 책은 현대목회자의 고민을 풀어주는 열쇠이며 이 시대 최고의 목회안내서이다. 방황하는 현대 목회자들의 자신감과 열정을 회복시킬 것이다. **박종근** | 서울모자이크교회 담임목사

21세기 건강한 목회를 꿈꾸는 자라면 이 책을 책상 위에 늘 펼쳐 두라. 『패스브레이킹 5P』는 원리와 실제를 넘어 목회에 대한 뜨거운 열정을 새롭게 불러일으킬 것이다. **명성훈** | 성시교회 담임목사, 성경적교회성장연구소소장

『패스브레이킹 5P』는 건강한 교회, 성장하는 교회라는 두 마리 토끼를 좇는 이들을 위한 실제적 지침서이다! **임성빈** | 장로회신학대학교 총장

『패스브레이킹 5P』는 김석년 목사의 목회 비전이며 동시에 우리 모두의 희망이다. 이것이 어떻게 구체화되어 현실로 나타날 것인지 오늘도 기도하며 지켜보고자 한다. **임영수 목사** | 모새골공동체 대표

목회는 이미 우리 안에 내재한, 그분에 대한 그리움을 불러일으키는 것입니다. 이 책은 그 그리움을 일깨우는, 새롭고도 분명한 울림을 담고 있습니다. **최일도 목사** | 다일공동체 대표

김 목사님의 목회 철학과 성공의 사례, 그리고 새로운 시대를 바라보는 탁월한 안목이 실려 있는 이 책을 모델을 삼는다면 저마다 원하는 성과를 얻을 수 있을 것입니다. 이 책은 특히 개성있는 목회를 추구하며, 교회를 개척하고 시작한 용기있는 목회자들에게 좋은 길잡이가 되어 줄 것이라고 믿어 의심치 않습니다. **김학중** | 꿈의교회 담임목사

시대가 흘러도 결코 변하지 않을 목회의 원리를 다루고 있는 이 책은 모든 개척자들이 읽어야 할, 아니 우리 모두가 가슴에 새겨야 할 내용들로 가득합니다. 이 땅에 "푸르고 푸른 희망 공동체"를 세워가기 원하는 모든 이들에게 필독을 권합니다. **고명진** | 수원중앙침례교회 담임목사

패스 브레이킹,
20년

20년 전이 있었을까 할 만큼 시대변화의 체감은 말로 표현하기가 어렵다. 21세기를 기다리며 설레던 시간도 새천년 시작의 환호도 아득한 과거가 된 지 오래이다. 1999년 패스 브레이킹을 집필할 당시, '맨땅의 헤딩하기 식'으로 교회를 개척해 고민하며 터득한 원리들을 같은 고민으로 씨름하는 동역자들과 나누고 싶었다. 그 바람대로 지난 20년 동안 이 책을 통해 숱한 목회자들을 만나고 함께 울고 웃으며 외롭지 않은 목회 여정을 지나온 것 같다.

강산이 두 번이나 바뀌고 새로운 세기를 맞이하는 시대적 변화 속에서 한 가지 변하지 않는 건 "여전히 목회는 어렵다"는 사실이다. 목회가 어려운 건 변화 속에서 변하지 않는 것을 지켜야 하는 사명, 곧 십자가와 부활의 동시성에 기인한다 할 것이다. 사즉생(死卽生)이라 일축할 수 있는 죽음과 생명의 교차, 어찌 편하고 자연스러운 일이겠는가.

그리스도인은 현상의 시간인 크로노스(χρόνος) 속에서 영원의 시간인 카이로스(καιρός)를 발견하는 존재이다. 비록 육체로 제한된 이 세계의 삶에 순응하고 있지만, 순간순간 그리스도를 구하고 그리스도와 함께하고 있음을 확인하는 것이다.

기독교는 자기계발이나 자아성취, 명상을 통한 자기 극복의 종교가 아니다. 만일 기독교의 은혜와 축복이 현세의 삶에만 머무른다면 그 역시 결국 허무한 것일 수밖에 없다. 현상의 삶에서 이뤄지는 모든 활동은 부정적이든 긍정적이든 그리스도 안에서 '날마다 죽어야'(日殉, 고전 15:31) 날마다 부활을 살게 되어 영원한 하나님 나라로 이어질 수 있다.

이 지점에서 목회자는 크로노스의 시간에 발을 딛고, 본질의 말씀을 통해 성도들이 카이로스의 시간을 영위할 수 있도록 견인하는 역할을 담당한다. 그러므로 끝없이 변화하는 유한의 세상과 영원히 변하지 않는 영생의 세상, 그 접점에 서 있는 목회자의 시간은 언제나 '오늘'이다. 새롭지 않은 오늘, 늘 새로운 오늘, 문득 떠오르는 시상을 적어 본다.

어제
아침을 지나고
점심을 지나고
저녁을 지나왔는데
다시, 오늘입니다.

내일
희망을 찾고
미래를 꿈꾸고

성공을 그렸는데
다시, 오늘입니다.

어제도 내일도
과거도 미래도
나의 시간은
다시, 오늘입니다.

"길이 없으면 길을 만들어 가자"고 외치며 지나온 패스 브레이킹, 그 여정 또한 20년을 걸어오며 어느덧 굳어진 땅이 되지 않았는지. 그러나 우리의 굳어진 땅을 가르며 섬광처럼 스며들어오는 하나님의 빛으로 인해 우리의 길은 오늘 다시 새롭다. 끊임없이 변하는, 그러나 변하지 않는 그 새로움의 시간 속으로, '다시, 오늘 패스 브레이킹!'이다.

저자 日殉 김석년

다시 오늘,
패스 브레이킹

어느 날 김석년 목사님이 내게 물으셨다.

"아무개 목사는 상담 전공, 아무개 목사는 교육 전공, 또 누구는 사회사업 전공, 다들 자기만의 전공 분야가 있는데 내 전공은 뭘까?"

목사님의 혼잣말 같은 질문에 주저 없이 대답했다.

"목사님 전공은 '교회'잖아요! 목사님만큼 설교 좋아하고, 식당에서 밥 먹는 중에도 전도하고, 틈만 나면 교회 생각하시는 분이 없는데 다른 전공이 필요한가요?"

생각해 보면 농담처럼 시작된 그 질문과 대답에서 이 책이 시작되었던 것 같다. 이미 '개척 목회 워크숍'이라는 타이틀로 2~3년 동안 목회자들을 초청하여 강연하면서 풀어 온 내용과 어딜 가나 교회를 외치는 목사님의 원고들을 망라해 그야말로 '개척교회 교과서'를 만들자는 계획이었다. 당시에는 한국교회를 헤아릴 정도의 거시적 관점은 없었다. 그저 워크숍에 와서 눈물과 웃음, 설움과 희망을 교차하며 목회현장으로 돌아가는 목회자 부부에게 함께 응원하는 이들이 있음을 기억하도록 손안의 매뉴얼을 전하고 싶었을 뿐이다.

목회자가 천차만별이고 목회의 상황과 유형 또한 천태만상인데, 가능한 모두가 공감하고 실천할 수 있는 원리를 정리한다는 게 얼마나 무모한 일인지는 막상 작업을 시작하고서야 실감하게 되었다. 논쟁과 퇴고를 거듭하는 싸움과 씨름 속에 때로는 수백 권의 참고도서에 짓눌려 중단하고 싶었던 적도 있었고, 출판 직전에는 개인적으로 아버지의 소천도 감당해야 했다.

그렇게 이 책의 초판본 『패스 브레이킹』이 나오게 되었다. 김석년 목사님은 목회의 눈물과 진액을, 당시 전도사였던 나는 배움의 눈물과 진액을 쏟으며 그 탄생을 지켜본 기억이 아직도 생생하다.

지난 20년의 세월 동안, 이 책을 통하여 수많은 목회자들이 서로를 응원하고 격려하며 자신만의 목회 여정을 걸어왔다. 무엇보다 20년을 변함없이 목회현장에 발을 딛고 목회자들의 셰르파를 자청하며 손을 잡아 준 김석년 목사님과 서초교회 성도들의 모습은 그 자체로 '응원가(應援歌)'라 하지 않을 수 없다.

건강한 교회, 올바른 목회가 더욱 요청되는 이 시대에 다시 새롭게 『패스 브레이킹 5P』를 정리하면서 스승이신 목사님, 중년 목사가 된 제자, 그리고 새내기 후배 목사가 이구동성으로 고백한 것은 "시대는 변해도, 원리는 같다"는 것이었다. 그리하여 원고는 새로운 내용보다는 시대성이 짙은 내용을 수정, 보완하고 목회원리를 재확인하는 방향성을 견지했다.

복음은 결코 변함없지만 언제나 새롭다. 그 복음의 터전 위에 세워진

교회와 목회를 생각하며 새롭지 않은, 그러나 새로운 패스 브레이킹의 여정을 다시 시작한다. 패스 브레이킹 5P가 목회 원리로 자리매김한 것은 어디까지나 목회현장에서 패스 브레이킹을 실현하는 개척자들이 있기 때문이다.

부디 이 책이 목회자, 사모, 목회자 자녀, 사역자, 평신도, 모든 패스 브레이커들에게 함께 부르는 응원가로 기억되기를 간절히 소망한다.

주희현 | 아트교회 담임목사

Part 1 • Plan

교회,
개척해야 한다

Path Breaking IP

 Plan

01
교회 개척의 첫걸음

Anticipate

1. 이 시대 교회는 왜 계속 개척되어야 하는가?
2. 개척자로서 기존 교회와 다른 당신만의 소명은 무엇인가?
3. 개척 목회자에게 요구되는 자세는 무엇인가?

교회 많으면 뭐합니까?　　　　독일 유학 시절, 오랜만에 한국을 방문했을 때 일이다. 비행기에서 내려다 본 서울의 야경은 온통 네온 십자가 불빛으로 수놓아져 있었다. 전에 없던 풍경이 낯설기도 하고, 한편 '저 많은 교회들이 이 땅을 지켰구나' 하는 생각에 가슴이 뭉클했다. 택시를 타고 당시 아파트 단지가 한창 건설 중이던 상계동에 들어섰을 때도 곳곳에 십자가 등이 켜져 있었다. '와, 정말 교회 많다'는 탄성이 절로 나왔다.

그러자 택시기사가 기다렸다는 듯이 반문했다.

"교회 많으면 뭐합니까? 나라꼴은 더 엉망인데요."

순간 허를 찔린 듯 말문이 막혀 한참을 망설이다가 그래도 목사 자존심이 있어 "교회 덕분에 나라가 이만치라도 유지되는 겁니다"라고 한마디 응수했다.

그날 이후, 아니 지금까지도 그 택시기사의 넋두리가 되살아나 스스로에게 묻곤 한다. 대체 이 많은 교회들은 무얼 하는가? 그 많은 목회자들 가운데 내가 할 일은 과연 무엇인가?

교회 개척의 이유　　　교회가 너무 많다고 이야기한다. 그렇다면 우리는 무엇 때문에 오늘도 교회를 개척할 수 있고, 또 개척해야 하는가? 성경에는 교회에 대한 여러 가지 표현이 있는데, 그 중에서도 가장 본질적인 정의는 교회가 "그리스도의 몸(엡 1:23)"이라는 것이다. 즉 교회는 예수 십자가 부활 승천으로부터 재림에 이르기까지 이 땅에서 그리스도를 대신하여 하나님의 뜻을 이루어 가는 공동체인 것이다. 신학적 표현을 빌리자면 "그리스도의 현존"이라 할 수 있다.

물론 역사상 많은 교회들이 모순과 갈등 속에 아픈 상처와 흔적을 남겨왔다. 하지만 역사의 현실을 바라보라. 어둡고 혼돈한 이 세상에서 그리스도의 뜻을 이루며 생명을 불러일으킬 곳이 어디인가? 정치, 경제, 교육, 예술, 문화, 과학, 그 무엇을 대안으로 삼겠는가?

하나님은 여전히 교회를 통해 사람을 살리고, 가정을 회복하고, 민족을 복음화시키고, 계속해서 이 땅에 그분의 나라를 실현하길 원하신다. 그래서 나는 지역 교회의 연약성에도 불구하고 교회 이외에 다른 소망이 없다고 말한다. 교회야말로 사람을 살리는 생명의 공동체요, 푸르고 푸른 희망의 공동체이다. 교회를 개척한다는 것은 궁극적으로 죽음의 땅에 그리스도와 함께 생명과 희망의 공동체를 시작하는 일인 것이다.

이 교회 개척의 당위성을 스튜어트 크리스틴(Stewart Kristen)은 다음과 같이 열거한다.

1. 하나님이 원하시는 선한 일이기 때문이다(It's good).

2. 영혼 구원에 필요하기 때문이다(It's needed).

3. 교회 성장에 효과적이기 때문이다(It's effective).

4. 침체된 교회를 갱신하기 때문이다(It's renewing).

5. 지역 및 세계 복음화를 위해 전략적이기 때문이다(It's strategic).

6. 시기적으로 성령께서 요청하시기 때문이다(It's timely).

이에 몇 가지 유익을 첨언하자면,

7. 교회 대형화에 대한 거부, 소외를 느끼는 이들을 위한 대안이다.

8. 지역 복음화를 위한 최전방 기지를 확장, 확보하는 것이다.

9. 지역 사회의 필요에 민감하게 대응할 수 있다.

10. 초대 교회의 신앙 원형을 보존하기에 용이하다.

11. 개혁 지향적으로 교회를 일구어갈 수 있다.

12. 틈새 복음 전도에 유리하다.

13. 이웃 목회 현장에 자극과 도움을 줄 수 있다.

14. 성도들을 복음 본질에 집중시킬 수 있다.

15. 목회자에게 주어진 나만의 비전을 이루어갈 수 있다.

아마 이외에도 교회 개척의 다양한 이점들이 있을 수 있다. 그리고 이상을 요약하면 교회 개척은 사람을 살리는 구원사역, 예수님의 제자를 세우는 양육돌봄, 지역과 민족과 세계를 향한 효과적인 선교전략, 침체된 교회를 자극하고 깨우는 개혁갱신, 주의 뜻을 실행하고 그의 나라를 실현하는 신적 사명성취, 그리고 이 모든 것을 통해 하나님께 영광 돌리는 일이다. 인간이 할 수 있는 일 가운데 이보다 더 가치 있는 일이 진정 어디 있겠는가?

나는 교회 개척이야말로 이 세상에서 가장 위대한 일이라고 자부한다. 그러므로 개척자로 나서려는 자라면 누구나 현대 선교의 아버지 윌리엄 캐리(William Carey)의 도전을 기억해야 할 것이다.

"하나님으로부터 위대한 일을 기대하라! 하나님을 위하여 위대한 일을 시도하라!(Expect great things from God, attempt great things for God!)"

중요한 것은 이 교회 개척이 인간의 노력 이전에 하나님의 전적인 개입에 의한 일이라는 사실이다. 우리가 선교의 주체를 하나님으로 고백하는 것과 마찬가지로 교회 개척 역시 하나님의 주권적인 역사이다. 따라서 원칙적으로는 교회 개척보다 "교회 탄생"이 더 분명한 의미를 드러낸다고 할 수 있다.

그런 점에서 교회 개척은 삼위일체 하나님의 주도 하에 어떤 시대 어떤 상황에서도 가능하고, 계속해서 성장 부흥할 조건을 갖고 있는 셈이다(마 16:18). 그러므로 상황 논리에 치중해 교회 개척을 부정적으로 판단하는 것은 바람직하지 않다. 그보다는 먼저 교회 개척의 비전에 대한 확신을 갖는 것이 중요하다(행 2:17, 잠 4:23).

"우리에게는 하나님 한 분 계시는데 그분은 불가능 전문가시다. 그분께는 너무 어렵다가 없으시고, 너무 늦었다가 없으시다(롬 1:16)."

개척자의 바른 자세　　　그럼에도 불구하고 한 교회가 탄생되어 건강하게 지속적으로 성장하는 일은 결코 쉬운 일이 아니다. 소아시아 일곱 교회(계 2-3장)를 보라. 교회의 주인은 그리스도이시지만 교회를 일구어 가는 자들의 자세에 따라 칭찬과 책망의 희비가 엇갈리는 것을 본다.

"그러므로 어디서 떨어졌는지를 생각하고 회개하여 처음 행위를 가지라 만일 그리하지 아니하고 회개하지 아니하면 내가 네게 가서 네 촛대를 그 자리에서 옮기리라 네가 이같이 미지근하여 뜨겁지도 아니하고 차지도 아니하니 내 입에서 너를 토하여 버리리라(계 2:5, 3:16)"

그렇다면 개척자는 어떤 마음가짐으로 교회 개척의 첫걸음을 내딛어야 할 것인가? 가장 기본이 되는 3가지를 살펴보자.

1. 소명을 확신하라.

단언컨대 개척자에게 있어 가장 중요한 것은 "부르심에 대한 확신"이다. 교회 성장을 연구했던 존 윔버(John Wimber)는 개척한 지 10년 안에 200명 이상으로 성장한 교회의 목회자를 대상으로 조사한 결과 두 가지 공통점을 발견했다고 한다. 먼저 자신을 사역자로 부르셨다는 확신이고, 다음은 현재의 자리로 부르셨다는 확신이었다.

진정한 개척자는 하나님께서 자신을 개척자로 부르셨다는 것과 주어진 일에 인생을 불사르리라는 확신에 차 있어야 한다. 만일 소명 없이 인간적인 마음에서 개척을 시작한다면 그것은 이미 실패를 시작하는 것과 같다(출 2:11-15). 그렇다면 인간적인 마음, 곧 교회 개척의 잘못된 동기들에는 어떤 것들이 있을까?

- 부역교자로서의 한계 때문에
- 단독 목회를 하고 싶어서
- 사람들의 권유로

- 야망 성취를 위하여
- 신학대학을 졸업했기 때문에
- 생활의 방편으로
- 청빙되는 곳이 없어서
- 목사 안수를 위한 절차로

그렇다면 당신의 개척 동기는 무엇인가? 만약 잘못된 동기로 교회를 개척했다면 지금이라도 회개하고, 소명을 확인해야 할 것이다. 다행히 개척하기 전이라면 이 사실을 스스로 분명하게 점검하기 바란다. 영국의 설교가 찰스 스펄전(Charles Spurgeon)은 목회자(개척자)로서의 소명 확인을 위해 5가지 사항을 평가하라고 말한 바 있다.
- 스스로 하나님의 부르심에 대한 확고한 믿음이 있는가?
- 목회자로서의 자질과 은사가 분명히 있는가?
- 목회사역에 대한 기쁨, 보람, 자긍심이 충만한가?
- 지금 하고 있는 사역에서 열매가 풍성하게 맺히고 있는가?
- 당신의 사명에 대해 다른 사람들로부터 인정받는가?

목회자로서, 또 개척자로서 분명한 소명 의식을 가져라. 그리고 어떠한 상황에서도 그 소명을 잃어버리지 말라. 도리어 어려운 상황일수록 하나님의 일을 크게 기대하라. 그리고 자신을 향해 힘껏 외쳐라. "나는 이 세상 가장 위대한 하나님의 일, 교회 개척을 위해 부름 받은 자이다!"

2. 한 영혼에게 집중하라.

교회 개척은 일명 '3고(苦)'의 길이다. 곧 경제적으로 빈곤하고, 환경적으로 열악하고, 인간적으로 외로운 길인 것이다. 그럼에도 개척자가 교회를 개척하는 것은 진정 한 영혼에 집중할 수 있는 특권을 누릴 수 있기 때문이다.

작은 교회의 존재 의미를 탐구한 책『대형 교회 시대의 작은 교회』를 보면 에드가 존스(Edgar Jones)라는 목사가 자신이 처음 목회하던 시절의 경험을 이렇게 회상한다.

고전을 면치 못하고 있을 때 그 지역 감독은 내게 이렇게 충고했다.
"그저 교회 문이나 계속 열어 놓으시오."
나는 한순간 낙심의 유혹을 받았다. 예배 참석하는 사람은 거의 없었고, 전망은 매우 흐렸다. 최악의 상태에서 나는 아버지께 편지를 썼다. 그 편지는 나의 가장 내밀한 슬픔과 패배감을 담고 있었다. 지난주 예배에 겨우 다섯 명만 참석했다는 사실도. 즉시 아버지로부터 답장이 왔다. 아버지는 먼저 나의 곤경에 대해 관심을 표명하셨고 곧이어 내 가슴 깊은 곳을 찌르는 말씀을 하셨다.
"예배에 몇 명이 참석했는지가 아니라, 참석한 사람들에게 어떤 일이 행해졌는지에 대해 질문하거라."

참으로 의미심장한 충고이다. 한 영혼을 천하보다 귀하게 여기고, 그에게 집중하여 가르치고, 그와 교제하고, 그를 위해 기도할 수 있는 목회자가 있는 교회라면 결코 작은 교회라 할 수 없다. 비인간화 현상이 더해

가는 이 시대에 한 영혼에게 집중하는 것만큼 귀한 사역은 없는 것이다. 정말이지 한 사람이 중요하다. 개척자는 언제든 한 영혼을 살리기 위해 기꺼이 자신의 생명을 희생하는 자이다.

"나는 선한 목자라 나는 내 양을 알고 양도 나를 아는 것이 아버지께서 나를 아시고 내가 아버지를 아는 것 같으니 나는 양을 위하여 목숨을 버리노라(요 10:14-15)"

3. 정도(正道)를 추구하라.

성공은 결과이지 목적이 아니다. 성공에 집착하다보면 자신도 모르는 사이 본래의 궤도를 벗어나기 마련이다. 그러니 소위 성공한 목회자를 바라보고 허황된 꿈을 꾸다가 스스로 좌절하지 말라. 처음부터 성경의 원리를 좇아 한 걸음씩 나아가야 한다.

개척자는 먼저 정도를 걷겠다는 굳은 각오를 다져야 한다. 높임보다는 겸손함으로, 대접받기보다는 섬기는 자로, 숫자 지향보다는 한 영혼을 천하보다 소중히 여기는 자세로 목회하는 것이다. 이것이 곧 주님을 본받는 것이요, 그 십자가의 길을 따르는 것이다(막 10:45).

20세기 대표적 영성가이자 저술가였던 헨리 나우웬(Henri Nouwen)은 사람들로부터 정도의 길을 걸어간 목회자로 칭송받는다. 하버드대학 교수 시절 강의를 마치고 나오던 어느 날, 그는 문 앞에서 정신장애자와 마주치게 되었다. 그때 문득 이런 질문이 떠올랐다. '나우웬아, 네 지식으로 이 사람을 위해 무엇을 할 수 있느냐?'

고민 끝에 그는 강단을 떠나 정신박약장애인 공동체에서 생을 마치는 순간까지 섬김의 목회를 실천했다. 그는 『예수님의 이름으로』에서 자신의 경험을 바탕으로 목회자들이 빠지기 쉬운 세 가지 유혹과 정도를 대조시켜 말한다.

- From Relevance to Prayer(현실 지향에서 기도로).
- From Popularity to Ministry(유명세에서 목회로).
- From Leading to Being Lead(인도하는 자리에서 인도받는 자리로).

이는 깊이 새겨들어야 할 말이다. 그의 말대로 목회자는 어려운 현실을 보기 전에 먼저 하나님을 바라보며 기도해야 한다. 세상의 유명세를 쫓기보다 한 영혼을 소중히 여기며 목양해야 한다. 누군가를 인도하기 전에 주님의 인도를 받아야 한다. 우리의 모델은 유명한 목회자가 아니다. 비록 아무도 자신을 알아주지 않을지라도 주를 위해 모든 것을 바치고 묵묵히 주의 길, 십자가의 길, 순교자의 길을 행진하는 것이다. 정도를 우직하게 걸어가는 것이 진정한 목회 성공이다.

한 알의 밀알처럼 언젠가 이집트의 피라미드 내부를 조사하면서 그대로 보존된 3,000년 전의 밀알 한 톨을 발견했다는 해외 토픽을 본 일이 있다. 이 사건을 곱씹어 생각해 보면, 그것은 빅뉴스라기보다 차라리 한 편의 비극에 가깝다. 한 톨의 밀이 땅에 떨어져 죽었더라면 수천수만의 열매가 되었을 텐데 3,000년이 지나도록 그저 한 톨로 남아 있다니 말이다.

목회자는 이 시대에 심겨지는 한 알의 밀알이다. 자신이 죽어 생명을 틔우는 주님의 씨앗인 것이다. 그런데 부끄럽게도 오늘날 한국교회의 왜

곡된 모습 이면에 썩지 않는 밀알들이 숨어있음을 본다. 교만, 미성숙, 영적 무지, 불순종, 도덕적 타락 등이 그것이다.

일찍이 독일의 디트리히 본회퍼(Dietrich Bonhoeffer) 목사는 "십자가에 내 인생을, 내 업적을, 내 명예를 못 박았다"라고 고백했다. 이처럼 우리도 자신의 욕심과 야망을 십자가에 못 박고, 우리를 통해 하나님께서 이루시고자 하는 그 길로 일평생 매진해야 한다.

"형제들아 내가 그리스도 예수 우리 주 안에서 가진 바 너희에 대한 나의 자랑을 두고 단언하노니 나는 날마다 죽노라(고전 15:31)"

이렇게 죽는 자만이 부활의 능력과 영광을 경험할 수 있을 것이다. 그렇다면 당신이 교회를 개척하는 목적은 무엇인가? 당신의 목회는 어디를 향하고 있는가?

"소명을 확신하라."

"한 영혼에게 집중하라."

"정도를 추구하라."

목회자가 솔선수범하여 겸손히 하나님을 의지하며 한 알의 밀알처럼 자기 생명을 내어놓을 때, 이 땅에 건강한 하나님의 교회가 움이 트고 자라나서 마침내 위대한 생명의 역사가 일어나게 될 것이다.

"내가 진실로 진실로 너희에게 이르노니 한 알의 밀이 땅에 떨어져 죽지 아니하면 한 알 그대로 있고 죽으면 많은 열매를 맺느니라(요 12:24)"

Advise

"교회 개척은 이 세상에서 가장 위대한 일이다!"

"하나님은 불가능 전문가이시다!"

Apply

1. 소명을 확신하라.

"나는 이 세상 가장 위대한 하나님의 일, 교회 개척을 위해 부름 받은 자이다!"

2. 한 영혼에게 집중하라.

"예배에 몇 명이 참석했는지가 아니라, 참석한 사람들에게 어떤 일이 행해졌는지에 대해 질문하라."

3. 정도를 추구하라.

"정도 목회, 그것이 진정한 목회 성공이다."

02
교회 개척의 원리와 실제

혹시 맨손으로 낚시하는 법을 아는가? 다음은 낚시를 즐기는 후배로부터 듣게 된 맨손 낚시 비법이다.

1. 고기가 다니는 길을 유심히 살핀다. 대체로 물고기는 일정 영역 안에서 활동한다.

2. 돌멩이를 던져 고기가 숨는 곳을 알아낸다. 물고기마다 잘 숨는 곳이 있다.

3. 고기가 숨는 곳에 큰 돌을 내려쳐 진동을 일으킨다. 이때, 물고기가 다른 곳으로 도망가지 못하도록 미리 주위에 배수진을 친다.

4. 진동으로 인해 물고기가 주춤하는 동안 재빨리 낚아챈다.

이상의 설명을 들으면서 문득 "사람 낚는 어부가 되리라"고 하신 주님의 말씀이 떠올랐다. 물론 물고기 낚시는 살아있는 것을 낚아 죽게 하는 일이지만, 사람을 낚는 것은 죽은 영혼을 건져 살려내는 일 아닌가. 물고기 하나를 낚는 데도 이렇듯 원리와 전략을 세운다면, 하물며 사람을 살리는 목회는 더 치밀하게 원리와 전략을 준비해야 하지 않을까?

무슨 일이든 원리가 중요하다. 무엇이든 기본 원리가 세워지지 않고 끝까지 잘 되는 일은 없다. 비록 처음엔 원리를 습득, 터득하여 마침내 체득하기까지 지루하고 힘든 과정을 거쳐야 하겠지만, 기본 원리가 바로 서고 나면 일이 쉬워진다. 재미있어진다. 진전이 있다. 성취가 있다. 기쁨을 누리게 된다. 그리고 누군가에게 진수(傳授)할 수 있게 된다.

교회 개척의 기본 원리   교회 개척에도 원리가 있다. 저마다 많은 제안이 있을 수 있겠지만 여기선 7가지로 정리하고 동시에 이를 실행하는 구체적 지침들을 살펴보자.

1. 영적 자질의 원리_개척자 자질을 확인하라.

목회자의 영적 자질은 크게 3가지로 판가름할 수 있다.

첫째, 소명이다.

이미 강조한 대로 소명 확신은 모든 사역에 우선하는 과제이다. 소명은 하나님 앞에서 자기 정체성을 확립하는 일이다. 이를 영국 시인 제라드 홉킨스(Gerard Hopkins)는 "내가 하는 일이 나다. 나는 그것을 하기 위해 왔기 때문이다"라고 고백했다.

소명은 하나님 앞에서 자기 존재 목적과 자기 삶의 이유를 발견하는 것이다. 이 하나님의 부르심에 대한 확신이 분명한 자만이 '하나님에 의한, 하나님을 향한, 하나님을 위한' 목회를 감당할 수 있다. 그러면 내가 개척자로 부름 받았음을 어떻게 진단할 수 있는가? 여기 개척 소명자의 자질을 점검하는 몇 가지 질문이 있다. 잠시 펜을 들고 스스로 점검해 보기 바란다.

질 문	확 인
1. 새로운 일을 시작하고 싶은 열망이 있는가?	
2. 교회 개척을 향한 지대한 관심이 있는가?	
3. 주어진 일에 대한 창조적 모험심이 있는가?	
4. 개혁적이며 진취적인 성격인가?	
5. 고생하는 것을 두려워하지 않는가?	
6. 비전을 위해 모든 것을 희생할 각오가 있는가?	
7. 새로운 일을 시작하는 것에 기대감이 앞서는가?	
8. 다른 사람을 설득하는 능력이 있는가?	
9. 작은 것에서 큰 것을 볼 줄 아는 믿음의 눈이 있는가?	
10. 설령 실패하더라도 다시 시작할 수 있는 용기가 있는가?	

개척자 자질 점검을 위한 10가지 질문

10가지 질문 중 최소한 5가지 이상 '예'라고 확실하게 대답할 수 있다면 개척자로서 자질을 어느 정도 갖추고 있다고 평가할 수 있다.

둘째, 은사이다.

은사는 교회를 든든히 세우기 위해 하나님께서 주시는 기능적 선물이다(엡 4:12). 특히 개척 목회자가 자신의 은사를 발견하고 계발하는 일은 무척 중요하다.[1] 자원과 인력이 부족한 개척 목회 현장에서 성령의 은사는 개척자의 가장 확실한 도구와 자산이라 해도 과언이 아닌 것이다. 교회학자 크리스티안 슈바르츠(Christian Schwarz)의 분석에 의하면 성장하는 교회는 약 73%, 쇠퇴하는 교회는 약 9% 정도 은사를 활용하고 있다고 한다.

그는 이 분석 끝에 이런 충고를 덧붙인다.

"당신이 자신에게 주어진 영적 은사를 따라 섬기면 당신은 더 이상 자신의 힘으로 일하는 것이 아니라, 성령께서 당신 안에서 일하시는 것이다. 비로소 당신은 '단지 평범한 일꾼'에서 그야말로 굉장한 일을 해내는 '능력자'가 되는 것이다."

은사대로 사역하면 사역이 즐겁고 행복하다. 은사대로 사역하면 사역이 쉽다. 은사대로 사역하면 결실이 많다. 그러므로 무슨 일을 시작하기전, 또한 그 일의 과정 속에서 자문해 보아야 한다. 이 일이 과연 나의 은사와 일치하는가? 만약 주어진 일과 자신의 은사가 일치하지 않는 것이 확실하다면 다음을 고려해 보아야 한다.

1) 사역을 보류, 수정, 변경한다.

2) 은사를 구하고, 계발한다.

3) 은사 있는 자에게 위임한다.

하지만 아무리 좋은 은사일지라도 활용 여하에 따라 순기능적, 혹은 역기능적 모습으로 나타날 수 있다. 따라서 성령의 은사(고전 12:8-12, 28-30)는 언제든 성령의 열매(갈 2:22-23)에 지배를 받아야 한다(고전 12:31-

---

1) 부록 1_ 은사 체크리스트 참조.

13:3).

종종 신유, 방언, 예언 등의 은사에 지나치게 열중하여 결과적으로 목회 수명을 단축시키는 경우가 있다. 이는 은사 활용에 대한 오해나 무지, 또는 원리를 무시하는 데서 기인한다. 그러므로 은사에 관해 공부하고 필요한 은사를 간구하라(롬 8:32). 또한 성령의 열매, 곧 예수 그리스도의 성품을 간절히 소원해야 한다.

셋째, 훈련이다.

훈련은 위대한 창조를 이끄는 도구이다. 개척 교회의 수많은 장애요소와 열악한 환경을 극복하고 목회의 승리자가 되길 원하는가? 그렇다면 무엇보다 자기 훈련에 승리자가 되라. 훈련 없이 선수가 되는 법은 없다. 그래서 한 신학대학 교수님은 수업시간 전에 학생들을 위해 자주 이렇게 기도하셨다고 한다.

"모세는 80년 훈련받아 40년을 사역하고, 예수님은 30년 훈련받아 3년 공생애를 사셨는데, 신학교 4년 훈련받아 40년 일하려는 도둑놈 심보를 고쳐주옵소서."

그렇다면 당신은 훈련된 일꾼인가? 특별히 개척 목회자라면 누구나 훈련해야 할 3가지 영역이 있다.

1) 경건 훈련 : 말씀과 기도를 통해 하나님과 친밀해지고, 그분의 뜻을 민감하게 분별하는 능력을 키워라. 개척 초기에는 한 사람이라도 더 정착시켜야 한다는 의욕이 앞서 자칫 사람의 요구와 감정을 따르는 유혹이 잦다. 그러나 목회는 하나님의 뜻을 좇아 사람과 교회를 세워 가는 것이다. 목회자에게 가장 위대한 지식은 하나님의 뜻을 아는 것이며, 가장 위대한 사역은 하나님의 뜻을 행하는 것이다. 하나님의 뜻을 이루어가는

목회자로서 하나님의 뜻과 사인에 대한 분명한 확신보다 더 중요한 것은 없다.

2) 자족 훈련 : 어떠한 환경에서도 스스로 만족할 수 있는 비결을 터득하라. 이는 세상에서 말하는 소위 정신 승리가 아니다. 하나님과의 친밀한 사귐으로부터 찾아오는 영혼의 만족이요, 임마누엘의 충만이다(시 23:1, 빌 4:11-13, 18). 단 생활에는 자족하되 실력과 인격을 쌓는 데는 거룩한 불만족이 필요하다.

3) 관계 훈련 : 개척 교회의 문을 두드리는 사람들은 자신을 따뜻하게 맞이해 주는 열린 마음과 섬김을 기대하기 마련이다. 그렇기에 개척자는 사람들과 화평할 수 있는 관계를 맺을 줄 알아야 한다. 관계 성공이 곧 목회 성공이다. 이런 성공적인 관계의 핵심은 수용력과 섬김에 있다. 어떤 경우에도, 누구와 만나도 상처입지 않는 평안의 비결을 배워야 한다(마 11:28-30).

세계적 피아니스트였던 아르투르 루빈슈타인(Arthur Rubinstein)은 평소 여행할 때 소리나지 않는 작은 피아노 건반을 들고 다니는 습관이 있었다고 한다.

그는 차 안에서도 틈만 나면 그 벙어리 피아노로 연습했는데 이를 지켜보던 제자가 의아해 하며 이렇게 물었다. "선생님, 피아노의 대가답지 않게 뭐하시는 겁니까?" 그러자 그는 조용히 대답했다. "하루를 연습하지 않으면 내가 알고, 이틀을 연습하지 않으면 아내가 알고, 사흘을 연습하지 않으면 청중이 안다네."

처음부터 대가는 없다. 오늘의 수고와 노력, 훈련이 내일을 결정짓는다. 성령의 인도하심을 구하며 천천히, 꾸준히, 즐기면서, 주님과 함께 자기 자신과 싸워 승리해야 하는 것이다. 훈련의 완성도는 쉬지 않고 끊임없이 시행하는 지구력에 달려 있다. 자기를 지속적으로 훈련하여 목회 원리가 습득되고, 터득되어, 마침내 체득될 수 있도록 하라.

"생각이 머리에 들어가면 정보다. 정보가 마음에 닿으면 영감이다. 영감이 발톱과 손톱까지 번지면 성육신이다."_웨인 코데이로

2. 비전 점화의 원리_교회의 비전을 확립하라.

인간은 보통 3가지 꿈을 꾼다. 허망, 야망, 비전이다. 허망이 헛된 일장춘몽(一場春夢)의 꿈이라면 야망은 인간 욕심의 꿈이다. 종종 이 허망이나 야망을 비전과 착각하는 이들이 있다. 그러나 비전은 다르다.

비전은 개척자의 마음에 심겨진 '하나님의 꿈'이다. 달라스신학교의 오브리 말퍼스(Aubrey Malphurs) 교수는 비전을 이렇게 정의한다. "비전은 행해질 수 있고 또한 마땅히 행해야 할 (하나님으로부터 받은) 어떤 사역의 미래에 대한 선명하고도 도전적인 그림이다."

비전은 건축자의 손에 들린 설계 조감도와 같은 것이다. 지금 당신의 머릿속에는 하나님이 주신 교회의 비전이 분명하게 그려져 있는가? 그 비전을 단순 명료한 선언서로 표현할 수 있는가? 대체로 비전 수립은 3단계 과정으로 이루어진다.

1단계: 기도와 묵상의 단계 - 주관적 그림을 구상

깊은 기도와 묵상을 통해 하나님으로부터 받은 소명과 자신의 소원을 구체화 하면서 비전의 밑그림을 그리는 과정이다. "미래의 모든 가능성에 대해 마음을 열고, 기도와 묵상으로 비전의 불씨를 모아라."

2단계: 연구와 성찰의 단계 - 객관적 합리성을 검토

비전이 개인적 소원이나 야망의 차원을 넘어서기 위해서는 자료 연구, 학습, 조언, 관찰, 비교 등 객관화 과정을 통해 합리성을 검토해야 한다. "논리적 합리성을 확보하라. 그것은 비전 점화를 위한 연료를 비축하는 것이다."

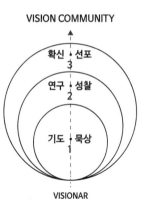

3단계: 확신과 선포의 단계 - 비전의 현실화

위의 주관화, 객관화의 과정을 통해 종합된 비전을 공동체와 함께 확신하고 공유하기 위해서는 현실화, 곧 단순 명료한 문장으로 성문화(成文化)하여 지속적으로 선포하는 과정이 필요하다. "공동의 비전선언서를 기록하라. 비로소 사람들은 당신의 비전을 보게 될 것이다."

3. 사역 집중의 원리_본질적 사역에 집중하라.

초점이 흩어진 빛은 아무 힘이 없다. 그러나 초점을 맞추면 빛은 놀라운 힘을 발휘한다. 돋보기로 초점을 맞춘 태양 빛이 잎을 태우는 것이나, 고밀도로 집중시킨 레이저 광선이 강철을 자르는 위력을 나타내는 것이 바로 집중의 원리이다.

교회 사역도 마찬가지이다. 특히 개척 교회는 기성 교회처럼 많은 사역을 동시 다발적으로 진행할 수 없을 뿐더러, 만약 한다 하더라도 머지않아 그 동력이 소진되고 말 것이다. 그러므로 교회 비전과 목적을 이루기 위해 가장 효과적으로 사역할 수 있는 범위, 곧 교회의 본질적인 사역에 집중해야 한다.

그렇다면 교회의 본질적 사역은 무엇인가? 이는 교회의 머리되신 예수 그리스도께서 공생애 기간 동안 집중적으로 행하신 일을 살펴봄으로써 알 수 있다.

"예수께서 모든 도시와 마을에 두루 다니사 그들의 회당에서 가르치시며 천국 복음을 전파하시며 모든 병과 모든 약한 것을 고치시니라(마 9:35)"

예수님은 공생애 기간 동안 3가지 사역인 가르침(teaching), 전파(preaching), 치유(healing)에 집중하셨다. 이를 목회 사역에 적용한다면 예배(치유), 전도(전파), 양육(가르침)이라고 할 수 있다. 개척 교회의 사활은 바로 이 세 가지 본질적 사역을 어떻게 차별화시키면서도 효과적으로 감당해 낼 수 있는가에 달려 있다. 그러기 위해서는 사역에 있어 개척 교회만의 장점을 극대화해야 한다.

1) 예배: 적은 인원이 도리어 강점이 될 수 있다. 보다 말씀에 집중할 수 있는 영적 분위기를 유동적으로 조성해야 한다.

2) 전도: 사람이 없어서 억지로 끌어낸다는 인상은 절대금물이다. 목회자로부터 복음이 자연스럽게 흘러나와 한 영혼 한 영혼에게 전해질 수 있도록 최선을 다해야 한다.

3) 양육: 단순한 프로그램이나 훈련 과정에 그치는 것이 아니라 담임 목회자와 영적 친밀감과 가족애로 충만해질 수 있어야 한다.

그런데 여기에 전제가 되는 것은 "두루 다니사"이다. 개척 목회자는 부지런히 다녀야 한다. 교회 안보다 교회 밖에서의 사역(전도)에 더 많은 에너지를 쏟아야 하는 것이다. 가만히 앉아서 사람이 오기를 기다리는 것은 어리석은 일이다. 두루 다니며 사람들로 하여금 당신의 사역을 기대하게 만들라.

4. 비전 확산의 원리_개척 동지를 확보하라.

당신은 받은 바 비전을 누구와 나눌 것인가? 함께 교회 비전을 이루어
갈 믿음의 동지를 어떻게 확보할 것인가? 교회 성장을 연구했던 피터 와
그너(Peter Wagner) 박사는 '개척 멤버 확보를 위한 9가지 방안'을 다음과
같이 소개했다.

1) 모(母)교회에서 성도를 파송받는 방법

2) 소그룹 성경공부를 운영하는 방법

3) 가정마다 방문하여 교회 설립을 알리고 참여를 호소하는 방법

4) 각 가정을 찾아가 기도제목을 받아 기도해 주는 호별 기도 방법

5) 어린이를 접촉하여 어른을 모으는 방법

6) 행사를 통해 사람들을 모으는 방법

7) 전도 집회를 개최하는 방법

8) 전단이나 우편을 통해 직접 광고하는 방법

9) 전화로 사람들을 확보하는 텔레마케팅 방법

물론 어느 한 가지 방법이 탁월한 효과가 있다고 단언하기는 어렵다.
일반적으로 전단지나 전화를 통한 광고의 경우 10%의 응답, 1%의 결실
을 기대하기 어렵다고 말한다. 우리 역시 다양한 가능성에 도전하고 폭
넓게 시도해야 한다는 것을 인식할 뿐이다.

희망적인 것은 각종 네트워크의 발달로 사람들 간에 접촉점이 많아지
고 있다는 것이다. 따라서 이를 활용하여 인터넷 SNS를 통해 목회자 자
신의 사역과 비전을 홍보할 수 있다. 또 다양한 사회활동, 직업, 취미의
관심 속에 관계를 맺어 그것이 목회 사역으로 확장되는 경우도 있을 수
있다. 점점 다변화되어가는 시대에 맞게, 그리고 각자에게 주어진 상황

에 따라 다양한 방법으로 개척 동지를 확보하는 노력이 필요하다.

모교회에서 참가자를 지원받는 것은 이상적이기는 하지만 현실적으로 그런 혜택을 받는 경우가 드물다.

서초교회 개척 당시 나는 성경공부 모임에 주력했다. 한 장로님께 교회 부지를 매입할 테니 개척하자는 제안을 받았지만, 예배당보다는 개척 멤버를 확보하는 것이 우선이라고 생각했기에 부지 매입을 거절하고 그 장로님 부부와 성경공부를 시작했다. 그 후 모임이 확산되어 12명의 개척 멤버가 확보되었고 그들로 인해 개척 이후 힘있게 사역을 진행할 수 있었다.

미국에서 불신자 전도로 유명한 릭 워렌(Rick Warren) 목사가 세례를 받는 새신자들에게 물었다. "당신이 우리 교회에 끌리게 된 이유가 무엇입니까?" 교회 건물이나 흥미로운 행사들 때문이라는 대답은 하나도 없었다. 가장 많이 나온 대답은 '자신에 대한 놀라운 사랑을 느꼈기 때문'이라는 것이다.

개척 멤버 확보를 위해 조급해 하지 말라. 누구를 만나든 진심 어린 사랑과 관심으로 대할 때 그들은 당신의 비전에 귀를 기울이게 될 것이다. 교회를 이끄는 것은 위대한 비전이지만, 비전을 향한 헌신을 이끄는 힘은 위대한 사랑이다.

5. 신적 재정의 원리_재정 및 시설을 확보하라.

성경에는 크게 2가지 유형의 사역자가 나온다. 베드로형과 바울형이다. 베드로형이 자신의 생업(그물)을 내려놓고 교회의 공급 속에 목회 사역에 전념하는 것이라고 한다면, 바울형은 자신의 생계(천막)를 스스로 꾸려가며 복음전파 사역을 감당하는 것이다. 전에는 많은 목회자들이 베드로 유형을 따랐으나 최근에는 바울 유형의 목회 형태에도 많은 관심과 시도가 이루어지고 있다. 그렇다면 당신은 어떤 유형으로 목회하길 원하는가?

개척 목회자들이 이구동성으로 말하는 가장 큰 고충은 뭐니뭐니 해도 '머니(money, 재정)'이다. 갈수록 교회 개척이 어려운 주된 이유 역시 개척 교회의 열악한 재정 형편과 시설에 대해 느끼는 부담감 때문이라고 할 수 있다.

하지만 성경은 이와 견해를 달리한다. 재정 문제는 궁극적인 어려움이 될 수 없다는 것이다(마 6:25-34). 여기서 전제가 되는 것은 하나님께서 명하신 교회 개척이라면 하나님께서 어떤 통로를 통해서든 반드시 그 필요를 공급하시리라는 믿음이다(빌 4:19). 그렇다면 개척자는 재정 확보를 위해 아무 할 일이 없다는 것인가? 그렇지 않다. 개척자는 신적 재정의 원리 하에 다음의 지침들을 이행해야 할 것이다.

1) 재정 확보 계획을 세우라. 철저한 계획은 오히려 믿음을 굳게 하고 구체적인 기도 제목을 제공한다.

2) 개척자 자신부터 재정적으로 헌신하라. 목회자의 모범적인 헌신 없이 결코 성도들의 자발적인 헌신을 기대할 수 없다.

3) 개척팀과 후원팀에게 재정보다는 기도를 요청하라. 누군가에게 재정을 직접 요청하는 것은 결국 상대에게 부담을 안겨주는 일이다. 이는 이제까지의 좋은 관계를 무너뜨릴 여지가 있으며, 뿐만 아니라 목회자로서의 품위도 떨어뜨리는 일이다.

4) 공간과 시설을 지역과 시대에 맞게 다용도로 활용하라. 예배 공간

에 지나치게 구애받지 말고 지역사회를 위한 개방된 공간으로 활용하라 (예: 세미나, 회의, 공연, 전시, 발표 등).

5) 개척 이전에 누렸던 생활 수준과 비교하지 말고 현재 상황에 자족하라(빌 4:11-12). 주님이 채우시는 것은 생활의 필요이지 생활의 만족이 아니다.

6) 공급된 재정이 하나님의 뜻에 합당한 물질인지 확인하라. 만일 하나님의 뜻에 합당한 것이 아니라면 과감히 거절하는 용기가 필요하다. 인위적으로 확보된 재정은 훗날 목회의 걸림돌로 작용하는 경우가 많다.

재정 문제의 핵심은 돈이 아니라 사람에 있다. 사람이 가장 큰 자산이다. 언제든 사람을 사랑하고 섬기는 일에 최선을 다하다 보면 하나님은 사람을 통해 우리를 축복하시고 우리의 필요를 채워주신다.

6. 마케팅의 원리_시대에 맞는 접근양식을 개발하라.

본래 마케팅(Marketing)은 제조에서 판매까지 전 과정을 일컫는 경제 용어이지만 사실 그 적용은 목회의 영역에서도 가능하다. 즉 목회적 마케팅을 통해 전도 대상의 욕구를 파악하고, 가장 적절한 접근법을 선택하여, 효과적으로 그들에게 복음을 전하고, 교회로 인도하여 정착시키는 것이다. 개척 목회 마케팅은 대체로 다음 절차를 따른다.

1) 분석: 개척할 지역을 세심하게 조사 분석하라. 인구분포, 교통 및 지역 연계 상황, 교단 및 타교회와의 관계, 도시발전 계획 여부 등을 가능한 상세히, 믿을 만한 자료에 근거하여 살펴보아야 한다.

2) 발견: 그 지역 내, 집중 전도가 가능한 대상층을 선정하고 그들의 필요를 발견하라.

3) 개발: 지역 사람들에게 효과적으로 접근할 수 있는 홍보 전략과 프로그램을 개발하라.

4) 시도: 복음의 본질이 손상되지 않는 범위 내에서 끊임없이 새로운 방법을 시도하라.

5) 평가: 적용된 전략과 방법에 대해 평가하라.

불신자들이 교회를 기피하는 가장 큰 이유 중 하나는 교회에 대한 잘못된 선입견이나 고정관념 때문이다. 예를 들면 '교회는 재미없고 지루한 곳, 시대와 현실에 동떨어진 곳, 돈 내라고 강조하는 곳' 등이다.

그러나 개척 교회는 이러한 고정관념을 깨뜨릴 수 있는 좋은 조건을 가지고 있다. 기존 교회가 여론, 전통, 명예, 체면의 벽에 부딪혀 시도하기 어려운 파격적인 변화를 과감하게 실행할 수 있는 것이다. 성장을 바라는 작은 교회는 가까운 이웃들의 특별한 필요를 충족시키는 대가를 지불해야 한다.

현대에는 다양한 목회적 접근이 가능할 수 있다. 전통목회, 기관목회, 교육목회, 문서목회, 복지목회, 상업목회, 문화목회, 공유목회, 대안목회, 농어촌목회, 인터넷목회, 선교적목회 등이다. 그렇다면 당신은 어떤 형태의 교회로, 어떤 부류의 사람들을, 어떤 방식으로 섬기길 원하는가? 그에 대한 구체적인 분석을 해보라. Find need! & Meet need! (필요를 찾아라! 그리고 필요를 만족시켜라!)

7. 집념의 원리_자기 성숙과 교회 성장에 몰두하라.

개척자는 하루에도 몇 번씩 낙심하고, 좌절하고, 포기하고 싶을 때가 있다. 그러나 진정한 개척자는 포기할 수밖에 없을 때, 다시 일어서는 자이다. 또한 남들이 보고 있지 않아도 자신이 맡은 일을 묵묵히 해내는 자이다. "구름이 태양을 가릴 수 있지만 없앨 수 없다. 우리의 성공은 한 번도 실패하지 않았다는 데 있는 것이 아니라 넘어질 때마다 포기하지 않고 다시 일어나는 데 있다."

이는 끊임없는 자신을 쳐서 복종시키는 인고의 노력 없이 결코 얻을 수 없는 것이다. 이 우직한 목회 사역을 위한 개척자의 생활지침 7가지를 기억하자.

1) 새벽예배를 신실하게 드리라. 새벽예배는 영감과 영력의 보고(寶庫)이다. 사람이 있든 없든 매일 신실하게 새벽예배를 준비하는 것은 영성 계발을 위한 최상의 방안이다.

2) 새벽예배 후 절대로 다시 잠자리에 들지 말라. 새벽 시간을 잡으면 하루가 잡힌다. 새벽 시간을 독서와 성경연구 시간으로 활용하라. 1년, 5년, 10년 시간이 쌓여갈수록 삶이 달라질 것이다.

3) 규칙적인 일과 시간을 정하라. 목회자에게 교회는 직장과 같은 곳이다. 공과사의 구분 없이 집에서 많은 시간을 보내지 말고, 비록 사택이 교회 내에 있을지라도 출퇴근 시간을 정해 성실하게 근무하라.

4) 오직 교회 안 개구리가 되라. 개척 후 최소 3년 동안은 외부 활동을 자제하고, 목회 사역만 전념하라.

5) 규칙적으로 운동하라. 단련된 체력은 자신감을 갖게 하고 장기적으로 힘있게 사역할 수 있는 기반이 된다. 단 주객이 전도되어 목회에 지장

을 줄만큼 운동에 몰입하는 어리석음을 범해서는 안 된다.

6) 일과 휴식의 조화를 이루라. 휴식의 의미는 정지가 아니라 더 큰 전진을 위한 밑거름이다. 따라서 잘 쉬는 것도 훌륭한 목회이다. 이를 위해서는 규칙적인 생활과 숙면의 습관, 그리고 무엇보다 화목한 가정으로부터 활력소를 공급받는 것이 중요하다.

7) 절망감을 극복하라. 실패한 것이 문제가 아니라 실패감이 문제이다. 실패를 딛고 일어서는 사신만의 극복 방법을 찾아야 한다. 주변에 목회 멘토, 믿음의 선배가 있다면 기꺼이 조언을 구하라. 생각지 못한 도전과 지혜를 얻을 수 있을 것이다. "실수는 그다지 치명적이지 않다. 그 실수를 처리하는 방법이 치명적이다."

다시 시작이다!　　　갈수록 교회 개척이 어렵다고 한다. 그러나 그럼에도 불구하고 여전히 우리에게는 희망이 있다. 오늘도 우리 주위에 맨 땅에 헤딩하듯 어렵게 시작해서 작지만 건강한 교회로 성장하고 부흥하는 개척 교회들을 목격하지 않는가? 그러므로 개척자는 받은 비전에 희망을 걸고 이 사실을 잊지 말아야 한다.

1. 원리에 충실하라.

위기가 닥치면 원리로 돌아가야 한다. 영화 속 인물 명탐정 콜롬보는 수사가 난관에 부딪힐 때마다 특유의 큰 코를 쿵쿵거리며 반드시 찾아가는 곳이 있다. 바로 사건이 발생한 현장이다. 처음 그 자리로 되돌아가 거기서 영감을 얻고 사건 해결의 실마리를 찾는 것이다. 목회도 이와 같다. 어려운 상황일수록 방법론으로 통하지 않는다. 더욱이 잔기술이나 변칙은 실패의 깊은 나락으로 추락하게 할 뿐이다. 조급한 마음을 비우고 처음의 원리로 돌아가 다시 시작하면 능히 위기를 극복할 수 있다.

2. 자신을 불사르라.

이 세상에서 가장 행복한 사람은 영원한 가치, 위대한 일을 위해 생명을 바치는 자이다. 이 땅에 작지만 건강한 교회를 세우는 일은 분명 중요한 일이요, 위대한 일이 아닐 수 없다.

"초의 능력은 크기에 있는 것이 아니라, 자신의 몸을 불사르는 데 있다."

3. 생각을 전환하라.

급변하는 시대에 구태 의연한 사고와 자세로는 더 이상 생존이 불가능하다. 19세기 교회에서 20세기 목사가 21세기 교인을 가르친다면 과연 누가 남아 있겠는가? 먼저 생각을 바꾸어야 한다. 속사람이 강건한 사람은 언제나 개혁적이고 창조적이며 감동적인 생각을 창출한다.

시대의 선교 사명을 감당하고, 헤른후트 공동체를 시작했던 진젠도르프(Zinzendorf)는 이렇게 말했다. "복음을 가장 절실히 필요로 하는 그 땅을 지금부터 나의 조국으로 삼으리라." 이처럼 우리가 서 있는 이 땅, 이 교회야말로 우리의 생명을 바쳐 섬겨야 할 사명의 터전이다.

비전을 세우라. 교회 개척에 대한 긍지를 가지라. 교회 개척을 위해 준비하라. 그리고 교회 개척을 위해 당신 자신을 온전히 불사르라. 비로소 당신을 통해 작지만 강한 교회들이 이 땅에 우뚝 세워질 것이다.

내 주의 나라와 주 계신 성전과

피 흘려 사신 교회를 늘 사랑합니다.

이 교회 위하여 눈물과 기도로

내 생명 다하기까지 늘 봉사합니다. (찬송가 246장 1, 3절)

Advise

"원리에 충실하라. 원리를 알면 길이 보인다."

"자신을 불사르라. 초의 능력은 크기에 있는 것이 아니라 자신을 불사르는 데 있다."

"생각을 전환하라. 생각의 속도가 목회를 좌우한다."

Apply

1. 영적 자질의 원리: 개척자 자질을 확인하라.
2. 비전 점화의 원리: 교회의 비전을 확립하라.
3. 사역 집중의 원리: 본질적 사역에 집중하라.
4. 비전 확산의 원리: 개척 동지를 확보하라.
5. 신적 재정의 원리: 재정 및 시설을 확보하라.
6. 마케팅의 원리: 시대에 맞는 접근 양식을 개발하라.
7. 집념의 원리: 자기 성숙과 교회 성장에 몰두하라.

부록 1_ 은사 체크리스트

	은 사	내 용	점 검
직분적 은사 (엡 4:11)	사도	선교	
	선지자	설교	
	복음 전하는 자	전도	
	목사	목회(돌봄)	
	교사	교육	
성품적 은사 (롬 12장)	예언	설교, 예지	
	섬김	은밀한 봉사	
	권위	권면하고 위로함	
	구제		
	다스리는 일(1)	리더십	
	긍휼	공감	
기능적 은사 (고전 12장)	지혜	말씀에 대한 적용과 분별	
	지식	말씀에 대한 깨달음	
	믿음	사역의 믿음	
	병고침		
	능력 행함	기적과 이사	
	영분별	영적 은사 및 상태 분별	
	방언		
	방언 통역		
	서로 돕는 일		
	다스리는 일(2)	다른 사람이 일할 수 있도록 환경 조성	
그 밖의 은사	독신	고전 7:7	
	궁핍을 자처함		
	순교	고전 12:3	
	대접	벧전 4:9	
	중보기도		
	찬양		
	헌금		
	축사	귀신 쫓음	
계			

부록 2_ 마스터 처치 100

원리 성공의 법칙

"원리를 알면 길이 보인다!"

1994년 6월 탄생된 서초교회는 무엇보다 성경적 원리에 충실하고자 하였다. 그 결과 20세기를 대표하는 100대 교회에 선정될 수 있었다. 다음은 '마스터 처치 100'(국민일보사)에 실린 서초교회에 대한 소개를 그대로 인용한 글이다.

이를 소개하는 것은 교회 개척의 성공담을 이야기하는 것이 아니라 성경적 원리대로 목회하면 비록 지하 임대개척교회일지라도 얼마든지 건강한 교회로 성장할 수 있다는 사례를 제시하고자 함이다.

마스터 처치 100

국민일보 ◉

김석년 목사는 목회자의 가정에서 큰 갈등 없는 신앙생활을 하다가 주의 종의 길로 들어선 경우로서, 흔히 목회자 가정에서 겪을 수 있는 신앙적 갈등 없이 건강한 목회자로 성장하였다. 그것은 김 목사가 그의 인생에 중요한 영향을 끼친 인물을 말할 때 부친인 김보현 목사를 첫 번째로 꼽는 것을 보면 알 수 있다.

평탄한 신앙생활을 해오던 김 목사가 주의 종이 되겠다고 결심한 것은 고등학교 1학년 때 척추수술이라는 연단을 통해서였다. "주께서 살려주시면 당신의 종이 되겠습니다"라는 서원은 그로 하여금 평생 한 길을 걷게 하였다.

김 목사는 신학대학 졸업 후 약 2년 정도 사역하다가 1978년 독일 유학 길에 올랐다. 처음에는 사회사업을 공부하고자 하였으나 하나님의 계획하심에 따라 복음적인 교수들과 만나게 되었고, 그로 인해 전공은 교회성장학과 선교학으로 바뀌었다.

유학 생활은 김 목사에게 목회에 대한 헌신을 새롭게 하는 시간이 되었다. 설교가 너무 하고 싶은데 기회가 주어지지 않았던 시절에는 산 속에서 나무들을 청중 삼아 설교하기도 하였다. 그러던 중 만하임 한인교회를 맡게 되었고, 하나님의 은혜로 교회는 독일 내 5대 교회 중 하나로 성장하였다.

김 목사는 젊은 시절 다양한 사역

에 대한 훈련을 받았다. 다락방(이화여대)전도협회에서의 특수지역 전도, 십자군 전도대를 통한 개인전도 훈련, 만하임 한인교회 목회, 중앙성결교회 부목사 등이 그것이다. 다양한 훈련을 통해 얻은 유익은 무엇보다 편협하지 않은 신앙인격을 소유하게 된 것이다. 이것은 그가 맡은 서초교회가 다양한 방법으로 복음을 전하고자 하는 모습에서도 드러난다.

유학을 마치고 귀국한 김 목사는 모교회에서 잠시 사역하였으나 얼마 후 사임하게 되었다. 칠흑같이 어두운 터널을 지나는 기간이었다. 그러나 하나님의 계획은 따로 있었고, 그것은 김 목사가 무역센터 신우회를 인도하는 동안 가시화 되었다. 신우회에서 만난 한 장로와의 인연으로 성경공부가 시작되었다. 매주 1회씩 3개월 동안 실시되었던 이 성경공부에 12명이 모이게 되었다. 이들은 곧 21세기 모델교회를 세워보자는 뜻을 모았다. 그 결과 94년 6월 교대역 부근 지하70평을 임대하여 서초교회를 탄생시킨 것이다.

'인생은 만남'이라고 정의하는 김 목사는 인생에 있어 누구를 만나느냐가 중요하다고 강조하면서 목회자로서의 오늘이 있기까지 자신에게 중요

한 영향을 끼친 네 사람을 꼽는다. 첫째는 평생 개척의 삶을 살아 온 부친 김보현 목사로부터 개척 정신을, 둘째는 학창시절 감리교 신학대 김홍기 박사로부터 역사의식을, 셋째는 독일 유학시절 스승이었던 Prof. Dr. Peters에게 그리스도인의 온유와 겸손 그리고 경건의 삶을, 넷째로 서울신학대 장중렬 박사로부터 교회성장에 대한 뜨거운 탐구열을 배웠다.

그는 또한 'Leaders are Readers (리더는 읽는 자)', '배움이 멈추는 순간 지도력을 상실한다'는 가르침이 언제나 자기 자신을 향한 경고임을 잊지 않고, 성경통독과 집중 연구를 병행해 정기적으로 1년에 최소한 2회 이상 성경을 통독하며 50권 이상의 책을 읽는데, 성경연구와 독서는 그 누구의 가르침보다도 우선하는 훌륭한 스승이라고 여긴다.

김 목사에게 있어 교회개척은 하나님이 주체가 되시는 "하나님의 선교(Missio Dei)"를 의미한다. 그렇기에 개척할 당시 하나님께 이렇게 기도했다. "하나님, 최선을 다해 준비했는데 개척 1년에 100명을 주십시오. 그러면 계속 하라는 뜻인 줄 알겠습니다. 그렇지 않으면 하나님의 뜻이 아닌 줄 알고 다른 길로 나가겠습니다." 하나님께서는 긍정적으로 응답하셨다.

1994년 6월, 12명이 시작한 교회임

에도 불구하고 그해 12월에 80명, 1년이 지난 95년 6월에는 100명의 성도가 출석하는 교회로 성장하게 된 것이다. 그 후 매년 평균 100명씩 꾸준히 성장하여 97년 12월에는 300명을 돌파하였고, 99년 11월 현재 재적성도 1000명 이상의 교회로 성장하였다.

목회는 행복한 것이 되어야 한다고 생각하는 김 목사의 교회관은 두 가지 성서적 원리에 근거한다. 이론적으로는 에베소서에 나타난 사도 바울의 교회론을 통해 '그리스도의 주권성, 보편성, 진리성, 거룩성, 사도성'을 '교회의 본래성'으로 고백한다. 또한 사도행전 11장에서 13장에 기록되어 있는 안디옥 교회를 가장 이상적인 교회 모델로 생각하고 교회 비전을 "21세기를 열어가는 새사람·새교회·새역사를 위하여"라고 정했다. 그리고 이 비전을 이루기 위해 ① 영적 행복감을 체험하는 교회, ② 예수 제자를 양육하는 교회, ③ 가정 천국을 이루는 교회, ④ 민족과 역사를 섬기는 교회, ⑤ 세계 선교를 감당하는 교회의 5대 목표를 세운 것이다. 이는 개인, 가정, 교회, 민족, 그리고 세계를 향한 하나님 나라의 건설이 함축되어 있는 비전이다. 이러한 교회비전을 이루기 위하여 추구하는 목회전략은 크게 세 가지로 요약된다.

첫째, 인간적인 매력을 지닌 섬김의 목회를 한다(마9:36, 막10:45)는 것이다. 강단에서 내려오면 성도들과 형제들처럼 지내며 성도들의 아픔을 자신의 아픔으로 여기는 목회자가 되고자 하는 것이다. 많은 성도들이 실망하는 이유가 강단에서의 목회자와 생활에서의 목회자가 일치하지 않는다는 것이다. 목회자는 신성과 인성을 동시에 갖추신 예수님처럼 신적인 권위가 확실하되 인간적인 사랑도 풍성해야 한다. 이러한 생각은 인간적인 갈등과 부대낌이 다반사인 독일의 교포목회에서 필요성을 더욱 절실히 느꼈던 경험에 의해 터득된 것이기도 하다.

둘째, 사도신경을 근간으로 하는 복음적 설교를 통해서 교회다운 교회, 건강한 교회를 만들고자 한다(엡1:23). "위대한 계명(사랑)과 위대한 명령(선교)에 대한 위대한 헌신(사역)은 위대한 교회를 이룬다"는 릭 워렌의 말에 깊은 감동을 받은 이후로 이 두 가지 기둥을 붙들고 목회자가 헌신하면 교인들도 따라오게 되어 있다는 확신 아래 교회건강을 더 먼저 생각하는 교회의 자화상을 주장했고 그 결과 자연스러운 성장의 열매를 거둘 수 있었다.

셋째, 시대를 주도하는 교회를 이루고자 한다. 이 시대의 필요를 알고 사람들의 필요를 채워주고 상처를 치유하는, 즉 사람을 중시하는 목회이다. 목회란 결국 문제를 해결하고 필요를 채워주고 상처를 치유하는 행위이며, 바람직한 목회는 치유와 해결이전에 건강하고 문제없는 삶을 살도록 미리 미리 준비시키는 것이기에 치유목회보다는 예방목회를 더 비중있게 생각한다. 그것은 단순한 관리에 머무르는 목회가 아니라 성도들을 이끌어주는 리더십으로서의 목회를 지향하는 것이다.

김 목사와 서초교회의 비전은 매우 단순하고 명확하다. 어떤 큰 교회가 되고자 하는 비전이 아니다. 한마디로 '성서 원리에 입각한 모델교회'를 이루는 것이다. 교회 개척자가 와서 배우고 싶은 교회, 어디에서든지 적용 가능한 건강한 교회의 모델을 제시하는 것이 서초교회의 꿈이다. 서초교회를 배워서 시스템화하는 교회는 성장과 성숙의 부흥을 경험하게 되는, 일원화된 모델을 이루는 것이다. 개척교회가 힘들다고 하는 지역에서 '시대와 지역에 맞는 목회'라는 원리를 가지고 개척을 시도해 성공적인 성장 경험을 바탕으로 특히 신세대와 다가오는 세대들이 어떻게 목회하는 것이 바람직할 지에 대해 확실한 방향을 제시 할 수 있도록 기도하고 있다.

서초교회를 통해서 개척교회들이 100명을 넘어서고 300명을 넘어서고 500명을 넘어설 수 있다면, 또한 작지만 강한 교회, 영향력 있는 건강한 교회로 사명을 감당케 된다면 이것이 바로 서초교회가 지향하는 복음한국, 선교한국, 나아가 통일한국을 이루는 가장 확실한 방법 중의 하나가 될 것이라고 믿고 있다.

김 목사와 그의 동역자 팀은 새 천년을 맞아 'Vision 2010(이공일공)'이라는 목회 전략을 수립해 새 천년의 첫 10년간을 준비하고 있다. 이는 성경적 원리에 의한 교회, 불신자들이 좋아하는 교회, 교육으로 성숙하는 교회, 팀 사역이 이루어지는 교회, 작은 교회를 강하게 세우는 교회 등 5대 목표를 정한 것으로 시작된다. 특히 2000년에는 '배움·확신·행동-성령님과 함께!'라는 표어 아래 그 동안의 성경원리에 의한 교회상의 정립과 예배를 통한 영적 행복감에 초점을 둔 목회에서 교육과 사역, 곧 예수 제자를 양육하는 일에 중점을 두는 목회를 구상하고 있다.

"하나님을 위하여 위대한 일을 계획하라! 하나님을 위하여 위대한 일을 시도하라!"

03
성서적 비전 설계

Anticipate

1. 교회 개척과 교회 개혁은 어떤 관계가 있는가?
2. 성서적 비전을 설계해야 하는 이유는 무엇인가?
3. 오늘날 교회가 회복해야 할 본래성은 무엇인가?

개척자에게는 교회 세움에 대한 두 가지 마음이 있다. 하나는 영혼 구원을 위한 복음의 기지를 세우려는 열망이요, 다른 하나는 교회 개혁과 갱신의 의지이다. 단순히 또 하나의 교회가 아니라 잘못된 관습을 새롭게 하고 성서적 터전 위에 건강한 교회를 세우고자 변화를 시도하는 것이다. 따라서 새로운 교회가 개척된다는 사실만으로도 이미 변화는 시작되었다. 이제 중요한 것은 그 변화를 어떻게 이루어 갈 것인가이다. 교회 변화의 중심축은 무엇이고, 그 방향은 어디인가?

변화의 중심축　　　역사상 교회 개혁은 2개의 축을 중심으로 진행되어 왔다. 바로 본래성의 회복과 시대적 접근이다.

먼저 교회 개혁은 이전에 없던 새로운 것을 찾는 것이 아니라 본래적인 것, 곧 성경으로의 회귀를 말한다. 마치 피아노를 조율하는 일이 새로운 음을 찾는 것이 아니라 원음을 되찾는 것이듯, 개혁의 제1원리는 '본래성(Original-point)'의 회복인 것이다. 또한 교회 개혁은 시대적 '접근 양식(Approach pattern)'에 대한 변화의 시도이다. 교회는 시대와 문화에 대한 이해, 수용의 차원을 넘어 주도적인 영향력을 가지고, 효과적으로 복음을 전파해야 한다.

본래성의 회복이 '무엇'에 대한 것이라면 접근 양식의 변화는 '어떻게', 곧 방법론에 대한 관심이라고 할 수 있다. 즉 "한 손에는 성경을 또 한 손에는 신문을 들라"고 하던 칼 바르트(Karl Barth)의 이야기처럼, 성경의 본질적 메시지를 회복하면서도 시대에 알맞은 접근 방식을 찾아내는 것이 우리가 구하는 올바른 변화인 것이다.

성서적 비전 설계를 위한 5요소

목회자는 교회를 개척하기 전에 먼저 교회의 본래성, 곧 교회를 교회되게 하는 본질적 요소에 근거한 교회상을 확립해야 한다. 교회의 성서적 비전을 설계하는 것이다.

이 성서적 비전 설계는 단순히 각 교회의 고유하고 개별적인 목적과 목표를 설정하는 것 이상의 일이다. 정말 중요한 것은 교회다운 교회를 이루기 위해 절대로 포기할 수 없는 교회의 성서적 본래성을 확신하는 것이다. 이는 그리스도의 말씀에 기초한 "교회의 다섯 기둥"이라고도 할 수 있는데 설명하면 다음과 같다.

1. 주권성

"이 반석 위에 내 교회를 세우리니(마 16:18)"

예수님은 자신이 교회의 주인임을 선언하셨다. 따라서 교회는 예수가 그리스도임을 고백하는 신앙(마 16:16) 위에 세워져야 한다. 예수 신앙을 고백한다는 것은 창조의 주, 구원의 주, 임마누엘 하나님이신 예수님이 바로 교회의 주인이심을 인정하는 것이다. 주의 뜻을 알고, 주의 뜻을 행하고, 오직 주께 영광 돌리는 것을 최상의 가치로 여기는 것이다.

애석하게도 오늘날 주님의 교회가 아닌 목사의 교회, 장로의 교회, 개척 멤버의 교회로 전락한 교회가 적지 않다. 누가 더 주도권을 잡는가에 집중하여 교인들 간에 혹은 교회 간에 갈등과 분열을 자초하는 것이다. 그러나 그리스도의 주권성이 무너지면 다 무너진다. 교회는 그리스도의 몸이기 때문이다(엡 1:23).

한편 교회는 주님의 것인 동시에 우리의 교회이자 나의 교회이기도 하다. 자칫 '주님의 교회'만을 지나치게 강조하다 보면 공동체성과 책임 의식이 희소될 가능성이 있다. 그러므로 교회는 우리가 더불어 섬기는 공동체로서 주 안에서 함께 세워 가야 한다(엡 4:16). 교회의 어려운 일은 내가 맡겠다는 철저한 주인의식과 책임감을 가지고 모두 함께 충성스럽게 교회를 섬겨야 하는 것이다.

2. 보편성

"내 집은 만민이 기도하는 집이라(막 11:17)"

교회의 관심은 언제나 만민(萬民)이어야 한다. 하나님은 인종, 문화, 지역, 배경을 가리지 않고 전 세계 모든 사람들을 찾으시고 부르시기 때문이다. 그러므로 교회는 누구에게나 열려있고 누구나 올 수 있어야 한다. 남녀노소, 빈부격차, 지위직책, 인종국가를 넘어서 서로 존중하며 사랑할 수 있어야 하는 것이다. 이 보편성의 회복을 위해 개척 목회자가 견지(堅持)해야 할 자세는 크게 3가지이다.

1) 모든 사람을 천하보다 귀한 영혼으로 동일하게 생각하라.

목회자의 관심은 언제나 영혼에 집중되어야 한다. 소유, 지위, 능력 여하에 상관없이 누구를 만나든 그가 구원받은 영혼인가 아닌가, 그의 영혼이 건강한 상태인가 아닌가를 먼저 살펴야 하는 것이다. 이를 개혁자 존 칼빈(John Calvin)은 "목회자는 사람을 알려고 할 때, 그 사람의 손이나 발을 보지 않고 머리를 봐야 한다"고 표현한 바 있다.

부끄러운 일이지만 이따금 주변 목회자들로부터 소위 '대어'를 낚았다는 말을 듣곤 한다. 대체 교회 안에서 누가 대어란 말인가? 이는 성도를 목회의 목적이 아닌 예배당을 채우고 헌금이나 내는 수단으로 잘못 생각하는데서 나오는 발상이다.

사람의 영혼을 바라보는 목회자의 일관성 있는 태도야말로 성도들과의 신뢰감을 돈독히 하고 오래도록 좋은 관계를 유지하는 비결임을 잊지 말라. 특히 새로 개척 교회를 찾아오는 사람들은 목회자가 자신들을 대하는 태도에 매우 민감하다. 어느 정도 자신의 사회적 지위와 능력을 인정받는 것은 기분 좋은 일일 수 있지만 목회자가 자신의 영혼이 아닌 다른 그 무엇에 관심을 둔다고 느껴지면 부담스럽게 여겨 더 이상 관계를 지속하기 어렵게 되는 것이다.

2) 교회 내 폐쇄적인 요소를 타파하라.

불신자들에게 교회에 대한 인상을 묻는 설문 조사에 다음과 같은 내용들이 나왔다고 한다.

"다른 종파에 너무 배타적이다. 신체장애 때문에 못 간다. 교회는 또 하나의 계급사회다. 교인들은 재미가 없다. 헌금 따라 사람대접이 다르다. 자유로운 모험정신을 억압한다. 교회 비판 함구는 불문율인가."

참으로 충격적인 반응이 아닐 수 없다. 어처구니없게도 우리들 스스로가 사람들로 하여금 복음을 믿고, 교회에 발길을 들여놓는데 장애물이 되고 있는 것이다.

교회 내의 폐쇄적 요소들은 지방색이나 친인척 관계, 이념과 종파, 직업이나 지역 구분, 개척 멤버의 텃새 등 다양한 형태로 나타나는데 결국 대중성이 결여된 동일 집단을 형성하여 다른 유형의 사람들이 접근하는 것을 방해하거나 배척하는 결과를 초래하고 만다.

교회는 요새가 아니라 베이스캠프가 되어야 한다. 기존 신자들만의 정신적인 요새를 구축해서 바깥의 출입을 배척하는 것이 아니라, 인생의 치열한 전투 속에서 기진한 영혼들이 언제든 활짝 열린 교회의 문으로 들어와 참된 자유와 기쁨을 얻는 영적 충전소의 역할을 감당해야 하는 것이다. 그러므로 개척 목회자는 개척 초기부터 성도들에게 교회의 존재 목적을 분명히 고취시키고, 단순한 친목단체가 아닌 사명 공동체로서 교회의 비전을 끊임없이 일깨워야 한다.

"예수님의 공동체는 영적인 담을 높이 쌓아올린 공동체나 도덕적인 의로 구별된 게토가 아니다. 오히려 낯선 사람들이 끊임없이 우리 삶에 개입한다. 환대, 개방성, 낯선 사람과의 지속적인 교류는 더불어 사는 기독교 공동체의 특징이다."_에마뉘엘 카통골레

3) 교회는 규모에 상관없이 하나님께서 세우신 우주적 교회임을 인식하라.

교회는 시간과 공간을 초월하는 거룩한 하나의 공회(公會)이다. 따라서 지역과 그 규모가 다르고, 혹 교파가 다르다 할지라도 한 성령을 받아 그리스도의 몸을 이루는 성도들은 인종이나 신분에 관계없이 한 몸이 되고 그 몸의 지체가 되는 것이다(고전 12:12-13). 이를 신학적으로 '우주적 교회' 또는 '보편적 교회'라고 일컫는다.

개척 목회자는 눈에 보이는 가시적 교회의 형편과 처지에 상관없이 스스로가 성령이 임재하시는 우주적 교회의 일원임을 인식하고, 그야말로 세계를 품은 넓은 가슴으로 목회에 임해야 한다.

3. 거룩성

"자기 앞에 영광스러운 교회로 세우사 티나 주름 잡힌 것이나 이런 것들이 없이 거룩하고 흠이 없게 하려 하심이라(엡 5:27)"

거룩함은 교회의 본질적 속성이다. 교회의 머리되신 예수 그리스도가 거룩하신 하나님 자신이기 때문이다. 만약 교회가 거룩하지 못하면 주님을 볼 수 없을 뿐만 아니라(히 12:14), 권위와 능력을 상실하고 말 것이다. 세상을 변화시키기는커녕 오히려 세상으로부터 무시와 업신여김을 당하게 되는 것이다(마 5:13). 마치 머리 깎인 삼손의 모습과 다를 바 없다.

그렇다면 어떻게 교회의 거룩성을 회복해 나갈 것인가? 이를 위해서는 먼저 교회가 거룩한 공동체라는 사실에 대해 목회자 스스로 분명한 확신이 있어야 한다.

1) 교회는 하나님이 세우신 그리스도의 몸이요, 성령이 내주하시는 주

의 전이기에 거룩하다. 곧 신적 거룩이다.

2) 교회는 구원받은 하나님 백성들의 공동체이기에 거룩하다. 본질상 죄인인 인간이 구속의 은혜로 말미암아 의롭다하심을 입어 성도(聖徒)가 된 것이다. 곧 칭의(稱義)로 인한 거룩이다.

3) 교회는 성화(聖化)의 공동체이기에 거룩하다. 성도는 예수를 주로 고백하고 의롭다 함을 얻는 순간부터 변화를 받고 성령의 인도하심을 좇아 그리스도의 거룩하신 성품을 닮아가야 한다. 곧 성령 안에서의 거룩한 삶이 밖으로 증거되어야 하는 것이다.

특별히 오늘날 세상 속에서 교회가 무기력한 존재로 전락하는 것은 바로 이 성화 공동체로서 정체성을 상실했기 때문이다. 거룩의 우선적 목표는 세상을 정화시키는 것이 아니라 하나님 앞에서 진실한 삶을 사는 데 있다. 도리어 세상을 향한 의식적인 거룩은 외식(外式)으로 변질 될 수 있다.

참된 거룩성의 회복은 바로 종교개혁자들이 외친 '코람 데오(Coram Deo, 하나님 앞에서)' 정신에 근거한다. 곧 하나님을 향한 두려움과 깊은 경외심으로 성경 말씀을 따르는 원칙 중심의 삶을 살아갈 때, 자연스럽게 세상을 정화하고 변화시키는 거룩한 공동체의 역할을 감당하게 되는 것이다.

영국의 역사학자 윌리엄 렉키(William Lecky)는 그의 저서 『18세기 영국사』에서 이렇게 말한 바 있다.

"과연 새롭게 하는 한 혁명이 웨슬리의 성화 운동을 통하여 일어났는데, 이는 피트(Pitt)[2] 장군의 영도 하에 바다나 땅에서 얻은 어떤 승리보다도 더 큰 것이었다."

4. 진리성

"이 집은 살아 계신 하나님의 교회요 진리의 기둥과 터니라(딤전 3:15)"

교회는 언제나 진리의 말씀 위에 세워져야 한다. 신학자 칼 바르트는 하나님의 말씀을 3가지 차원으로 설명했다. 성육신하신 말씀이 예수 그리스도, 계시된 말씀이 성경, 선포되는 말씀이 설교이다. 특히 그는 복음의 핵심적인 진리 곧, 십자가와 부활이 말씀으로 증언되고, 성만찬으로 경험되어야 함을 강조했다.

그렇다면 당신은 지금, 이 십자가 복음에 대한 확신과 감격으로 가슴이 뜨겁게 타오르고 있는가? 당신이 섬기는 교회에서 과연 복음의 능력이 힘있게 나타나고 있는가?

청교도적 영성으로 널리 알려진 목회자 존 라일(John Ryle)은 "십자가에 못 박힌 그리스도가 없는 교회는 물 없는 우물, 열매 없는 나무, 잠자는 파수꾼, 울리지 않는 나팔, 말 못하는 증인, 평화를 전하지 못하는 사절, 불 꺼진 등대, 믿음이 약한 자에겐 걸림돌, 악마에겐 기쁨, 하나님에겐 거역과 다를 바 없다"라고 말했다.

감리교 운동을 시작한 존 웨슬리(John Wesley)의 일화 중 이런 이야기가 있다. 하루는 웨슬리가 매우 침울한 표정으로 귀가하는 것을 보고 그의 아내가 이유를 물었다.

그러자 그는 이렇게 대답했다고 한다. "글쎄, 오늘은 아무리 예수님의

---

2) 18세기 영국의 정치가로 수상을 지낸 인물.

십자가를 생각해도 감동이 없어. 슬프게도 말이야." 진정 십자가 복음에는 세상에서 얻을 수 없는 놀라운 능력이 있다. 어떤 능력인가?

1) 죄 정복의 능력이다(마 9:2).

2) 병 정복의 능력이다(마 9:22).

3) 불안 정복의 능력이다(마 11:28).

4) 마귀 정복의 능력이다(막 6:17).

5) 죽음 정복의 능력이다(요 11:25-25).

이 십자가의 능력으로 말미암아 우리는 자유와 평안과 영생을 얻어 궁극적으로 승리하는 인생을 살게 되는 것이다. 그러므로 이러한 예수 그리스도의 복음에 대한 감격과 능력이 회복될 때 비로소 교회는 구속의 은혜와 감격으로 환경과 여건을 넘어서 영적 행복감으로 충만한 진리의 터전이 될 것이다.

"내가 이 복음을 부끄러워하지 아니하노니 이 복음은 모든 믿는 자에게 구원을 주시는 하나님의 능력이 됨이라(롬 1:6)"

5. 사명성

"아버지께서 나를 보내신 것 같이 나도 너희를 보내노라(요 20:21)"

우리가 교회를 그리스도의 몸이라고 부를 때에는 그리스도가 하셨던 일을 교회가 재현한다는 뜻이 포함되어있다. 곧 예수께서 하나님으로부터 받은 사명을 지상에서 수행하신 것처럼 교회 역시 예수 그리스도로부터 위임받은 사역을 감당하는 '사명 공동체'라는 것이다.

교회의 사명은 본질적으로 3가지이다. 위로는 하나님을 향한 사명인 예배, 안으로는 교회 자신을 향한 사명인 섬김과 양육, 그리고 세상을 향

한 사명인 선교와 전도이다. 다시 말해 교회는 그리스도 예수를 주로 고백하는 예배 공동체요, 받은 바 은혜를 서로 나누는 섬김(양육) 공동체요, 그리스도의 사랑을 세상에 전하는 선교(전도) 공동체이다.

그러므로 교회는 이 본질적 사역인 예배와 섬김과 선교를 바르게 실천할 때, 교회로서의 임무를 충실히 감당하는 것이다. 반대로 교회가 아무리 많은 업적과 공로를 쌓았다 해도 이 3가지 사역이 결여되었다면 그것은 사회단체나 봉사기관과 별반 다를 게 없다.

에든버러대학의 데이비드 라이트(David Wright) 교수가 한국을 방문했을 때, 그는 자신의 모국교회가 선교하는 교회에서 선교를 받아야 하는 교회로 쇠퇴하였다고 말하면서 그 원인을 두 가지로 지적했다. 바로 '강단에서 케리그마(십자가와 부활 설교)가 사라졌다'는 것과 '교회의 본질적 사명을 잃어버렸다'는 것이었다.

결론적으로 그는 이렇게 말했다. "교회는 교회만이 할 수 있고, 해야 할 고유한 일을 해야 한다. 그러나 불행하게도 현대 교회는 세상이 하는 일을 너무 많이 하고 있기 때문에 쇠퇴하고 있는 것이다." 이는 오늘날 한국교회 목회자들 모두가 가슴 깊이 새겨 두어야 할 교훈이 아닐 수 없다. 사명성이 뚜렷하지 않은 교회는 엉뚱한 일로 분주하다. 지금 당신의 교회는 어떤가?

교회를 교회되게 하라! 지금까지 살펴본 바와 같이 교회의 본래성

(주권성, 보편성, 거룩성, 진리성, 사명성)을 회

복하는 일은 개척 목회자가 마땅히 감당해야 할 사명이요 반드시 품어야

할 비전이다. 그러나 이를 실행할 때 대전제가 되는 것은 목회자 자신이

먼저 일인(一人)교회로서 그 본래성을 회복하는 것이다.

"너희는 너희가 하나님의 성전인 것과 하나님의 성령이 너희 안에 계

시는 것을 알지 못하느냐(고전 3:16)"

지금, 스스로 자신의 교회됨을 점검해 보자.

1) 주권성: 나는 진정 하나님의 영광을 위해서 목회하고 있는가? 혹시

야망이나 명예 때문은 아닌가?

2) 보편성: 나는 모든 사람을 열린 마음으로 존귀하게 여기는가? 나와

뜻을 달리하는 자들을 기꺼이 수용하고 섬기는가?

3) 거룩성: 나는 하나님 앞에서 코람데오, 거룩한 자로 살아가는가? 외

식에 빠져 있진 않는가?

4) 진리성: 나는 구속의 은혜에 감격하여 기쁘게 십자가와 부활의 복

음을 전하고 있는가?

5) 사명성: 나는 누구를 가르치기 전에 나의 삶 속에 예배, 섬김, 선교

의 사명을 실천하고 있는가?

오래 전 한 젊은이가 이렇게 기도했다고 한다. "하나님, 저에게 세상을

변화시킬 강한 힘을 주십시오." 그러나 세월이 흘러 그가 장년이 되었지

만 세상을 변화시킬 강한 힘은 부여되지 않았다. 그러자 그는 이렇게 기

도를 바꿨다. "하나님 저에게 제 가정을 변화시킬 힘을 주십시오."

그러나 세월이 흘러 그가 병들어 죽게 되는 순간까지도 그런 힘은 주어지질 않았다. 죽기 직전, 그는 마지막으로 이렇게 기도했다. "주님, 저 자신만이라도 변화시킬 수 있는 힘을 주십시오." 바로 그때 하나님의 음성이 들려왔다. "이제야 네 기도가 이루어졌느니라."

착각하지 말자. 누구를 변화시킨다고 말하기에 앞서 먼저 나 자신이 변화될 때, 점차 가정도 교회도 민족도 세상도 새롭게 변화되는 것이다. 진정한 개혁은 지금, 나로부터, 구체적인 행동으로 나타나야 한다.

"주여! 나 자신을 변화시키는 힘을 주옵소서!"

Advise

"교회 개혁은 언제나 본래성의 회복과 시대적 접근 양식의 변화로 진행된다."
"교회 개혁은 언제나 지금, 나로부터, 구체적인 행동으로 시작하라!"

Apply

성서적 비전 설계의 5요소

1. 주권성: 예수님을 교회의 주인 삼고 있는가?
2. 보편성: 누구나 올 수 있는 교회인가?
3. 거룩성: 하나님 앞에선 진실한 공동체인가?
4. 진리성: 십자가와 부활의 복음이 선포되는가?
5. 사명성: 예배, 섬김, 선교를 수행하는가?

04
모델 교회 벤치마킹
-성서적 모델 교회 선정-

Anticipate

1. 개척자에게 모델 교회는 왜 필요한가?
2. 모델 교회를 선정하는 기준은 무엇인가?
3. 지금 당신의 교회 비전을 성문화하고 청사진을 그려보라.

경제용어 중에 '벤치마킹(Benchmarking)'이라는 말이 있다. 우량기업이나 선도단체의 모범적인 경영 사례를 참고하여 자사의 경영을 개선하는데 활용하는 기법이다. 즉 어느 특정 분야에서 우수한 대상을 표적으로 삼아 자신과의 차이를 비교하고, 이를 극복하기 위해 그들의 뛰어난 운영 원리를 찾아 배우는 것을 말한다.

실제로 중소기업의 경우 벤치마킹을 통해 자신의 분야에서 앞서 나가는 기업을 기준지표로 삼아 모방하다가 점차 창조적으로 발전시켜가는 과정 속에서 작지만 기술력이 확보된 경쟁력 있는 기업으로 성장하는 경우가 많다.

이런 벤치마킹을 통해 얻게 되는 유익은 크게 3가지이다.

1. 모델 선정을 통해 목표가 분명해진다.
2. 배움의 과정 속에서 성장하고 발전한다.

3. 일에 대한 평가가 가능해 신속하게 수정 보완할 수 있다.

성경 속 모델 교회　　　이런 의미에서 개척 교회 역시 비전을 확정하고 이를 효과적으로 수행하기 위해 모델 교회를 선정하는 것이 중요하다. 모델 교회 선정은 개척자의 은사와 목회관에 따라 다양하게 시도해볼 수 있다. 과거 역사 속에 있었던 교회, 또는 개척 지역에서 이미 모범적으로 성장하고 있는 교회, 혹은 우리 시대를 대표할 만한 그 어떤 교회가 될 수도 있다.

하지만 분명한 것은 모델 교회가 언제나 성서적 원리에 충실한 교회여야 한다는 것이다. 결코 건물이나 프로그램, 교인 수 등이 모델 선정의 기준이 되어서는 안 된다. 우리가 이미 앞서 살펴본 바대로 교회의 본래성(주권성, 보편성, 거룩성, 진리성, 사명성)을 회복하는 것을 기준 삼아야 하는 것이다.

나는 여기서 모델 교회 선정의 실례를 위해 개척 당시부터 서초교회가 추구하고 있는 이상적인 한 모델 교회를 소개하고자 한다. 바로 사도행전(11-13장)의 안디옥교회이다. 성서적 모델로서 안디옥교회는 어떤 교회였을까?

1. 영적 행복감을 체험하는 교회이다.

"그가 이르러 하나님의 은혜를 보고 기뻐하여(행 11:23)"

성경은 안디옥교회의 영적 분위기를 이같이 기록하고 있다. 이 말씀에 의하면 하나님의 은혜는 마음으로 느끼는 것뿐만 아니라 눈으로 볼 수 있는 매우 직접적이고 가시적인 체험이다.

어떻게 그것이 가능할 수 있을까? 바로 '예배'를 통해서 가능해진다. 예배는 감격적인 찬양, 진실한 기도, 영감 있는 말씀을 통해 살아 계신 하나님을 만나고, 전천후 평안과 강건함, 또한 성령의 인도함을 받는 소중한 시간이기 때문이다. 뿐만 아니라 예배는 인간이 하나님을 하나님으로 대접하는 최상의 행위로써 교회의 주인이신 그리스도의 주권성을 온전히 인정하는 신앙고백이 포함되어 있다.

개척자는 무엇보다 예배에 목숨을 걸어야 한다. 예배를 통해 하나님의 은혜를 맛보고 영적 행복감을 체험하게 되면 그 아무리 먼 곳에 있는 사람일지라도 교회로 달려 나오기 마련이다.

개척 초기, 서초교회 한 집사님은 부천에서 교회가 있는 서초동까지 거의 매일 출근하다시피 나와서 전도하고, 교회 살림을 도맡아 감당했다. 그러자 하루는 그 집사님 이웃에 사는 아주머니가 의아해 하며 "아니, 왜 그렇게 먼 교회를 다녀요? 부천에도 교회가 얼마나 많은데"라고 묻더란다. 그 집사님은 이렇게 답했다.

"서울대학교가 멀다고 안 다니는 사람 보셨어요?"

이처럼 먹이가 있는 곳에 고기가 몰려들듯 영적 행복감이 있는 곳에는 갈급한 심령들이 모이기 마련이다. 하지만 불행하게도 요즘 교회의 현실을 볼 때, 상당수의 교인들이 예배를 누리기는커녕 견디고(?)있다고 해도 과언이 아니다.

특히 예배 견디기의 극치는 설교 견디기이다. 그 유형도 각양각색이다. 멀거니 강단을 응시하는 딴생각파, 주보에 밑줄 긋고 교정까지 보는 읽기파, 설교를 자장가로 벗삼는 수면파, 수시로 시계만 들여다보는 시간절약파, 옆 사람과 글로 대화하는 쪽지파, 스마트폰만 들여다보는 스마트파, 예배 후에 있을 회의를 준비하는 회의파, 평소엔 안 읽던 성경 읽기에 전념하는 실속파 등. 참으로 안타까운 일이다.

그래서 나는 종종 이렇게 자문해보곤 한다. 만약 내가 목회자가 아닌 평신도라면 반드시 이 교회에 다니겠다는 확신이 있는가? 지금 당신의 교회에서 드려지는 예배는 어떠한가? 예배 성공이 곧 목회 성공임을 믿으라. 무엇보다 개척자 자신이 먼저 예배의 성공자가 되라.

"하나님은 우리를 먼저 일꾼(Worker)으로 부르신 것이 아니라 예배자(Worshiper)로 부르셨다!"

2. 참 예수 제자를 양육하는 교회이다.

"그때에 스데반의 일로 일어난 환난으로 말미암아 흩어진 자들이 베니게와 구브로와 안디옥까지 이르러(행 11:19)"

안디옥교회는 예루살렘의 환난으로 인하여 흩어진 자들이 모여 세운 교회이다. 다시 말해 오합지졸의 교회가 아니라 참된 예수 제자들이 모인 교회였던 것이다. 교회는 '얼마나 많은 사람이 모였는가'보다 환난 중에도 견고히 신앙을 지킬 수 있는 '참 예수 제자가 얼마나 있는가'를 물어야 한다. 그래서 부활하신 주님은 우리에게 이렇게 명령하신 것이다. "너희는 가서 모든 족속으로 제자를 삼으라!"

현대 교인들의 유형을 대략 다음과 같이 구분할 수 있다.
1) 친교형 교인: 사람을 만나고 새로운 이웃과 교제하기 위한 친목의 목적으로 출석하는 사람.

2) 교양형 교인: 수준 있는 교양과 지식을 배우고 문화를 즐기려고 나오는 사람.

3) 카타르시스형 교인: 쌓인 한과 울분을 풀려고 교회에 오는 사람.

4) 습관성 교인: 아무런 동기나 목적 없이 습관적으로 출석하는 사람. 특히 모태 신앙인 중에 이런 경우가 많다.

5) 제자형 교인: 예수 그리스도의 말씀을 좇아 그 뜻대로 살려는 사람.

세상에서 성도들이 넘어지는 이유는 외적인 환경과 조건 때문이 아니라, 바로 말씀에 거하지 않기 때문이다. 예수 제자는 다름 아닌 말씀에 붙잡힌 자이다(요 8:31). 즉, 제자는 탄생하는 것이 아니라 말씀 안에서 양육되고 훈련되는 것이다. 그러므로 목회자는 예수 제자 양육을 위해 우선적으로 시간을 투자해야 한다. 가르치기에 앞서 목회자 자신이 먼저 말씀 묵상과 암송, 연구와 설교 준비에 생사를 걸어야 할 것이다.

종교개혁자 마틴 루터(Martin Luther)는 "하나님의 말씀이 있는 곳에 하나님의 역사하심도 있다"라고 했다. 이처럼 우리의 교회가 오합지졸이 아닌 말씀 안에서 양육된 참 예수 제자가 모인 공동체가 될 때, 복음의 진리성을 회복하는 진정 교회다운 교회를 이루게 되고, 진리의 빛으로 세상을 인도하는 하나님의 진리의 등대로서 역할을 감당하게 될 것이다.

3. 더불어 섬기는 교회이다.

"…곧 바나바와 니게르라 하는 시므온과 구레네 사람 루기오와 분봉왕 헤롯의 젖동생 마나엔과 및 사울이라(행 13:1)"

안디옥교회는 대양(大洋)처럼 큰 가슴을 가진 교회였다. 생각해보라. 교회의 원로인 바나바는 당시 위험인물이라 할 수 있는 바울을 품어주고

받아들여 함께 동역했다. 만약 바나바와 같이 넓은 마음을 가진 사람이 없었다면 바울은 결코 바울로서 존재할 수 없었을지도 모른다. 바나바와 같은 사람, 바울과 같은 사람이 서로를 섬기며 존경할 수 있을 때 교회는 신뢰와 사랑이 넘치는 아름다운 공동체를 이루게 되는 것이다.

물론 이것은 바나바와 바울에게만 국한된 것이 아니다. 안디옥교회 성도들의 호칭을 보면 그들이 각기 다른 처지, 다른 문화 속에서 살아온 사람들임을 알 수 있다. 바나바는 유력한 재산가였으며, 니게르라 하는 시므온은 흑인이었다. 또한 구레네 사람 루기오는 이방인이요, 사울은 일찌감치 출세한 유대 관원이었으며, 헤롯의 젖동생 마나엔은 왕족이었다. 이처럼 안디옥교회는 인종과 세대, 소유와 신분을 넘어 온 성도가 가족처럼 섬기는 교회였다. 이는 유대인과 이방인, 왕족과 노예, 부자와 가난한 자, 지성인과 무식자, 노인과 젊은이 할 것 없이 오직 그리스도 안에서 한 형제요 자매임을 인정하는 믿음이 있었기에 가능한 것이다.

그러므로 우리 교회도 세대 격차를 극복하고 더불어 섬길 수 있는 교회 문화를 형성해야 한다. 기존의 전통적인 방식만 고집하는 빗장 잠근 교회가 아니라 다원화된 문화 속에 살아가는 현대인들, 특히 젊은 세대들을 향해서 문을 활짝 열고 다가서는 교회가 되어야 한다.

이를 위해서는 복음의 본질을 훼손하는 문제가 아니라면 예배, 설교, 성경공부, 음악 등 모든 분야에 대한 시대적이고도 문화적인 접근양식을 고려할 수 있을 것이다. 물론 젊은 세대들 역시 교회의 전통문화들을 존중하고 계승해 나가야 한다. 흔히 '시대적 접근' 하면 최신 장비나 시설 투자 등을 운운하는데 그것보다 우선적으로 서로 다른 문화와 경험을 존중하려는 정신이 중요하다.

이스라엘 국방장관을 지냈던 모세 다얀(Moshe Dayan)의 일화이다.

하루는 다얀과 그의 운전기사가 격 없이 대화하는 것을 보고 비서실장이 기사에게 "무슨 무례한 짓이냐"고 꾸짖었다. 그러자 다얀은 비서실장에게 귓속말로 이렇게 말했다고 한다. "그는 자동차를 운전하는 사람이고, 나는 이스라엘의 군대를 운전하는 사람이네. 결국 그와 나는 같은 운전사가 아닌가."

이처럼 서로를 인정하고 배려할 때 우리는 더불어 섬기는 공동체를 이루어갈 수 있다. 모든 것은 어린아이에서부터 노인에 이르기까지 성도들의 마음 구석구석을 자상하게 헤아리는 사랑과 관심에 달려있다고 해도 과언이 아니다. 비록 물질적으로 무언가를 해주지 못한다 할지라도 그러한 마음가짐은 어느 순간 서로 느끼고 통하게 되는 법이다. 그래서 나는 사람들에게 늘 이렇게 주장한다.

"사랑하면 방법이 나온다!"

4. 민족과 역사를 섬기는 교회이다.

"…천하에 큰 흉년이 들리라 하더니 글라우디오 때에 그렇게 되니라 제자들이 각각 그 힘대로 유대에 사는 형제들에게 부조를 보내기로 작정하고 이를 실행하여…(행 11:28-30)"

당시 수리아 지방은 안디옥을 비롯하여 천하에 크게 흉년이 들었다. 그럼에도 안디옥교회는 유대에 사는 형제들에게 자원하여 구제비를 보내는 폭넓은 긍휼의 마음으로 민족과 역사를 섬기는 교회로서의 모범을 보여주고 있다.

역사적으로 기독교는 교육, 의료, 복지, 문화, 구제 등 사회 제반 문제들과 민족의 현실에 대해 매우 민감한 관심을 가지고 대처해 왔다. 이는 교회 자체가 지역과 민족이라는 역사적 상황을 떠나서는 존재할 수 없을 뿐만 아니라, 예수 구원의 복음이 인류와 모든 피조 세계 전체를 대상으로 한다는 것에 근거한다.

개척 교회의 현실상 이러한 일들은 너무 거리가 멀고 이상적인 말이라고 반문할지 모른다. 그러나 다시 말하지만 진정한 섬김은 지금 이 순간, 내게 있는 것을 가지고, 구체적으로 실천하는 것이다.

백화점의 왕으로 불리는 존 워너메이커(John Wanamaker)는 기업의 이윤을 사회에 환원시켰던 훌륭한 기업인으로 잘 알려져 있다. 그는 금주, 금연, 매춘 추방 등에 앞장섰으며 사회적 약자인 실업자와 여성들을 위한 교육기관을 설립해 국민들의 존경을 한 몸에 받은 사람이었다.

어느 날 이런 그에게 한 기자가 물었다. "당신은 어떻게 이런 큰일들을 해낼 수 있었습니까?" 그러자 워너메이커는 이렇게 대답했다고 한다. "내 인생의 모든 가치관은 유년시절 주일학교에서 거의 배웠습니다. 나는 그것을 꾸준히 실천했을 뿐입니다."

워너메이커의 기업이 미국인들로부터 모범적인 회사로 인정받을 수 있었던 것은 대기업이 된 후 좋은 이미지를 위해 그 일들을 수행한 것이 아니라, 처음부터 꾸준하게 남다른 모습으로 성장했기 때문에 가능한 것이었다.

이처럼 우리 교회도 부족하고 연약하지만 처음부터 이웃의 아픔을 싸매고, 겸손히 소외된 자들을 섬기며 세상 속에서 빛과 소금의 역할을 감당해야 한다. 그간 개인의 영혼 구원이라는 구호 아래 다소 등한시한 면

이 없지 않았던 민족적 우선 과제인 도덕성 회복, 선진사회 구현, 환경보존, 남북통일 등을 위해 우리 교회들이 적극 동참하여 성경적인 대안을 제시하고 변혁의 주체로서 당당히 나서야 할 것이다.

"우리는 사회를 변혁하고, 민족을 바로잡을 기간백성(基幹百姓)이다."

5. 세계 선교를 감당하는 교회이다.

"이에 금식하며 기도하고 두 사람에게 안수하여 보내니라(행 13:3)"

선교는 최고의 주님 사랑, 최상의 이웃 사랑, 최대의 교회 사명이다. 이는 결코 미룰 수 없는 부활하신 주님의 '위대한 명령(마 28:18-20, The Grate Commission)'인 것이다. 당시 안디옥교회는 자신들을 위해서도 해야 할 일이 많이 있었으나 그 무엇보다 우선하여 교회의 가장 중요한 두 인물, 바나바와 사울을 최초의 선교사로 파송했다.

그들이라고 왜 훌륭한 영적 지도자를 모시고 싶지 않았겠는가? 그러나 그들은 세계 선교라는 제단 위에 가장 귀한 제물을 바쳤다. 이것은 안디옥교회가 그만큼 사람에 의존하는 교회가 아니라 전적으로 그리스도의 진리의 말씀에 인도받는 교회임을 입증하는 것이기도 하다.

사실 한국 사람만큼 선교하기 좋은 여건을 가진 민족도 드문 것 같다. 달리 말해 선교사 체질을 타고 났다는 것이다.

한국인은 어떠한 상황에서도 적응력이 강하다. 봄, 여름, 가을, 겨울 어떤 기후에도 적응할 수 있으며, 피부는 밝게 보면 백인에 가깝고 어둡게 보면 흑인에 가까워 어느 인종과도 어울릴 수 있다. 또 위장은 초특급이어서 매운 고추에 고추장을 찍어 먹을 정도이다. 게다가 외국어 습득에는 남다른 소질을, 열심과 용기에 있어서는 그 누구에게도 지지 않아

억척이, 또순이로 불린다. 중국인은 외국에서 셋만 모이면 음식점을, 일본인은 전자상가를 차린다는데 한국인은 교회를 세운다고 한다.

이만하면 선교 체질 민족이라 할 수 있지 않을까? 하지만 안타깝게도 선교 기관들의 보고에 의하면, 한국 기독교의 선교사 파송과 선교비 지원 현황이 매우 열악한 상황이라고 한다. 일부 교계 지도자들이 국가가 경제적 어려움에 봉착할 때마다 지적하는 내용 중 하나가 한국에서 일어난 급속한 경제 성장은 세계 선교를 위해 하나님이 주신 축복인데 이를 망각하고 흥청망청 소비해버린 것이 경제위기를 초래했다는 것이다. 일리 있는 말이다. 하나님의 축복은 반드시 사명으로 연결되어야 한다. 우리가 성령을 받고, 권능을 받고, 축복을 받는 것은 궁극적으로 예수 증인의 삶을 위한 것이기 때문이다.

"오직 성령이 너희에게 임하시면 너희가 권능을 받고… 내 증인이 되리라… (행 1:8)"

개척 초기, 교회의 자립에 우선순위를 두다 보면 선교 사역은 엄두도 못내는 경우가 많다. 물론 하루 속히 힘있는 교회로 성장해서 여유있고 넉넉하게 일할 수 있으면 좋다. 그러나 오랜 목회 경험을 통해서 볼 때, 평생 목회하는 동안 교회 재정이 넉넉하다고 느낀 적은 거의 없다. 그저 때마다 일용할 양식과 필요를 채우시는 하나님을 의지하고 교회 본연의 사역을 감당해 나가는 것이다. 이를 위해 우리는 선교에 대해 최소한 4가지 확신을 가지고 있어야 한다.

1) 선교는 모든 교회가 감당해야 할 주님이 명하신 본질적 사역이라는 확신

2) 선교는 경제적 풍요가 아니라 의식적 풍요에 달린 일이라는 확신

3) 선교에 대한 부담감은 오히려 교회 자립에 대한 동기를 부여하고 사명감을 고취시킨다는 확신

4) 선교는 하나님의 또 다른 축복과 풍요를 경험하게 한다는 확신

물론 모든 사역의 원리가 그렇듯 교회의 규모와 처지에 알맞게 행해져야 한다. 종종 세미나를 통해 한 가지 사역에 집중적으로 힘을 쏟아 성공한 사례를 보고 무조건 따라하려는 이들이 있다. 그러나 그것은 예외적인 사건이다. 일반적으로 개척 교회가 지향하는 교회는 반복해서 말해온 것처럼, 성서적 원칙을 따라 조화롭고 건강하게 성장하는 교회이다.

그러므로 얼마나 많이 드리는가보다는 자세가 중요하다. 먼저 기도무릎으로 선교에 대한 꿈을 키워라. 정기적인 선교헌신예배를 통해 실제적으로 선교에 동참할 수 있는 기회를 만든다면 더욱 좋다. 교회가 커지면 선교하겠다는 생각을 버려라. 그것은 마치 건강해지면 운동하겠다는 말처럼 어리석은 것이다.

"불꽃 없는 불이 없고, 선교 없는 교회 없다."_앤더슨

모델 교회의 꿈　　　　이상적인 모델 교회 안디옥교회의 모습을 다시 한 번 정리하자면 다음과 같다. 하나, 영적 행복감을 체험하는 교회이다. 둘, 참 예수 제자를 양육하는 교회이다. 셋, 더불어 섬기는 교회이다. 넷, 민족과 역사를 섬기는 교회이다. 다섯, 세계 선교를 감당하는 교회이다. 이는 분명 우리가 모델 삼을 만한 참으로 아름답고 위대한 교회의 모습이다.

서초교회는 개척 당시부터 위와 같은 안디옥교회를 모델 삼아 교회

비전을 수립하고 이를 성문화하여 수시로 교회됨을 점검해 왔다. 또 개척 10주년을 기점으로 서초교회가 감당해야 할 3대 사역으로 '사람을 살린다', '기독 문화를 살린다', '작은 교회를 살린다'를 정하고 이 사명에 진력해왔다.

이런 서초교회의 비전은 매우 단순하고 명확하다. 사도행전의 안디옥교회가 우리의 모델이 되었듯이 서초교회 역시 이 시대의 모델 교회가 되기를 소원하는 것이다. 개척 목회자가 배우고 싶은 교회, 어디서든지 적용 가능한 원리에 충실한 건강한 교회의 모델을 제시하는 것이다. 그로 인해 제2, 제3의 안디옥교회가 이 땅에 세워지고 작지만 강한 교회로 성장하여 마침내 한국교회 전체가 부흥하게 됨은 물론 복음 한국, 선교 한국의 꿈을 성취하게 될 것을 기대한다.

푸른 등불을 가슴에 밝히고   초대 교회 교부였던 터툴리안(Tertulian)은 "교회라는 나무는 세 가지 액체, 곧 피와 땀과 눈물을 먹고 자라난다"라고 했다. 교회는 하루아침에 이루어지지 않는다. 우리가 주의 교회를 위하여 아무리 위대한 비전을 품고 있을지라도, 그것을 위한 헌신이 없다면 아무 소용이 없는 것이다. 문제는 우리에게 그런 열정과 헌신이 있느냐는 것이다.

"위대한 교회는 위대한 헌신에 의해 이루어진다."_릭 워렌

혹시 당신은 오늘의 궁핍과 열악한 환경으로 인하여 이 모든 일들이 불가능하다고 여기고 있진 않는가? 가난으로 인해 자신감을 잃었던 학창 시절 나의 담임선생님은 평생 잊지 못할 말씀으로 용기를 북돋아주셨다.

"가난은 지금 네가 입고 있는 옷과 같다. 때가 되면 그 옷을 벗어 던질 날이 올 것이다. 중요한 것은 어떤 바람에도 꺼지지 않는 푸른 등불을 네 가슴에 켜는 일이다."

어둠 속에서 빛은 더욱 선명하게 드러나는 법이다. 그러므로 현재 상황이 어두우면 어두울수록 교회를 향한 푸른 등불을 당신의 가슴에 밝혀라. 그리고 지금, 당신이 할 수 있는 작은 일을 성실히 행하라. 당신이 뿌린 기도의 눈물, 수고의 땀, 헌신의 피를 통해 이 땅에 진정 교회다운 교회 또 하나의 모델 교회가 우뚝 세워지게 될 것이다.

"믿음이란, 밤에 그저 무릎을 꿇고 기도드리는 것만은 아니다… 믿음은 과감한 노력이요, 장렬한 모험이요, 어떤 상황에서도 헌신할 수 있는 힘이다."_사무엘 키서

Advise
"모델 교회를 선정하고 벤치마킹하라!"
"교회라는 나무는 피와 땀과 눈물을 먹고 자란다!"

Apply
성서적 모델 안디옥교회
1. 영적 행복감을 체험하는 교회
2. 참 예수 제자를 양육하는 교회
3. 더불어 섬기는 교회
4. 민족과 역사를 섬기는 교회
5. 세계 선교를 감당하는 교회

부록 3_서초교회 개척 모델링

비전 선언문
우리는 예배와 양육을 통해 그리스도를 닮아가고 섬김과 선교로 세상을 살리는 푸르고 푸른 생명의 공동체이다.

개척 당시 서초교회 비전 선언문

향후 10년 계획을 포함한[3] 비전청사진

---

3) 2000년부터 2010년까지 서초교회가 나아갈 방향을 제시한 것으로 ①원리에 충실한 교회 ②교육 중심의 교회 ③불신자도 좋아하는 교회 ④팀 사역을 이루는 교회 ⑤작은 교회를 강하게 하는 교회 등 다섯 가지 목표 사항을 구체적으로 정했다.

Part 2 · People

사람이 곧
교회

Path Breaking 2P

People

05
동역자 확보의 원리

Anticipate

1. 지금 당신의 동역자가 될 가능성이 있는 사람들은 누구인가?
2. 어떻게 동역자들에게 사명감을 줄 수 있는가?
3. 당신이 먼저 누군가의 동역자가 되기 위해 할 수 있는 일은 무엇인가?

사람은 사회적 존재이다. 태어나는 순간부터 죽을 때까지, 일평생 타인과 함께 살고 함께 일해야 한다. 따라서 한 개인의 생각과 말과 행동은 그 관계 속에서 영향을 주고받으며, 이러한 상호작용을 통하여 성장하고 발전하게 된다. 이를 두고 심리학자 칼 융(Carl Jung)은 "나는 진정한 나가 되기 위하여 우리를 필요로 한다"라고 했다.

흔히 사람들은 현대사회를 탁월한 개인기, 곧 개인의 능력을 중시하는 사회라고 생각한다. 하지만 아무리 자유업에 종사하는 사람일지라도 다른 사람과 더불어 일하지 않으면 성공하기 어렵다. 아니, 살아남기 힘들다.

미국 하버드대학교 경영대학원 교재에는 이를 아주 잘 반영하는 내용이 있다. "두뇌나 기술의 훈련은 성공 요인의 10%에 불과하지만 뛰어난 대인 관계는 성공 요인의 85%나 된다."

그만큼 인간관계가 중요하다는 것이다. 무엇보다 먼저 사람을 생각하고, 인정하고, 배려하며 팀워크를 이루어 함께 일하는 것이 성공의 가장 큰 요인이다. 하이테크 시대가 될수록 사람들은 내적으로 더욱 따뜻한 관심과 인정, 영혼의 깊은 터치를 요청한다. 문제는 기술이나 방법이 아니라, 정신이요, 감동이요, 사랑인 것이다.

사람이 곧 교회다　　　개척 목회의 승패 역시 인간관계에 달려 있다 해도 과언이 아니다. 물론 교회는 하나님께서 친히 세우시고 일하신다. 그러나 우리가 잊지 말아야 할 것은 하나님은 언제든 사람을 통해 일하신다는 사실이다. 존 웨슬리는 동역자의 중요성에 대해 자신의 일기장에 이렇게 기록하고 있다.

"당신이 하나님을 섬겨 천국에 가기를 원한다면 명심하라. 당신 혼자서는 하나님을 섬길 수 없다. 동지를 찾아라. 없다면 만들라. 성경은 혼자서 고독하게 믿는 기독교에 대해서 이야기하는 바가 전혀 없다."

개척자는 어떻게 하나님께서 붙여주신 사람들과 더불어 교회를 든든히 세워갈 것인가를 고민하고 이에 대한 준비를 해야 한다. 처음부터 동역자인 사람은 없다. 관심 어린 보살핌과 사랑, 그리고 강한 훈련을 통해 동역자를 키워내야 하는 것이다.

특히 개척 목회에 동역자 확보와 훈련이 중요시되는 것은 작은 교회일수록 소위 개척 멤버의 태도가 교회 전체의 분위기를 좌우할 뿐만 아니라 교회의 비전, 영적 수준, 사명 성취 등에 직접적인 영향을 미치기 때문이다. 이는 나아가 개척자 자신의 목회 인생을 좌우하는 문제가 되기도 한다.

정말 안타까운 것은 간혹 동역자와의 관계에 실패하여 제대로 목회를 시작하지도 못한 채, 수년 동안 갈등 속에 고생하다가 결국 좌절하고 포기하는 목회자들도 있다는 사실이다. 그러므로 기억하라. 교회는 사람이 세워가는 것이다. 사람이 중요하다. 사람을 존귀히 여기라. 사람을 섬겨라. 사람을 키워라. 교회는 건물이 아니라 사람이다.

그대는 한 사람을 가졌는가 우리는 성경을 통해 동역자 확보와 훈련의 귀재라고 부를 만한 한 사람을 찾아볼 수 있다. 바로 사도 바울이다. 그의 곁에는 언제나 유능한 동역자들(바나바, 디모데, 누가, 에바브로 디도, 실라, 마가 등)이 포진하고 있었다.

로마서 16장을 보면 그는 자그마치 서른 명 이상 신실한 동역자들의 이름을 열거하며 자상하게 그들의 노고를 격려한다. 특히 3~4절을 주목해 보자.

"너희는 그리스도 예수 안에서 나의 동역자들인 브리스가와 아굴라에게 문안하라 그들은 내 목숨을 위하여 자기들의 목까지도 내놓았나니…(롬 16:3-4, 참고 갈 4:15)"

이렇듯 선교 비전을 위해 자기 생명까지도 아끼지 않는 신실한 동역자들이 늘 함께하였다는 사실 하나만으로도 사도 바울은 진정 행복한 개척자임에 틀림없다.

언젠가 교계에 잘 알려진 한 교회에서 집회를 마치고 돌아올 때의 일이다. 그 교회 담임목사님의 정중한 호의로 그분의 차를 타게 되었는데,

나이 지긋한 집사님이 운전하시는 차를 타려니 송구스러워 근처 지하철 역에 내려달라고 했다. 그런데 집사님은 "담임목사님께서 댁까지 모시라"고 했다며 정색을 하는 것이 아닌가. 하도 진지하게 말씀하시기에 잠자코 앉아 이런저런 이야기를 나누었다.

일평생 그분을 잊지 못할 만큼 가슴 찡한 고백을 들은 것이 바로 그때였다. 교회 비전과 담임목사님의 동정을 묻는 말에 그 집사님은 비장한 목소리로 이렇게 말했다. "저는 우리 목사님의 선교 비전을 위해 이미 죽을 각오가 되어 있습니다."

이제껏 그 누구도, 그 어떤 교회도 부러워해 본 적이 없었지만 순간 부러운 마음이 들었다. 나도 모르게 '주여, 저 집사님, 우리 교회로 보내주옵소서' 하는 생각이 스쳤지만, 이내 마음을 고쳐먹고 '주여, 제게도 저런 동역자를 키울 수 있는 지도력을 허락해 주옵소서'라고 기도했다.

그날 이후 오랜 세월이 흐른 지금, 나처럼 부족한 사람 곁에서 교회를 위해 생명을 아끼지 않는 신실한 동역자들을 바라볼 때면 이 무슨 은혜인가 하고 감사하지 않을 수 없다. 한국의 대표적 사상가였던 함석헌 선생의 시가 떠오른다.

천리 길 떠나면서
처자식 맡겨 놓고 갈 만한 사람
그대는 가졌는가
(중략)
탔던 배 꺼져갈 때
구명 조끼 건네주며

너만은 제발 살아다오 할 만한 사람

그대는 가졌는가?

동역자 확보의 3대 원리 그렇다면 이렇듯 귀한 동역자들을 어떻게 확보하고 훈련시킬 수 있겠는가? 신실한 동역자를 얻는 것이야말로 목회자의 행복이요 성공이거늘, 어떻게 이 일이 가능한가 말이다. 이제껏 강조해 왔듯이 무슨 일이든 원리를 알면 길이 보이는 법이다. 동역자 확보와 훈련도 예외가 아니다. 먼저 동역자 확보를 위한 3가지 기본 원리를 살펴보자.

1. 비전 공유의 원리(비전 목회)

동역자는 궁극적으로 개척자와 비전을 같이하는 자이다. 설혹 신앙과 삶의 성향은 다를지라도 동일한 목적과 목표를 향해 달려 나가야 하는 것이다. 그러기 위해서는 성도들 개개인이 교회의 비전을 자신의 비전으로 연결시킬 수 있어야 한다. 그래야만 교회의 비전은 살아 있는 진정한 비전으로서의 역할을 수행할 수 있다.

만일 이러한 공유의 과정이 이루어지지 않는다면 그것은 그저 구호일 뿐, 더 이상 공동체의 비전이라 할 수 없다. 동역자들의 도움 없이는 아무리 위대한 비전이라 할지라도 이룰 수 없는 꿈에 불과하기 때문이다.

따라서 개척자는 끊임없이 비전을 공유할 수 있는 통로를 마련해야 한다. 함께 신앙생활을 한다고 해서 누구나 비전을 공유하게 되는 것은 아니다. '말하지 않으면 귀신도 모른다'는 말이 있듯 지속적인 비전 선포와 학습이 없이는 비전을 공유하기 어렵다. 대체로 비전 공유의 과정에는 다음의 절차들이 있다.

1) 교회의 비전은 먼저 개척자가 자신의 인생관, 교회관, 목회관을 분명하게 정립하는 데서 출발한다.[4]

2) 비전은 누구나 공감할 수 있도록 일목요연하게 성문화(成文化)하고 형상화 할 수 있어야 한다.

3) 교회 전체의 비전이 결과적으로 개인의 삶과 인생에 중요한 가치를 부여한다는 확신을 주어야 한다. 목회자 한 사람이 아니라 모두가 같이 잘 되는 역사가 일어나야 한다.

4) 비전은 바라는 것들의 실상이므로 시간이 흐르면서 보다 구체적으로 분명해져 모두가 함께 인정할 수 있어야 한다.

5) 비전이 체질화되고 생활화될 수 있도록 반복적으로 끊임없이 교육해야 한다. 효과적인 반복 학습을 위한 실제인 방법들을 생각해보자.[5]

① 비전을 함축적으로 표현한 영적 슬로건을 만들어 눈에 띄는 장소와 각종 유인물에 게시한다.

② 각종 모임에서 영적 슬로건을 수시로 되새긴다.

③ 동역자 모임이나 수련회를 통해 비전에 대해 심도 있게 공부하고, 구체적으로 무엇을 할 것인가를 토의한다.

④ 제직회를 단순한 회의가 아닌 비전 축제로 전환하여 보다 분명하게 비전을 확립하고 또한 비전 성취에 대한 감사와 기쁨을 나누는 시

---

4) Part 5 Pastor 리더십은 선한 영향력이다 참조.
5) Part 3 Program의 10~12장과 Part 4 Power의 16장 참조.

간이 되게 한다.

⑤ 비전 기도문을 작성하여 기회 있을 때마다 공동의 기도시간을 갖는다. 합심기도는 광고나 학습 등의 그 어떤 전달 방법보다도 사람들의 가슴에 깊이 남는다.

2. 인격 성숙의 원리(감동 목회)

지도자에게 있어 빼놓을 수 없는 두 가지 요건이 있다면 바로 비전과 인격이다. 비전이 계시적이고 은사적인 것이라면, 인격은 훈련적이고 과정적이다. 다시 말해 비전은 개인, 혹은 공동체가 하나님으로부터 남들과 다르게 부여받은 고유한 사명인 반면, 인격은 말씀 안에서 끊임없는 자기 훈련과 갱신의 과정을 통해 얻게 되는 성숙한 인품을 뜻한다.

종종 비전의 중요성을 강조하면서도 인격에 대해서는 지나쳐 버리는 경우를 본다. 그러나 지속적으로 비전을 이끌어 가고 성취시키는 힘은 성숙한 인격에 달려있다는 사실을 간과해서는 안 된다. 그것은 마치 성령의 은사가 성령의 열매에 지배를 받아야 하는 것과 같은 이치이다. 물론 사람들은 개척자가 선포하는 비전에 갈채를 보내며 일순간 확신에 찬 동의를 표할 수 있다. 그러나 비전가의 신앙적 삶과 성숙한 인격에 대한 마음으로부터 우러나오는 존경심이 없다면 비전을 향한 자발적인 동참과 충성은 기대하기 어렵다.

많은 사람들이 이 시대를 감성의 시대라고 일컫는다. 과학 기술의 발달로 인해 점차 비인간화되는 사회 속에서 누구나 코끝을 찡하게 할 만한 감동적인 사랑을 그리워하는 것이다. 오죽하면 기업들조차도 고객 만족을 넘어 고객 감동의 서비스를 추구한다. 하지만 이 세상 어디에서 진정한 감동을 느낄 수 있단 말인가?

80년대 독일에서 유학할 당시, 세계적인 석학 조지 피터스(George Peters) 교수의 강의를 수강한 적이 있다. 이제껏 나는 그처럼 친절하고 진심을 다해 사람을 섬기는 이를 본 적이 없다.

그는 바쁜 일정 속에서도 당시 독일어에 어눌한 외국인 유학생인 나에게 공부할 수 있도록 거처를 마련해 주고, 아이들을 맡아 돌볼 수 있는 사람까지 구해 주었다. 뿐만 아니라 그는 짧은 점심시간을 할애하여 학생들을 커피타임에 초청하고 그들의 어려움과 동정을 살펴 자신의 일처럼 적극 도와주곤 했다.

강단을 내려오면 늘 자신을 형제로 불러 달라던 그는 식사 전 15분 동안은 어김없이 하나님과의 교제 시간을 가졌는데 그 시간만큼은 어느 누구도 방해할 수 없었다. 그의 성숙한 인격과 신앙에 감동한 많은 사람들이 헌신된 동역자로 모여 들었고, 마침내 그는 그들과 더불어 평생의 숙원인 '복음주의 선교단체'를 설립하게 되었다.

감동의 근원은 개척자의 성숙한 인격이다. 성도들이 목회자로부터 따스한 감동을 느낄 수만 있다면 그들은 더 이상 불편사항이나 불만거리를 찾지 않는다. 오히려 그러한 사람들을 설득하고 동화시켜 비전에 동참하게 하는 사명자로 나서게 될 것이다.

의외로 성도들은 목회자의 작은 배려를 통해 감동받는다는 사실을 아는가? 마음에서 우러나는 정성스런 악수, 소박한 식사 대접, 칭찬 한 마디, 따뜻한 미소, 진실한 격려, 겸손한 태도, 넉넉한 마음 씀씀이, 아픔을 알아주는 사려 깊은 표정, 허물을 덮는 너그러움, 실수를 인정하는 겸허한 태도 등 결국 작은 관심이 큰 감동을 일으키는 법이다. "교인 감동, 그것은 개척 목회 최대의 경쟁력이다!"

3. 100% 헌신의 원리(십자가 목회)

동역자와의 관계는 단순히 일을 함께 하는 차원에 머물러선 안 된다. 서로의 감정을 존중하면서도 상황과 환경을 초월해 예수 그리스도를 향한 절대 사랑, 절대 헌신으로까지 나아가야 하는 것이다. 그런데 이 완전한 헌신은 오직 십자가 복음의 능력을 경험한 자에게만 가능하다.

바울의 선교 비전을 위하여 목이라도 내어놓았던 동역자 브리스가와 아굴라는 복음 전파의 현장에서 생생하게 십자가 복음의 능력을 체험한 사람들이었다. 그들은 유대인의 회당에서, 이방인의 재판장에서, 장막을 짓는 삶의 현장에서, 언제 어디서든 목숨을 내걸고 담대히 십자가 복음을 전하는 바울을 목격했을 뿐만 아니라 그 능력을 전수 받았다(행 18:1-28). 그로 인해 그들은 학문이 많고 성경에 능한 유대인 아볼로에게도 하나님의 도를 풀어 가르치는 능력의 사역자로 거듭나게 된 것이다(행 18:26).

그러므로 개척자는 자기부터 십자가로 살아야 한다. 곧 날마다 십자가를 생각하고, 십자가에 감격하고, 십자가에 죽고, 그리하여 이제 내 안에 사시는 그리스도와 함께(갈 2:20) 무엇에든지 기도로, 감사로, 십자가 사랑으로 사는 것이다. 그리고 그 십자가에 감격하여 십자가와 부활을 선포하고, 십자가 정신으로 목회하고, 십자가 은혜로 섬기는 것은 물론, 동역자들의 가슴에 그리스도의 십자가를 꽂아 주어야 한다.

예수 십자가의 뜨거운 피가 심장으로부터 흘러넘칠 때, 진정 우리는 서로 고백할 수 있을 것이다. "당신을 위해서라면 내 한 목숨 십자가에 걸어도 행복하리라!"

이를 한 무명 시인은 이렇게 노래한다.

참된 신앙은 십자가를 바라보는 것입니다.

십자가 자랑이 겸손,

십자가 앞의 삶이 경건,

십자가에 내가 달림이 참된 기도입니다.

십자가 상처만이 나의 간증,

십자가 지고 감이 나의 사명,

십자가 증거함이 참된 복음입니다.

나의 찬양 나의 소망 나의 능력

오직 십자가뿐입니다.

주님, 나의 가장 간절한 소원은 십자가를 지는 것입니다.

당신처럼 죽는 것입니다.

그리고 마지막 그 순간까지 당신의 이름으로 구하는 것입니다.

마른 펌프에 물 붓기　　　목회의 궁극적인 목표는 거듭난 성도들이 예수 제자로 양육되어 온전한 하나님의 일꾼으로 성장하게 하는 것이다. 그런 의미에서 이상에 소개한 동역자 확보의 3대 원리는 개척 목회자가 지향해야 할 목회의 핵심이라고 할 수 있을 것이다.

　1. 비전 공유의 원리: 비전 목회

2. 인격 성숙의 원리: 감동 목회

3. 100% 헌신의 원리: 십자가 목회

우리는 이 글을 시작하면서 교회는 본질적으로 건물보다 사람이라고 정의를 내렸다. 이는 곧 관계의 중요성을 강조하는 것이다. 지금, 당신의 주변을 돌아보라. 당신의 곁에 있는 사람들은 누구인가?

나는 목회자와 성도의 관계를 '재래식 펌프'에 비유하곤 한다. 마른 펌프에서 물이 쏟아지는 법은 없다. 하지만 펌프에서 물을 끌어올리는 방법은 아주 간단하다. 많은 양도 필요없다. 한 바가지의 물만 부으면, 그리고 펌프질을 멈추지만 않으면 계속해서 시원한 물이 콸콸 쏟아져 나올 것이다.

위대한 동역자들 곁에는 언제나 위대한 목회자가 있기 마련이다. 그들은 마른 펌프에 한 바가지의 물을 붓는 지혜를 터득한 사람들이다. 그들은 교회를 세우고(비전), 교회를 지키고(십자가 복음), 교회를 위해 생명을 아끼지 않는다(감동). 그 헌신의 물로 채워진 성도들은 더 이상 가만히 앉아 있지 못한다. 그들은 들썩거리고 일어나 움직이기 시작할 것이다. 그리고 이내 시간과 물질과 몸과 마음, 아니 생명을 바쳐 교회를 위한 헌신의 물을 쏟아낼 것이다. 일찍이 예수님은 인간관계의 도에 관해 이렇게 말씀하셨다.

"그러므로 무엇이든지 남에게 대접을 받고자 하는 대로 너희도 남을 대접하라 이것이 율법이요 선지자니라(마 7:12)"

모름지기 사랑받는 것과 복 받는 것은 다 자기하기 나름이다. 훌륭한 동역자가 나타나기를 기대하지 말라. 이제 당신부터 성도들을 위해 생명을 바치는 진정한 동역자가 되라.

06
동역자 선택과 훈련

Anticipate

1. 당신이 동역자를 선택하는 기준은 무엇인가?
2. 동역자는 어떻게 훈련하고 양육해야 하는가?

사람은 일평생 누군가를 만나며 살아간다. 부모, 형제, 친구, 연인, 자녀, 동료, 후배 등 인생의 고비마다 다양한 관계를 맺으며 살아가는 것이다. 이 인생의 만남은 크게 3가지 유형으로 나눌 수 있다.

첫째는 운명적 만남이다. 부모자식, 형제자매같이 선천적으로 맺어진 혈육 관계이다.

둘째는 우연적 만남이다. 전혀 예기치 않았던 뜻밖의 사건, 상황으로 주어진 관계이다.

셋째는 선택적 만남이다. 자신의 의지와 결단에 의한 관계로서 직업, 학업, 우정, 연애 등 수많은 관계들이 선택적 만남을 통해 이루어진다.

전자의 두 만남이 인간의 노력 여부와 상관없이 결정되는 절대적 만남이라면, 후자는 개인의 가치관이나 우선순위와 같은 선택 기준에 따라 달라지는 상대적 만남이라고 할 수 있다. 이 3가지 만남의 관계를 한마디로 정리하면 다음과 같다.

"인간은 운명의 파도에 밀리고, 우연의 바람에 휩쓸리면서, 자주적 노력의 선택으로 자기의 미래와 진로를 개척해 나간다."

결과적으로 우리의 인생을 좌우하는 것은 운명이나 우연적 만남이 아니라 선택적 만남에 달려있다. 그런 의미에서 개척 목회자가 어떠한 동역자를 선택하고 만나는가 하는 것은 목회 인생을 좌우하는 중요한 문제가 아닐 수 없다.

물론 그리스도인의 모든 만남에는 하나님의 섭리와 인도하심이 있다. 하지만 그렇다고 해서 만나는 모든 사람들이 동역자가 되는 것은 아니다. 목회자는 하나님의 섭리적 만남을 전제로 하면서도 주님의 사역을 함께 성취해 나갈 동역자를 선택하고 훈련시켜야 할 책임이 있다. 그러면 어떻게 동역자를 선택해야 하는가? 이를 위해 우리는 먼저 동역자 개념을 정리해 둘 필요가 있다.

네 그룹의 사람들　　아래 표에서 보는 것처럼 교회 구성원들은 크게 네 그룹으로 구분할 수 있다. 물론 개척 목회자

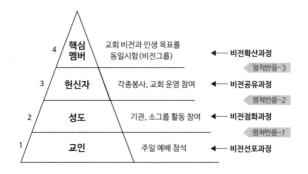

가 동역자를 양육하고 훈련시키는 궁극적인 목표는 마지막 4단계의 핵심멤버 그룹일 것이다. 그러나 1~3단계의 과정 없이 4단계를 기대할 수 없다.

1단계 교인들은 정기적으로 주일 예배에 참석하는 사람들이다. 교회 문턱을 드나들기는 하지만 완전히 교회에 속하는 것을 주저한다. 설교를 통해 선포되는 비전 제시 이외에는 구체적인 교회의 비전에 대해 파악하지 못한다.

2단계 성도들은 1단계 과정에서 제시된 교회 비전에 관심을 보이며 기관 및 소그룹, 양육 프로그램 등에 소속되어 비전에 대한 커뮤니케이션을 이루어간다. 이 단계에서 목회자는 성도들이 교회의 비전에 대한 중요성과 필요성을 스스로 자각하여 공감대를 형성할 수 있도록 비전 점화의 불을 당겨야 한다.

비전이 점화되면 보다 적극적인 영적 반응을 보이는 3단계 헌신자 그룹이 생긴다. 이들은 비전 공유를 위한 학습의 장에 자발적으로 참여하며 활발한 피드백 과정 속에서 실제적으로 움직인다. 이들은 자신이 하는 일이 어떠한 목적을 위해 하는 것인지, 그것이 교회 공동체에 어떻게 기여하고 있는지에 대한 분명한 의식이 있을 뿐만 아니라 주님의 일에 대한 거룩한 부담감을 느끼기 시작한다.

헌신자의 단계에서 지속적으로 훈련받은 소수의 사람들은 목회자와의 친밀한 교제 속에서 함께 비전을 꿈꾸고 자신의 영향력을 통해 주위에 비전을 확산시키는 핵심 멤버로 성장하게 된다. 이들은 교회의 비전을 삶의 영역과 밀접하게 연관시키며 그것을 하나님으로부터 부여받은 자신의 사명으로 인식하게 된다.

여기서 한 가지 참고로 말한다면 개척 멤버와 핵심 멤버를 혼동하지 말라는 것이다. 개척 멤버와 핵심 멤버는 다르다. 물론 교회 개척의 위업을 함께 이룬 개척 멤버가 꾸준히 성장하고 성숙하여 핵심 멤버로 활약하는 것은 매우 바람직한 일이다. 그러나 개척에 동참했다는 이유만으로 핵심 멤버가 되는 것은 아니다. 그들 역시 각 단계의 훈련 과정을 거쳐 진정한 동역자로 거듭나야 한다. 그렇지 않으면 역으로 교회 성장과 부흥을 방해하는 텃세 세력이 되어 목회자와 성도들 간에 갈등을 야기시키는 부정적인 역할을 하게 될 수도 있다.

진정한 동역자　　넓은 의미에서 교회 내의 모든 사람들은 교회 공동체를 이루는 구성원으로서의 동역자라고 말할 수 있다. 하지만 우리가 비전 성취를 향한 사역적 측면으로 좁혀 생각할 때, 동역자의 범위는 3, 4단계의 헌신자와 핵심 멤버들이다. 이들은 교회의 기초 사역인 예배, 전도, 양육에 능동적으로 참여하고 이 일을 위해 봉사하며 또 주요 목회 사안을 결정하는데 동참하여 결과에 대한 순종과 헌신을 표명한다.

헌신자와 핵심 멤버의 구분은 비전에 대한 '이해도'와 '헌신도'의 차이라고 말할 수 있다. 담임목회자의 비전을 함께 공유하고 이를 위해 시간과 물질과 몸을 드려 헌신하는 것은 공통된 특징이지만 핵심 멤버는 비전에 대해 훨씬 더 강도 높은 열정과 헌신이 있다.

그들은 담임목회자가 꿈꾸는 성서적 비전을 공유할 뿐만 아니라 그것을 자신의 비전으로 삼는다. 그들의 가슴은 그리스도에 대한 사랑과 교회에 대한 비전으로 가득 차 있기에 교회 내 사소한 문제들, 혹은 지도자의 약점과 허물을 들추는 그 어떤 방해 요소에도 흔들리지 않는다. 그들은 때로 단기적 비전에 대한 확신과 이해가 부족하더라도 궁극적인 비전을 바라보고 긍정적인 태도로 순종한다. 이들의 헌신은 사람과 상황에 의해 좌우되는 것이 아니라 오직 예수 그리스도의 제자로서의 사명에 근거하는 것이다.

이러한 핵심 멤버 수준의 동역자를 확보하기 위해서는 목회자의 끊임없는 사랑과 보살핌, 인내와 양육의 수고가 뒤따라야 한다. 그야말로 사도 바울의 고백처럼 해산의 고통(갈 4:19)이 수반되어야 하는 것이다.

동역자 선택의 자세　　개척 초기에 적은 인원 중에서 동역자를 훈련시키고 키워낸다는 것은 보통 어려운 일이 아니다. 그중 가장 견디기 힘든 것은 지금 당장 교회의 필요를 따라 사람을 선정해야 한다는 마음의 유혹이다. 그러므로 목회자는 언제나 사람을 대하는 데 있어 분명한 신앙적 입장을 가지고 신중하고도 분별력 있게 행동해야 한다. 이를 위해 구체적으로 동역자 선택의 5가지 기본자세를 제안하는 바이다.

1. 결코 서두르지 말라.

거듭 강조하지만 개척 초기에 일할 사람이 없다고 해서 성급하게 동역자를 선택하는 것은 금물이다. 사람이 없으면 적격한 자가 나타날 때까지 기다려라. 혹은 적격하다고 인정될 때까지 훈련시켜라. 핵심 멤버의 합당한 자질을 명확히 기준짓는 것은 어려운 일이지만, 많은 목회자들이 선택을 유보해야 한다고 말하는 대상들은 다음과 같다.

1) 믿음이 있노라 하면서 자기주장이 너무 강한 사람

2) 교회 일에 열심이지만 은근히 대가를 요구하는 사람

3) 겉으로 신실해 보이나 매사에 소극적이고 부정적인 사람

4) 감정의 기복이 심한 사람

5) 신앙과 삶의 모습이 전혀 다른 사람

오해하지 말라. 하나님께서 못 고칠 사람은 없다. 목회자는 그 누구라도 한 영혼을 천하보다 귀히 여기고 정성껏 섬겨야 한다. 그러나 평생 비전을 함께 이루어갈 핵심 멤버를 선택할 때에는 그만큼 신중을 기해야 한다는 것을 강조하는 바이다. 순간의 선택이 평생을 좌우한다.

2. 흥정하지 말라.

개척 교회의 적은 인원과 경제적 어려움은 개척자가 올바른 선택을 하는데 가장 큰 장애요소로 작용한다. 안타깝게도 이를 극복하지 못한 채 종종 교인들에게 특별한 봉사나 헌신을 요청하고 그 대가로 직분을 부여하는 경우가 있다. 그러나 이는 분명 개척자 스스로 자기 함정을 파는 일이다. 아무리 어려워도 절대 직분을 대가로 흥정하지 말아야 한다.

개척한 지 얼마 안 되었을 때의 일이다. 교회 봉사에 열심이던 한 집사님께서 은밀히 장로직을 요청해 오셨다. 자신의 나이와 신앙 연륜을 볼 때 마땅한 요구라는 것이다. 일단 답변을 뒤로하고 기도하며 여러 모로 심사숙고 생각해 보았지만 요청을 받아들이기 어려웠다.

하지만 당시 집사님 내외와 아들, 딸, 며느리, 그 자녀들까지 10여 명

의 일가족 모두가 교회 중요 부서에서 봉사하고 있었기에 선뜻 거절하기도 어려운 처지였다. 아무리 합당한 이유로 거절한다 해도 짐작컨대 자기 뜻이 관철되지 않으면 일가족과 함께 교회를 떠날 태세가 분명했기 때문이다.

작은 교회에서 10여 명이나 되는 성도들이 일시에 빠져나간다는 것은 교회 전체 분위기나 목회에 있어 큰 타격이 아닐 수 없다. 그러나 분명한 것은 교회의 주인은 주님이시기에 주님의 뜻을 따르는 것이 우선이었다. 결국 미안한 마음으로 거절의사를 밝혔고 예상대로 일가족 모두가 교회를 떠났다. 그분 자신과 가족들을 생각할 때 얼마나 안타까운 일인지 모른다.

이후로 간혹 유사한 문제들이 발생할 때가 있었지만 전혀 갈등할 필요가 없었으며, 그러한 과정을 통해 이제는 직책과 직분에 대한 바른 인식이 교회 내에 정착하게 되었다. 한 번의 결정이 전례를 만들고 그것이 쌓여 전통이 된다. 그러므로 개척 초기의 결정들이 장래의 목회를 가늠하게 한다는 사실을 잊지 말라. 처음부터 성서적 원리에 준한 교회 질서를 확립하라.

3. 인간적으로 판단하지 말라.

세상의 학력, 지위, 재산 등을 기준 삼아 동역자를 선택해서는 안 된다. 언젠가 교회 중직자를 논하는 자리에서 "교회에서 일하려면 돈이 있든지 순종하든지 둘 중에 하나는 있어야 한다"라고 말하는 것을 들은 적이 있다.

하지만 이 말은 틀린 말이다. 돈과 순종은 결코 비교할 수 있는 것이 아니다. 어떻게 물질을 하나님에 대한 순종과 동일하게 여긴다는 말인가? 물론 물질의 봉사는 하나님의 사역을 위해 귀한 헌신의 도구가 될 수 있다.

그러나 그것은 순종과 헌신의 마음으로 드려지는 예물이기에 소중한 것이지 돈 그 자체에 의미가 있는 것은 아니다. 세상의 그 어떤 권세와 명예도 마찬가지이다. 하나님의 일은 신앙 인격으로 하는 것이지, 세상 힘으로 하는 것이 아니다. 기억하라. 신앙 없는 실력자는 동역자가 아니라 오히려 훼방꾼이다.

4. 신앙 연륜을 무시하지도, 절대화하지도 말라.

개척 목회자가 동역자를 선택할 때 또 하나의 고민 요소가 되는 것은 바로 전입 성도와의 관계이다. 교회나 거주지의 이전으로 말미암은 경우는 예외이지만, 그 외 부득이한 사정으로 인해 전입한 교인들을 무조건 신앙적 문제가 있는 사람으로 간주해서는 안 된다. 만약 그들의 마음에 상처가 있다면 따뜻한 마음으로 상한 심령을 위로하고 치유해야 한다. 그로 인해 그들이 다시 예수 안에서 자유를 누리며 행복한 신앙생활을 할 수 있도록 기꺼이 도와야 하는 것이다.

하지만 그렇다고 해서 그들을 바로 동역자로 받아들이는 것은 지혜로운 처사가 아니다. 물론 개중에는 탁월한 은사를 가졌거나 교회 사역 경험이 많은 자들도 있을 수 있다. 또한 이미 장로나 권사, 안수집사 등의 직분으로 임명받은 자도 있을 것이다.

그럴 때일수록 개척자는 더욱 신중한 태도를 견지해야 한다. 목사 임의로 결정하지 말고, 최소한 교단 헌법의 기준에 준한 유보 기간과 교회가 정한 교육 과정을 거쳐 사역자로 세워야 하는 것이다. 그래야 그들 스스로도 교회의 일원으로서 자부심을 가질 뿐만 아니라 기존에 있던 성도들과의 괜한 마찰과 오해를 미연에 방지할 수 있다. "사람은 사랑의 대상이지, 결코 믿음의 대상이 아니다."

5. 일꾼을 보내 달라고 기도하라.

우리는 추수할 일꾼을 보내 달라고 기도할 권리와 의무를 가지고 있다. 그러니 하나님께 좋은 사람, 바른 사람, 신실한 사람, 믿음의 사람, 함께 생명을 바쳐 비전을 이루어 갈 사람을 보내 달라고 기도하라(마 9:37-38). 예수님께서도 사람을 찾으실 때 밤새워 기도하셨다.

"이때에 예수께서 기도하시러 산으로 가사 밤이 새도록 하나님께 기도하시고 밝으매 그 제자들을 부르사 그 중에서 열둘을 택하여 사도라 칭하셨으니(눅 6:12-13)"

이는 세상적인 기준에 의해서가 아니라 하나님의 뜻 가운데 이루어지는 만남을 기대하고 인정한다는 의미로 이해할 수 있다. 기도할 때 우리는 인간적인 마음을 배제할 수 있으며 나아가 하나님께서 선택하신 동역자라는 확신을 가지고, 어떠한 어려움도 함께 극복하며 일할 수 있게 되는 것이다.

그러므로 무엇보다 바른 안목과 지혜, 분별력을 구하라. 탈무드에는 이런 격언이 나온다. "바다에 나갈 때는 한 번 기도하고, 전쟁에 나갈 때는 두 번 기도하고, 결혼할 때는 세 번 기도하라." 곧 삶의 동반자를 정하는 일은 매우 중요하기에 그만큼 신중하게, 하나님을 의지하며 결정해야 한다는 것이다.

이상의 동역자 선택을 위한 5가지 기본자세에 덧붙여 강조하고 싶은 것이 있다면 '인격과 성품'에 관한 것이다. 신약성경의 산상수훈은 제자도로 잘 알려져 있는데, 특히 팔복(마 5:1-12)에 제시된 가난한 심령, 애통한 마음, 온유함, 의로움, 긍휼히 여김, 청결한 마음, 화평함, 인내함은 예수님의 제자들이 소유해야 할 성품 요소라고 할 수 있다.

또한 초대교회의 집사 선택 기준에서 말하는 '성령 충만, 지혜 충만, 칭찬 충만(행 6:4)'이란 조건 역시 하나님과 사람들과의 관계를 위한 그리스도인의 기본적인 성품으로 이해할 수 있을 것이다.

흔히 목회자들은 동역자 선택의 제1요건으로 '믿음'을 손꼽을 것이다. 하지만 믿음이 상황이나 여건, 또는 정신적 자극 등에 의해 유동적으로 변할 수 있다는 것을 염두에 둔다면 좀 더 신중해야 할 필요가 있다. 말하자면 믿음은 성장할 때가 있는가 하면 침체할 때도 있고 심지어 상실할 수도 있지만 인격과 성품은 개별적 차이는 있어도 어느 정도의 일정수준을 유지한다는 것이다.

그러므로 동역자를 선택할 때 먼저 사람됨을 살펴보는 것이 중요하다. 그런 의미에서 모 교단 헌법에는 장로를 선정하는 여러 자격 중 제1항을 '상식이 있는 자'로 명시하고 있는데 이는 사람됨을 강조하는 좋은 예라고 할 수 있다.

탄생이 아니라 훈련으로　　정말이지 바른 선택의 중요성은 거듭 강조해도 지나침이 없다. 그러나 선택은 언제나 훈련을 통해서만 빛을 발하는 법이다.

미국의 저명한 목회자 중 한 사람인 로이 스미스(Roy Smith)는 훈련에 대해 '재능을 능력으로 변화시켜 더욱 정제하는 과정'이라고 정의한다. 결국 타고난 기질과 재능이 위대한 능력으로 발휘되는 것은 피나는 노력과 훈련에 달려있다는 것이다.

우리가 앞서 말한 핵심 멤버 선택의 기준, 곧 훌륭한 동역자의 자질 역시 훈련의 장을 필요로 한다. 이를 '훈련과 선택의 사이클'이라고 할 수 있는데, 훈련과정에서 나타나는 훈련자의 반응은 평가를 거쳐 선택으로, 그것은 또다시 다음 단계의 훈련으로 진입하는 출발점이 된다.

동역자 훈련의 내용　　그렇다면 동역자는 무엇이 훈련되어야 하는가? 우리나라에서는 풍산개와 진돗개가 명견으로 이름나 있다. 전문가들의 말에 따르면 이들이 애초부터 명견으로 태어나는 것은 아니라고 한다. 물론 날 때부터 남다른 잠재력과 기질을 가지고 있는 것은 사실이지만 그것이 훈련을 통해 단련될 때만 비로소 명견으로 인정받게 된다는 것이다.

조련사가 강조하는 명견 훈련법은 크게 3가지인데 복종훈련, 체력훈련, 실전훈련이다. 제아무리 기질이 뛰어난 견공이라도 주인의 말에 복종하지 않고 제멋대로 군다면 차라리 없는 것이 낫다. 또한 말귀를 잘 알아듣는다 해도 끝까지 충성하려면 지구력과 체력이 뒷받침되어야 한다. 그리고 훈련은 언제나 실전을 위한 것이기에 실전에서 능력과 기량을 유감없이 발휘할 수 있어야 하는 것이다.

곰곰이 생각해 보면 이는 단지 명견에만 해당되는 것은 아니다. 한 사람을 훈련하고 연단하는데도 이와 비슷한 원리가 적용되기 때문이다. 이를 동역자 훈련의 과정에 적용하면 다음과 같다.

1. 복종훈련(관계훈련)

복종훈련은 모든 훈련의 기초이며 또 다른 훈련으로 나아가는 열린 문이다. 한마디로 복종은 훈련의 기본기이다. 흔히 복종하면 열등한 사람이 되거나 누군가에게 종속되는 것으로 오해하는 경향이 있다.

그러나 스스로 복종하면 열등한 사람이 아니라 존귀한 사람이 되고, 종속되는 것이 아니라 자유로운 사람이 된다. 이 같은 역설의 진리를 마틴 루터는 이렇게 설명한다.

"그리스도인은 아무에게도 종속되지 않는 가장 자유하는 자인 동시에 모든 사람에게 복음을 위해 스스로 종속된 종이다(엡 5:22)."

복종훈련은 다른 말로 관계훈련이라고 할 수 있는데, 곧 관계 맺고 있는 모든 것에 대해 복종의 태도를 갖는 것이다. 구체적으로는 권위에 순복하는 것, 질서와 법을 준수하는 것, 예의와 공손으로 대하는 것 등 세상과 이웃에 대한 복종으로부터 시작해 궁극적으로 하나님의 뜻을 분별하고 행동하는 삶으로 이어지는 것을 말한다.

하나님의 말씀에 대해서는 비록 의견과 생각이 다를지라도 무조건적으로 '예'라고 할 수 있어야 하지만, 세상과 이웃의 관계에 있어서는 신앙적 삶에 위배되는 것이라면 최대한 복종의 자세를 유지하며 거절할 수 있는 지혜 또한 필요하다.

주님, 나는 '예'라고 하기가 두렵습니다.

(중략)

아들아, '예'라고 대답해다오.

내가 세상에 오기 위해 마리아의 '예'라는 대답이 필요했듯이

너의 '예'라는 대답이 필요하다.

오늘 이 세상을 구원하는 데에 아무래도

너의 긍정적인 대답이 필요하다.

오, 주님! 주님의 요구는 참으로 두렵습니다.

그러나 누가 주님을 거역할 수 있겠습니까?

내 나라가 아니라 주님의 나라가 임하고,

내 뜻이 아니라 주님의 뜻을 이루기 위해서

지금 '예'라고 대답하게 하소서. _미셸 퀘스트

2. 체력훈련(영성훈련)

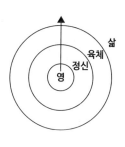

체력훈련은 몸과 혼과 영을 포괄하는 전인적 의미의 영성훈련을 뜻한다. 특히 그리스도인은 속사람이 능력으로 강건케 되어 정신과 육체, 삶의 영역에까지 그 강건함을 누릴 수 있는 비법을 터득해야 한다(살전 5:16-18). 이를 위해서는 무엇보다 영성훈련이 기초가 되어야 한다. 영성훈련에는 여러 가지가 있을 수 있겠지만 크게 5가지로 분류할 수 있다.

  1) 말씀훈련: 성경통독, 성경공부, 묵상, 암송 등
  2) 공동체훈련: 교회생활, 전도, 학습, 은사 계발, 헌신 등

3) 기도훈련: 친밀한기도, 통성기도, 합심기도, 묵상기도, 금식기도, 항시기도 등

4) 예배훈련: 회개와 고백, 찬양 경배, 말씀 청종 등

5) 성품훈련: 기쁨, 용서, 화해, 단순 등

3. 실전훈련(사역훈련)

복종훈련과 체력훈련이 어느 정도의 단계에 이르면 이제 각자의 은사에 따라 자신의 분야에서 섬김을 실천하는 사역훈련이 필요하다.

교회 사역은 단순한 일이 아니라 그리스도의 몸을 세우는 과정이다 (엡 4:12). 따라서 개척자는 일을 맡기는데 급급할 것이 아니라 훈련자에게 목회적 마인드(사람 중심, 새가족 중심, 돌봄 중심)를 심어주어야 한다. 동시에 그들이 목회자로부터 사역을 위임받은 동역자로서 교회 섬김의 질서와 그 한계를 분명히 인식하고 교회의 지도를 따라 행하도록 가르쳐야 한다.

그렇게 할 때 사역 현장에서 발생하는 불필요한 갈등을 미연에 방지할 수 있을 뿐만 아니라 교회의 전체적인 사역이 조화를 이룰 수 있게 되는 것이다. 또한 보다 효율적인 사역 진행을 위해 목회자는 가능한 개척 초기부터 '훈련-사역-평가'의 과정을 명시한 매뉴얼(지침서)을 작성하여 꾸준히 보완 수정해 나가는 것이 바람직하다. 사역자가 되기 위해 받아야 하는 훈련 내용으로는 팀워크을 이루는 훈련, 사람을 섬기는 훈련, 전도하는 훈련, 봉사하는 훈련 등이 있다.

훈련의 수칙　이처럼 동역자가 되기 위해서는 훈련받아야 하고, 훈련받기 위해서는 그에 맞는 헌신이 필요하다. 독일 격언 중에 이런 말이 있다. "Übung macht den Meister!(훈련해야 달인이 된다!)" 비록 달인의 경지는 아니더라도 제대로 사역이 이루어지기 위해서는 훈련이 뒷받침되지 않으면 안 된다. 다만 훈련에 있어 몇 가지 주의해야 할 사항이 있다.

1. 훈련은 단지 변화와 성숙을 위한 은혜의 통로임을 인정해야 한다. 훈련 자체가 인간 변화를 가져오는 것은 아니다. 변화는 훈련이라는 통로를 통해 하나님께서 베푸시는 은혜이다.

2. 훈련은 교회 안에서 받아야 한다. 이는 장소적 개념이 아니라 공동체의 비전에 따라 교회의 지도와 가르침에 대한 신뢰 속에서 훈련이 이루어져야 함을 뜻하는 것이다.

3. 율법(형식주의)으로 돌아가지 말아야 한다. 율법적인 훈련은 자유를 빼앗는다. 만약 훈련 가운데 외식, 교만, 권위주의, 통제력 상실 등의 모습이 나타난다면 그것은 영적 사망에 이르는 지름길이 되고 말 것이다.

4. 다른 사람을 판단하거나 억지로 변화시키려하지 말아야 한다. 훈련 과정이 행복하려면 누구를 가르치거나 변화시키려는 자세에서 벗어나야 한다. 언제나 훈련은 내가 먼저 변화되는 것이 중요하다. 이와 같은 훈련 원리들을 한 마디로 정리하면 '은혜에서 훈련으로, 훈련에서 은혜로!'라고 할 수 있다.

양육을 위한 지도력　　　　한 사람의 동역자가 탄생하기까지의 길은 훈련을 받는 사람이나 훈련시키는 양육자 모두에게 멀고도 험한 여정이 아닐 수 없다. 그리스도를 향한 사랑과 서로에 대한 신뢰, 함께 공유할 확고한 비전 없이는 불가능한 일인 것이다.

특히 훈련에 있어 양육자의 리더십은 훈련자의 의지 못지않게 중요한 요소이다. 특히 훈련의 초기 단계일수록 양육자의 역할은 훨씬 더 많은 비중을 차지한다. 마치 첫 칸의 움직임에 따라 연속적으로 견인되는 열차의 움직임처럼 양육자의 리더십은 훈련의 성패를 이끌어 가는 견인력이 있다. 그러면 양육자의 리더십은 어떻게 발휘되는가? 크게 3가지로 볼 수 있다.

1. 모델링(Modeling): 모범을 보이는 것

본보기, 그것은 가장 강력한 웅변이며 영향력이다. "백문(白文)이 불여일견(不如一見)"이라는 말처럼 목회자가 모범을 보이는 것만큼 훌륭한 가르침은 없다. 진정 훌륭한 지도자는 말하는 자가 아니라, 모범을 보여 행동하는 사람이다. 그러므로 목회자는 양육자이기 전에 먼저 자기 자신이 철저한 훈련자가 되어야 한다.

2. 릴레이팅(Relating): 좋은 인간관계를 구축하는 것

서로의 신뢰가 무너지면 아무리 천사가 와서 이야기한다 해도 헛소리가 되고 만다. 그러므로 양육자는 훈련자와의 관계 속에 신뢰감이 형성되도록 그에 대한 관심과 이해, 배려와 오래 참음이 있는 헌신의 수고를 아끼지 말아야 한다. 이런 덕 있는 섬김을 통해 상대의 마음이 하이터치

될 때 비로소 변화가 일어나기 시작하는 것이다.

3. 멘토링(Mentoring): 말과 교훈으로 가르치는 것

말의 내용보다는 말하는 방식이 중요하다. 말과 교훈에는 논리가 필요하고, 기술이 필요하고, 바른 태도가 필요하다. 그러나 양육자의 사랑과 진심과 소망으로 가득 찬, 곧 예수 그리스도를 닮은 성숙한 인격은 그어떤 말이나 행동보다 훨씬 더 설득력 있는 의사소통을 가능케 한다는 사실을 명심해야 할 것이다.

이글거리는 횃불이 되어 중국의 한 기독 청년은 중국 내지 선교를 감당하던 허드슨 테일러(James Taylor)와 며칠 지낸 뒤 다시 길을 떠나면서 이런 말을 했다고 한다.

"나는 가물거리는 촛불로 이곳에 왔다가 이글거리는 횃불이 되어 돌아갑니다."

이 얼마나 놀라운 변화인가? 이렇게 동역자가 변화되기 위해서는 개척자인 당신이 먼저 이글거리는 횃불이 되어야 한다. 당신의 믿음과 기도와 비전을 향한 열정이 불꽃을 튀며 치솟을 때, 그 불길은 순식간에 옮겨져 동역자들의 가슴 가슴마다 또 하나의 횃불로 이글거리며 타오를 것이다.

이제 더 이상 믿음의 영웅들(허드슨 테일러, 윌리엄 캐리, 데이비드 리빙스턴, 조지 뮬러 등)을 부러워하지 말고, 그들을 능가하는 믿음과 기도의 용사가 되도록 끊임없이 훈련하라. 그리고 당당히 동역자들을 향해 이렇게 선언하라.

"형제들아 너희는 함께 나를 본받으라…(빌 3:17)"

결국 위대한 동역자는 목회자의 신앙 인격에서 나오는 리더십에 달려 있는 것이다.

Advise

"결코 서두르지 말라."

"흥정하지 말라."

"인간적으로 판단하지 말라."

"신앙 연륜을 무시하거나 절대화하지 말라."

"일꾼을 보내달라고 기도하라."

Apply

동역자 훈련의 내용

1. 복종훈련: 하나님과 사람에게 순종하도록 훈련하라.

2. 체력훈련: 하나님 앞에 경건하게 살 수 있도록 훈련하라.

3. 실전훈련: 실제로 사역하며 봉사할 수 있도록 훈련하라.

훈련의 자세

1. 훈련은 변화와 성숙을 위한 은혜의 통로이다.

2. 훈련은 교회 안에서 받아라.

3. 율법주의로 돌아가지 말라.

4. 다른 사람을 판단하거나 억지로 변화시키려 하지 말라.

07
최선의 동역자 가족

Anticipate

1. 개척자로서 자신의 비전을 식구들과 공유하고 있는가?
2. 식구들이 교회 개척에 긍정적이지 않을 때 당신은 어떻게 할 것인가?

개척 목회와 동역자에 관해 이야기할 때, 우리가 반드시 짚고 넘어가야 할 주제가 있으니 바로 '개척자의 가족'이다. 가족은 개척자와 가장 끈끈하게 이어진 운명 공동체이자, 일평생 개척자의 신앙과 비전에 가장 크게 영향을 받는 사람들이기 때문이다.

따라서 한 목회자가 교회 개척을 결심하고 실행하는 것은 개척자 한 사람만의 문제가 아니며 그가 속한 가족 모두의 문제인 것이다. 우리가 이것을 고민해야 하는 1차적인 이유는 개척 목회 환경이 녹록지 않기 때문이다. 가족관계연구소의 조사에 따르면, 개척 목회자의 가정에는 이런 어려움들이 뒤따른다고 한다.

1. 함께 하는 시간 부족

2. 불안한 가정 경제

3. 교인들의 비현실적 기대

4. 지켜지지 않는 사생활

5. 자녀 교육

6. 열악한 주거와 잦은 이사

7. 사역으로 인한 탈진

그럼에도 종종 불타는 열정에 사로잡혀 가족들의 의사는 아랑곳하지 않고 개척을 서두르는 이들이 있다. 가족들이 겪어야 할 어려움은 헤아리지 못한 채 일방적으로 모든 일을 진행하는 것이다. 그럴 경우 가족들이 교회 개척을 반대하거나, 또는 방관하거나, 혹은 수긍하더라도 가슴에는 불만과 상처가 남기 마련이다. 개척자는 교회를 개척하기 전부터 가족 구성원과 충분한 정서적, 신앙적, 사역적 소통을 이루어가야 한다.

그러므로 이제부터 가족을 대하는 마음가짐 자체를 바꿔라. 가족은 개척자를 무작정 따라와야 하는 수동적 존재가 아니다. 도리어 개척자가 가장 먼저 섬기고, 돌보고, 양육해야 할 최우선 목양 대상인 것이다.

"목회자의 가족은 가장 확실한 개척 멤버이다!"

당신의 가족은 어떤가? 당신을 신뢰하고 당신의 사명을 지지하고 있는가? 각각의 가정마다 상황과 여건이 다르기에 단정할 수 없지만 가족들을 어떻게 교회 개척의 동반자로 세워갈 수 있을지 기본원리를 8가지로 간략히 살펴보고자 한다.

가정 동역의 원리   **1. 가정을 작은 교회로 일구어라.**

가정은 그 자체로 하나님이 주인 되시는 작은 교회다. 따라서 가정 안에서부터 하나님의 뜻을 구하고 그 뜻에 순종

110

할 수 있는 믿음이 자라나야 한다. 이를 위해 가능한 자주 정해진 시간에 가정 예배를 드리는 것이 좋다. 식구들이 예배를 통해 가정에서부터 은혜를 누리고 하나님의 말씀으로 교제하면 영적 행복함을 충만히 느끼며 더욱 든든한 크리스천으로 서게 될 것이다.

2. 목회 소명을 일방적으로 알리지 마라.

개척자로의 부르심은 일차적으로 하나님께서 목회자 자신에게 부어 주시는 비전이다. 따라서 목회자는 자신의 소명을 가족들에게 일방적으로 선언하고 무조건 따라오길 요구해선 안 된다. 가족들의 이야기를 충분히 듣고 공감하는 분위기 속에서 사랑과 배려의 소통이 이루어져야 하는 것이다.

3. 생활 속에 신뢰감을 쌓으라.

목회자도 한 사람의 인간이다. 따라서 좋은 목회자가 되기 전에 먼저 좋은 배우자가 되고, 좋은 부모가 되기 위해 노력해야 한다. 그래서 개척 시 가족들로 하여금 신뢰받고 지지받을 수 있게 해야 한다.

뒤늦게 목회를 시작하게 된 한 사람의 일화이다. 그는 미국에서 경영학 박사학위를 받고 한국으로 돌아와 있던 중에 국내 대학에서 교수직을 제안 받게 되었다. 식구들도 기대가 컸다. 그런데 그에게는 받은 바 소명이 있어 도저히 그 교수직을 수락할 수 없었다. 고민 끝에 그는 총장을 찾아가 교수직을 거절하고 교회를 개척하기로 마음먹었다.

그날 저녁 그는 식구들을 다 불러 모아 놓고 교회를 개척하고 싶다고 말했다. 그랬더니 아내와 자녀들이 기다렸다는 듯이 모두 박수치며 응원해주었다고 한다. 비록 쉽지 않은 선택이었지만 그럼에도 평소에 최선을 다해 식구들을 돌보면서 쌓은 신뢰감으로 인하여 아버지를 믿고 지지해 준 것이다.

이처럼 개척 전부터 식구들로부터 인정받고 신뢰받는 사람이 되어야 한다. 다른 사람에게 인정받기 전에 먼저 자신의 가족들에게 인정을 받으라.

4. 개척 비전을 공유하라.

개척자가 품은 비전은 하나님이 주신 꿈이다. 따라서 그 꿈을 진솔하고 지혜롭게 가족들과 공유하라. 하나님께서 주신 꿈이라고 한다면, 그리고 기도와 기대로 가족들과 공유해간다면 반드시 하나님께서 가족들에게도 그 꿈을 나누어 주실 것이다. 이 때 개척자는 가능한 구체적으로 개척 비전을 준비해서 가족들과 공유하면 좋다.

5. 개척 전후를 비교하고 현실적 대안을 찾으라.

가족들이 개척을 힘겨워하는 경우 개척 전과 후에 어떤 변화들이 예상되는지 함께 대화를 나누는 것이 좋다. 가족관계연구소의 조사에 따르면 교회 개척 이후 배우자가 가장 어려워하는 부분이 부족한 재정수입이라고 한다. 따라서 개척자는 가정의 경제적 문제를 만회할 만한 대안을 준비해야 한다. 목회 사역이 크게 지장을 주지 않을 범위 내에서 유휴(遊休) 시간을 활용해 아르바이트를 하는 것도 한 가지 방법이다. 개척 이후 식구들의 일상이 너무 갑작스럽게 변하지 않도록 미리 준비하고 대안을 마련하라.

6. 가족 수련회로 밀착감을 높여라.

가끔은 식구들과 일상을 벗어나 낯선 곳에서 깊은 대화와 교제를 갖는 것이 좋다. 이를 통해 서로 인생의 고민과 어려움도 나누면서 깊은 소통을 이루어가는 것이다.

지금도 나는 1년에 한두 차례 가족 수련회를 갖고 있다. 집안을 벗어나 공기 좋고 경치 좋은 곳에서 자녀들과 함께 시간을 보내며 식사하고 대화도 나눈다. 일정 중에 자녀들을 일대일로 만나 그들의 고민과 아픔을 듣고 부모로서 해줘야 할 말, 도와야 할 일들을 이야기 나눈다. 그렇게 2~3일 보내고 나면 나 자신은 충만함과 보람을, 자녀들은 용기와 격려를, 아내는 사랑과 안정을 경험하게 된다.

7. 공동의 기도 시간을 가져라.

개척 준비가 단순히 사람의 고민과 논의로 그쳐서는 안 된다. 개척을 앞두고 가능하다면 식구들과 함께 사역과 비전을 놓고 기도해야 한다. 하나님 앞에서 공동의 기도 시간을 통하여 가족들이 더욱 영적으로 하나 될 뿐만 아니라 개척 교회 사역에 헌신할 확신과 능력도 얻게 될 것이다.

8. 개척 선배들을 만나라.

주변에 개척 교회를 시작하여 안정적으로 사역을 하고 있는 선배나 동료들을 만나라. 그들에게 이야기를 듣고 실제적으로 힘든 부분들도 물어보라. 이로써 막연한 두려움의 장막을 걷어내고 보다 선명한 시야를 갖게 될 것이다. 또한 가정 대 가정으로 만나서 그들의 편안한 모습 속에 교제를 나눈다면 사역의 용기와 힘도 얻을 것이다.

끝까지 기다리라　　　만일 가족들이, 특별히 배우자가 끝까지 개척에 반대할 경우에는 어떻게 해야 하는가. 일단 기다리라고 말하고 싶다. 꼭 지금 개척을 하지 않아도 괜찮다는 마음으로 여유를 갖고 기다려라. 홀로 무리하게 개척하는 것보다 함께 천천히 시작하는 게 낫다.

내가 만난 개척자 가운데 오랜 세월 대기업 간부로 일하다가 뒤늦게 목회전선에 뛰어든 분이 있다. 그분과의 대화 중 인상 깊었던 것은 자신의 소명에 동의하지 못하는 가족들을 위해 5년 동안 기도하며 하나님의 때를 기다렸다는 것이다. 지금은 가장 강력한 후원자요 동역자가 된 아내와 자녀들을 생각하면 힘들었지만 기다리길 잘했다는 마음이 앞선다며 이렇게 말한다.

"기다림의 시간은 개척자로 거듭나는 훈련과 성숙의 기회였습니다. 하나님께서 가족들의 마음을 움직이시는 것을 보면서 소명이 더욱 확고해졌습니다."

그러므로 어렵더라도 충분한 대화와 설득, 기도를 통해 목회 비전이 공유될 때까지 인내하며 기다려라. 가족을 설득할 수 있는 지도자가 다른 사람도 잘 설득시키는 법이다. 혹여 끝끝내 개척에 동참을 시키지 못했다면 최소한 동의는 구해야 한다.

한 가지 첨언하자면 개척한 후 신앙 있는 부모 형제, 일가 친척을 교회로 동원하는 것은 그리 좋은 방법이 아니다. 그들도 그들 나름대로 신앙생활하는 교회가 있으니 부담이거니와 자칫 가족 교회로 굳어지게 될 위험도 있기 때문이다. 정 도움이 필요하다면 기도를 부탁하고, 가끔 주일예배를 함께 드리면 그걸로 족하다.

일찍이 영국의 시인 로버트 브라우닝(Robert Browning)은 가정에 대해 이렇게 노래했다.

"행복한 가정 안에서, 우리는 천국을 미리 맛볼 수 있다."

가정은 하나님께서 우리에게 주신 작은 천국이다. 따라서 우리는 목회자로서 주의 교회를 세워가는 동시에 주어진 가정도 잘 돌봐야 한다. 가정을 돌보는 것은 나 자신을 돌보는 것과 같다. 그 안에서 천국의 기쁨과 행복을 누리고, 쉼과 회복을 경험해야 한다. 그래서 마침내 그들과 비전을 공유하고 최선의 동역자로 삼아 다함께 주의 몸된 교회를 세워가야 할 것이다. 잊지 말라.

"목회자의 가족은 가장 확실한 개척 멤버이다!"

Advise
"목회자의 가족은 가장 확실한 개척 멤버이다!"

Apply
가정 동역의 원리
1. 가정을 작은 교회로 일구어라.
2. 목회 소명을 일방적으로 알리지 마라.
3. 생활 속에 신뢰감을 쌓으라.
4. 개척 비전을 공유하라.
5. 개척 전후를 비교하고 현실적 대안을 찾으라.
6. 가족 수련회로 밀착감을 높여라.
7. 공동의 기도 시간을 가져라.
8. 개척 선배들을 만나라.

Part 3 • Program

패스
브레이킹이란?

Program

08
건강한 교회 성장 마인드

Anticipate

1. 당신의 교회가 성장할 수 있음을 믿는가?
2. 교회가 성장하기 위해서는 어떤 전략이 필요한가?
3. 사역의 효율성을 극대화하기 위해 지금 당신이 개선해야 할 점은 무엇인가?

교회 개척은 교회 성장과 밀접한 관련이 있다. 교회를 개척하는 것이 하나님의 뜻인 것처럼, 개척된 교회가 하나님 안에서 건강하게 성장하는 것 역시 하나님이 바라시는 일이기 때문이다. 교회는 예수 그리스도의 몸이기에 어느 교회든 예외 없이 성장의 가능성을 품고 있다.

다만 한 가지 점검해야 할 것은 목회자와 성도들이 교회 성장 마인드를 가지고 있는가, 다시 말해 교회 성장에 대한 열망과 확신이 있는가 하는 것이다. 단도직입적으로 묻겠다. 당신은 지금 당신의 교회가 성장할 수 있음을 진실로 믿고 있는가?

흔히 교회성장론을 향해 단순히 개교회의 숫자적 성장에만 관심을 두는 것이 아니냐는 비판을 한다. 비판자들이 역설하는 것은 진정한 교회 성장은 내적인 성장과 성숙이라는 것이다. 그러나 양적 성장을 강조하든 내적 성장을 강조하든 두 가지 입장 모두 교회 성장이라는 한 가지 지향점을 향하고 있다는 사실을 잊지 말아야 한다.

양적 성장을 강조하는 사람들은 교인수가 늘어나는 현상 자체에 이미 내적 성장이 전제되어 있으므로 단순히 숫자적 증가를 의미하는 것이 아니라고 말한다. 또한 내적 성장을 강조하는 의견 역시 교회가 내적으로 성장하면 숫자적 부흥도 그에 맞게 찾아온다는 결론이기에 결국 두 가지 주장이 한 가지 사실을 말하고 있는 셈이다.

그러므로 우리는 교회 성장에 대한 편견과 오해를 넘어서는 건강한 교회 성장 마인드를 가져야 한다. 그래서 한 교회성장학자는 "성장하는 교회에 불가결한 조건은 그 교회가 성장하기를 원하고 기꺼이 성장의 대가를 지불하려고 해야 한다"라고 했다.

교회 성장 마인드 3가지　　그렇다면 건강한 교회 성장 마인드를 갖는다는 것은 어떤 의미인가? 크게 3가지로 정리할 수 있다.

1. 교회 성장은 숫자에 대한 바른 이해를 갖는 것이다.

교회 성장에 있어 수(數)의 개념은 인격을 격하시키는 물량주의가 아니다. 우리가 성도의 수를 이해하는 데는 두 가지 관점이 있다.

1) 구원받는 사람에 대한 기대감이다.

"…주께서 구원 받는 사람을 날마다 더하게 하시니라(행 2:47)" 주님의 위대한 지상명령은 예루살렘 사람들, 유다 사람들, 사마리아 사람들, 땅 끝의 사람들을 대상으로 하고 있다. 따라서 우리가 예수 그리스도의 명령에 순종하고자 ○명, △명, ×명 등 구체적 전도 목표를 세우는 것은 구원받을 백성에 대한 하나님의 소원과 우리의 기대감을 숫자적으로 표현한 것이라고 할 수 있다.

2) 잃어버린 양에 대한 관심이다.

주님은 백 마리 양 가운데 잃어버린 한 마리의 양을 찾으셨다. 목회자가 예배에 참석하지 않은 성도들의 수를 헤아리고 그들이 누구인지를 파악하는 것은 단순히 예배 참석 인원을 점검하는 차원이 아니라 성도들의 영적 생활에 대한 관심이요, 돌봄의 행위로서 그 자체가 목회인 것이다.

2. 교회 성장은 내적 성장과 성숙을 포함하는 부흥 운동이다.

부흥(Revival)이라는 말은 본래 '다시 불러일으키다', '다시 일깨우다', '다시 소생시키다'라는 뜻으로 하나님의 신, 성령의 강한 역사로 인하여 마른 뼈같이 죽었던 영혼과 교회와 민족이 다시 살아나는 것을 의미한다. 그러므로 교회 부흥은 심령에 불이 붙는 영적인 변화 없이는 불가능한 일이다.

부활 주님의 선교 대명령인 사도행전 1:8 역시 증인의 삶을 살기 위해서는 먼저 성령의 임재를 통하여 우리에게 권능이 임해야 한다고 말한다. 교회 성장의 원동력은 영적 성장과 성숙이다. 영적으로 성장하는 만큼 교회는 부흥되는 것이다.

종종 목회자들로부터 '우리 교회는 외적인 부흥은 없어도 내적으로 충실한 교회'라는 말을 들을 때가 있다. 그런데 곰곰이 생각해 보면 의아한 점이 있다. 그리스도인의 내적 성숙의 척도가 무엇이란 말인가? 궁극적으로는 증인의 삶을 살기 위함이 아닌가? 예수 증인은 모든 삶의 영역에서 그리스도의 형상을 회복하고 또한 담대히 복음을 증거하는 삶을 산다. 그러므로 교회 부흥은 이러한 예수 증인의 삶이 공동체적으로 구현되는 것이라고 말할 수 있다.

이제 교회 부흥을 소원하라. 혹 성장의 과정 속에서 정체할 수도, 한계에 부딪힐 수도 있다. 그러나 그대로 포기하거나 스스로 합리화하지 말라. 재빨리 문제를 파악하고 다시 부흥의 불을 붙여야 한다.

3. 교회 성장은 동일선상의 선교 비전을 품는 것이다.

교회 성장은 결코 목회자의 개인적 야망이나 공동체적 이기심을 충족시키는 수단이 아니다. 교회 성장 마인드는 부활 주님의 꿈, 곧 온 세상에 하나님 나라를 확장시킨다는 원대한 꿈을 가슴에 품는 것이다. 예루살렘(지역 교회)의 성장을 넘어, 온 유대(동일 문화권), 사마리아(타 문화권), 땅 끝(순교 문화권)에 이르기까지 복음이 전파되고, 곳곳에 하나님의 나라가 실현되는 것, 바로 그것이 진정한 교회 성장의 비전이다.

그러므로 개교회의 성장, 민족 복음화, 세계선교 사명은 개별적으로 또는 순차적으로 진행되는 것이 아니라, 서로 연관되어서 동시적으로 준비되고 이루어져야 한다. 비록 현재 교회의 상황이 그러지 못할지라도, 적어도 이러한 마인드는 품고 사역에 임해야 함을 강조하고 싶다. 각자의 형태와 상황은 다를 수 있으나 이같이 동일 선상의 교회 성장이 이루어질 때, 비로소 교회는 부활 주님의 위대한 꿈을 실현하는 교회다운 교회로서 지속적 성장을 이루어 가게 될 것이다.

개척 교회 성장 전략　　　교회 성장에 대한 마인드가 실제적인 성장을 보장해 주는 것은 아니다. 의식은 반드시 구체적인 행동으로 나타나야 한다. 성장에 대한 확신과 비전이 생겼다면 이제 그것을 이루어가기 위한 세부적인 전략을 세워야 한다. 교회 성장 전략이란 교회의 핵심적인 사역(예배, 전도, 양육)의 효율성을 극대화하기 위해 준비, 계획, 동원, 조직 등에 대한 전반적이고도 세부적인 방책을 수립하는 것이라고 정의할 수 있다. 교회 성장을 위한 전략 수립 단계는 다음의 3가지로 설명할 수 있다.

1. 분석과 진단

언제든 성장은 자기분석과 진단에서부터 시작한다. 다시 말해 자기 자신에 대해 잘 알아야 하는 것이다. 이는 자신의 장점과 단점을 정확히 파악한다는 말과 일맥상통한다. 의외로 대다수의 목회자들은 자신이 잘하는 것이 무엇이고 어떤 일에 취약한가에 대해 제대로 알지 못한다.

현대 경영학의 아버지로 불리는 피터 드러커(Peter Drucker)는 다음과 같이 말한다. "사람은 자신의 강점으로 성과를 올릴 수 있다. 자신이 전혀 할 수 없는 어떤 것은 물론이고, 약점을 바탕으로는 성과를 쌓아 올릴 수가 없다." 당연한 말로 들리지만 실제로 많은 목회자들이 이 단순한 원리를 제대로 적용하지 못해서 애써 수고하면서도 좋은 성과를 거두지 못하고 있다.

자신의 강점을 발견하는 방법에는 '피드백 분석(The Feedback Analysis)'이 있는데, 이는 어떤 중요한 의사 결정이나 행동을 할 때마다 스스로가 예상하는 결과를 기록해 두고, 일정 기간이 지나 일을 마쳤을 때 자신이 기대했던 바와 실제 결과를 비교해 보는 것이다. 이 과정 속에서 목회자는 자신의 강점을 최대한 발휘하는데 방해요소가 무엇인지, 혹은 어떤 일이 보완되어야 강점이 더욱 부각되는지, 또 자신이 수월하게 해낼 수 있는 분야와 단순히 행하는 것조차 불가능한 분야가 무엇인지 등을 파악할 수 있게 될 것이다.

그런데 한 가지 염두에 두어야 할 것은 애초부터 목회에 대한 탁월한 소질, 곧 강점을 갖고 태어나는 사람은 거의 없다는 것이다. 이는 거꾸로 말하면 어떠한 분야든 훈련을 통해 강점으로 발전시켜 나갈 수 있다는 가능성을 제시한다.

개척 초기 내가 사역에 생사를 걸었던 두 가지 분야가 있었는데, 바로 '설교'와 '성경공부'였다. 사실 설교하는 것과 가르치는 것이 처음부터 나의 은사라고 생각해 본 적은 없다. 단지 목회를 처음 시작할 때부터 목사는 모름지기 설교를 잘해야 목회를 잘하는 것이라는 관념 때문에 피나는 노력을 아끼지 않았던 것이다.

독일 유학시절 설교학 교수는 나의 설교를 이렇게 혹독하게 비판했다. "자네는 폼만 잡았지 내용은 하나도 없군. 그게 어디 설교인가?" 이후 설교 사역을 위해 쏟은 정성과 훈련은 그야말로 피눈물 나는 자기 극복의 시간이었다. 유명하다는 설교가들의 설교집을 수백 권 이상 읽고, 그분들의 설교 테이프를 수없이 들었다. 그 중에서도 가장 큰 괴로움은 내가 설교한 것을 녹음해 다시 듣는 일이었다.

당시 나의 설교를 들으면서 생각했던 것은 '아, 이런 설교를 들어주는 성도들이 너무나 고맙고 감사하다'는 것이었다. 지금도 그렇지만 매주 주일설교 원고는 마침표까지도 생략 없이 꼼꼼하게 작성했는데, 컴퓨터가 아닌 연필로 직접 쓰던 시절에는 원고 한 편 쓰고 나면 책상 위에 지우개 가루가 수북히 쌓이곤 했던 기억이 난다.

게다가 나는 설교자에게 치명적이라고 할 수 있는 엉성한 구강구조로 인해 발음이 큰 골칫거리였다. 지금 돌이켜보면 큰 약점이라고 해야 할 분야를 붙들고 씨름한 것이 아닌가 싶다. 그러나 중요한 것은 그 약점이 가장 강한 강점이 되도록 계속해서 개발하고 발전시켰다는 것이다.

개척자들에게 강점 사역에 집중하라는 말을 할 때마다 나는 골키퍼의 비유를 들곤 한다. 골키퍼가 페널티킥을 막을 때는 반드시 오른쪽이든 왼쪽이든 한 방향을 선택해 쓰러진다. 개척 목회도 마찬가지이다. 아무리 은사가 많아도 모든 것을 다 잘할 수는 없다. 하나님으로부터 받은 비전, 그것을 수행하기 위해 승부수를 걸어야 할 사역을 선택하고 거기에 혼신의 힘을 기울여야 하는 것이다.

2. 범위(대상) 선정

목회자가 자신의 강점과 약점을 발견하면 이제 사역의 범위, 곧 그에 맞는 대상을 정확히 파악할 수 있다. 다시 말해 자기 목회 스타일에 큰 호응을 보이는 사람들이 어떤 층이냐 하는 것이다. 어린이, 청소년, 청년, 장년, 노년 또는 지식인, 노동자, 학생, 주부 등 다양한 연령과 계층의 사람들 가운데서 목회의 거점이 되는 대상을 선정해야 한다.

물론 목회자는 모든 영혼에 애정과 관심을 쏟아야 한다. 그러나 여기서 대상을 선정하는 것은 보다 성도들을 행복하게 하고 그들의 필요를 충족시켜 주려는 섬김의 마음을 전제로 하는 것이다.

오래 전부터 나는 교육기관(어린이, 청소년)에 지대한 관심이 있었다. 하지만 목회 스타일과 은사를 스스로 평가해 볼 때 20~30대를 포함한 장년층 사역이 더욱 적합하다는 사실을 깨달았다.

그래서 직접 주일학교를 발 벗고 나서기보다는 젊은 부부들과 자녀를 둔 장년층들에 대한 사역에 집중하다 보니 그 부모들의 인도로 나오는 자녀들이 늘어나게 되었고, 이후에 전문 사역자와 관심 있는 학부모들을 중심으로 한 평신도 사역자들을 배치하여 자연스럽게 교회학교 운영이 진행되도록 하였다.

만약 의욕이 앞서 처음부터 주일학교, 청소년, 장년층 모든 부서를 잘하려고 했다면 고전을 면치 못한 것은 물론 사역의 열매를 기대하기도 어려웠을 것이다.

3. 우선순위 확정

자기 분석과 대상 선정이 이루어지면 어떤 사역부터 어떻게 진행해나갈 것인가를 생각하게 된다. 개척 목회 성장 전략은 300명 이상의 기성 교회들과 다르다. 사역 인원, 재정, 공간, 교인수 등의 제반 여건이 매우 한정되어 있기 때문이다. 따라서 이러한 상황을 고려하지 않은 채 기성 교회의 시스템을 그대로 받아들일 경우 많은 어려움에 봉착하는 것은 당연한 일이다.

물론 예배, 양육, 전도는 어느 것 하나 소홀히 할 수 없는 교회의 핵심적인 사역이며, 사실상 교회가 행하는 어떤 일이든 이 세 가지에 포함되지 않는 경우는 거의 없다. 그러므로 핵심적 사역에 해당하는 일이라 할지라도 교회의 비전과 현재의 여건을 토대로 지금 당장 해야 할 일, 미래를 위해 준비해야 할 일, 지금은 잠시 보류해 두어야 할 일, 하지 않아도 되는 일 등을 파악해 우선순위를 좇아 사역을 진행해야 한다.

한 예로 개척 목회자가 일주일 동안 인도하는 예배만 해도 새벽예배, 수요예배, 금요철야예배, 주일예배가 있다. 거기에 새신자 심방예배나 전도심방, 일대일양육, 그룹성경공부 등이 겹칠 때면 그만큼 말씀 준비에 대한 부담이 커지기 마련이다. 물론 이러한 사역을 통해 교회가 날마다 부흥되고 교인들이 성숙해 간다면 더할 나위 없이 감사한 일이다.

하지만 이처럼 과중한 양의 사역들은 목회자뿐만 아니라 참석 인원이 제한되어 있는 상황에서 교인들 스스로도 큰 부담을 느끼며 사역의 질 또한 높은 수준을 기대하기 어렵다.

서초교회 역시 개척한 지 얼마 안 되어 이러한 한계를 절실히 느끼고, 조금이라도 사역을 단순화, 집중화하기 위해 철야예배를 수요예배와 통합하여 '수요 한마음 기도회'라는 명칭으로 실시했다.

그렇게 결정하기까지는 많은 고민과 갈등, 반대 의견에 대한 충분한 검토가 필요했다. 그러한 결정이 단순히 예배 하나를 세우고 없애는 차원이 아니라, 그로 인해 다른 사역의 질을 높이고 에너지를 비축하는 분명한 성과가 있어야 하기 때문이다.

요즘에는 예배와 형태를 바라보는 시선이 보다 유연해져서 큰 문제가 되지 않게 되었지만 그럼에도 분명한 것은 사역의 우선순위를 결정할 때 목회자 혼자서 독단적으로 결정할 것이 아니라 먼저 동역자와 성도들에게 충분한 동기 부여가 이루어져야 한다는 것이다.

이상에서 살펴본 바와 같이 교회 성장 전략의 3단계(분석과 진단, 범위 선정, 우선순위 확정)를 통해 우리는 보다 높은 사역의 효율성을 기대할 수 있다. 이를 그래프로 정리하면 다음과 같다.

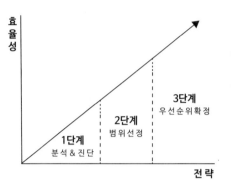

성장 전략 단계와 사역 효율성의 관계

분명히 말하지만 이는 결코 적게 일하고 많은 성과를 거두겠다는 능률의 법칙이 아니다. 우리가 전략을 세워 사역의 효율성을 극대화하는 이유는 궁극적으로 주의 교회가 성장하고 부흥하기 위한 과정이라는 사실을 잊지 말아야 한다.

"능률이란 일을 적절하게 하는 것을 말하며, 효율이란 적절한 일을 행하는 것을 말한다."_토머스 코넬란

교회 성장 전략은 단순히 사람을 동원하는 능력이 아니다. 또한 큰 교회를 만들기 위해 어떤 기술을 구사하는 것도 아니다. 그것은 한 영혼에 대한 깊은 애정이며, 자신의 목회에 대한 진지하고도 신중한 태도이며, 받은 바 달란트를 가지고 맡은 사역에 대해 최대의 능력을 발휘하고자 힘쓰는 것이다.

그리하여 개척 목회라는 한계적 상황 속에서 목회자 자신에게는 더욱

큰 보람과 용기를, 성도들에게는 보다 많은 영적 행복감을 얻게 하는 가운데 구원의 본질에 집중하도록 하는 것이다.

Advise
건강한 교회 성장 마인드
"교회 성장은 숫자에 대한 바른 이해를 갖는 것이다."
"교회 성장은 내적 성장과 성숙을 포함하는 부흥 운동이다."
"교회 성장은 동일선상의 선교 비전을 품는 것이다."

Apply
교회 성장 전략의 3단계
1. 분석과 진단:
   "자신의 강점과 약점을 파악하라."
2. 범위(대상) 선정:
   "목회의 거점 대상을 선정하라."
3. 우선순위 확정:
   "사역을 단순화, 집중화하라."

09
패스 브레이킹 성장 전략

Anticipate

1. 지역 교회의 후발주자로서 우리 교회의 존재 의미는 무엇인가?
2. 어떻게 남들과 차별되는 우리 교회만의 차별성을 보여줄 수 있는가?

경영 전문가들은 사업의 성패가 '패스 브레이킹(Path Breaking)'에 달려 있다고 말한다. 패스 브레이킹이란 무엇인가? 한마디로 정의하면 '차별화 전략'이라 할 수 있다. 곧 사업적으로는 늘 자신의 영역을 새롭게 규정하여 나만의 차별적 시장을 만들어 가는 것이요, 개인적으로는 단순히 기존 구조에 적응하는 것이 아니라 자기 자신 속에서 최대의 것을 이끌어 내어 새로운 미래를 창조해 나가는 것이다.

이 패스 브레이킹 정신을 가진 자들은 더 이상 같은 고객들을 놓고 시장 점유율을 높이기 위해 앞 다퉈 경쟁하지 않는다. 도리어 남들이 가지 않은 길, 해보지 않은 나만의 방법을 따라 새로운 기회를 선점(先占)하는 데 주력하는 것이다.

나는 이 패스 브레이킹이야말로 개척 교회의 성장을 위한 필수 전략이라고 생각한다. 말 그대로 '패스(Path: 사람이 자주 다녀서 생긴 작은 길, 오솔길) + 브레이킹(Breaking: 파괴)'은 기존의 틀을 과감히 벗어나 남들이 가지 않는 새로운 길을 찾아가는 개척자의 정신이기 때문이다.

사실 오늘날 어느 곳에 교회를 개척해도, 심지어 인적이 드문 산간 오지에 개척하더라도, 그곳에는 이미 교회가 들어서 있는 경우가 대부분이다. 심지어 어느 동네에는 한 건물에 2~3개의 다른 교회가 함께 존재하는 일도 있다고 한다.

이런 상황 중에 개척된 우리 교회는 기존 교회들과 어떠한 차별성을 가지고 있는가? 그저 또 하나의 교회로서 지역 교회 숫자를 늘리는데 만족할 것인가? 만약 그 지역의 후발주자로서 기존 교회들과 다를 것이 없다면 굳이 그곳에 존재할 이유가 무엇인지 생각하지 않을 수 없다.

오히려 인접 교회와 갈등을 야기할 수도 있고 자칫 믿지 않는 자들에게 교회가 서로 경쟁하는 듯한 부정적인 인상을 주기 쉬울 것이다. 지역 내에 크게 성장하는 교회나 대형 교회가 위치해 있을 경우, 애초에 무명의 개척 교회가 생존할 가능성은 그만큼 더 희박해지기 마련이다.

그러나 염려하진 말자. 아무리 절망적이어도 살 길은 반드시 있다. 아니, 스스로 살아날 길을 만들어야 한다. 기존 교회들의 틈새 속에서 차별화 전략, 곧 패스 브레이킹을 통해 아직까지 구원의 사각지대에 있는 영혼들을 불러내고 살려내는 것, 그것이 바로 개척자의 사명인 것이다.

차별화 전략의 4요소 그러면 우리는 어떻게 성장을 위한 차별화 전략을 실행할 것인가? 여기서 일일이 차별화 프로그램의 예를 나열하는 것은 불가능한 일이다. 또한 동일한 형식의 프로그램이라 할지라도 얼마든지 차별화의 의미를 부여할 수 있다. 그렇기에 먼저 차별화 전략 수행을 위한 기본 요소들을 숙지하고 이를 토대로 개교회의 상황에 맞게 적용하는 것이 바람직하다.

1. 개혁적이어야 한다.

개혁은 어떤 거창하고 획기적인 일을 시도하는 것이 아니다. 단지 변화를 시도하는 것이다. 어떻게 변화할 것인가? 개혁의 제1원리는 언제나 본래성의 회복이다. 곧 처음의 본래적 의미를 되찾는 것, 변질된 것을 과감히 제거해 버리는 과정이다.

비록 어제까지 해오던 일, 아니 지금 이 순간 진행되고 있는 일일지라도 스스로 자문해야 한다. 늘 드리는 예배, 입술의 신앙고백, 쉼 없는 찬송과 기도, 열심 있는 전도, 이 모든 것이 성경이 말씀하는 그 본래적 의미로 행해지고 있는가 숙고해야 하는 것이다.

그러므로 목회자는 단순한 프로그램을 하나 진행하더라도 거기에 성서적 원리에 입각한 신학을 정립해야 한다. 설혹 다른 교회에서 아주 자연스럽게 행하는 프로그램일지라도 우리 교회에서 시행할 때에는 그것의 분명한 성서적 근거와 의미를 생각해 보아야 하는 것이다. 이는 목회자 스스로 사역에 대한 정체성을 확신하는 것뿐만 아니라 성도들을 향한 좋은 동기 부여의 기회가 될 수 있다.

한 예로 서초교회는 개척 초기에 매월 목회자의 신학과 비전이 충분히 반영된 〈기도의 샘〉이라는 중보기도 소식지를 발간했었다. 그중 한 면을 할애해 그 달에 진행되는 사역을 소개하고 교회력에 따른 절기의 의미를 생각할 수 있는 글을 실었는데, 새벽예배나 쿰(구역)예배 때 수시로 읽힘으로써 설교나 광고보다도 훨씬 더 적극적인 커뮤니케이션의 통로로 이용되었다. 실제로 〈기도의 샘〉에 실렸던 내용의 일부분을 소개하면 다음과 같다.

3월 기도의 샘

사순절이란?
사순절에서 부활절까지 이어지는 절기는 교회력에 있어서 대강절에서 성탄절까지 이어지는 절기와 더불어 주요 절기로 지켜진다. 한자로 40일을 의미하는 사순(四旬)의 기간 동안은 성도들이 신앙을 성장시키고 회개함으로 부활절을 위해 준비하는 시기로써 특히 주님의 수난과 죽음을 묵상하는 기간이다. 특별한 회개일인 '참회의 수요일'에 시작되어 성금요일에 마쳐지는 사순절은 기도와 금식을 통해 스스로 근신하는 영적 훈련의 시간으로 철저히 자기 자신을 부인하고 예수님과 함께 고난과 죽음의 길에 동참하는 순례의 행진을 하는데 그 의미가 있다.

사순절을 이렇게 보냅시다.
(1) 매일 시간을 정해 놓고 성경을 읽는다(예수님의 생애를 중심으로).
(2) 매일 기도와 묵상의 시간을 갖는다.
(3) 가능한 범위 내에서 금식을 한다(기호식품, 군것질, 오락 등을 삼가 함).

4월 기도의 샘

'태신자 운동'이란?
태신자 운동은 마치 어머니가 생명을 잉태해 뱃속에 품고 있다가 출산하여 잘 양육하고 성장시켜 장성한 사람으로 자라게 하듯, 하나님의 자녀들이 예수 믿지 않는 사람을 먼저 영적 자녀로 가슴에 품고(태신자 작정), 기도와 사랑

의 수고(섬김, 전도)를 통해 출산(교회 등록)하며, 잘 양육하여 그리스도의 일꾼으로 자라게 하는 과정을 뜻한다(갈 4:19, 마 28:18~19).

우리 교회는 매년 봄·가을에 태신자 초청주일을 지키는데, 특히 주님이 고난받으신 사순절 기간에 태신자를 작정하는 것은 소외된 자들과 죄인을 위하여 십자가 고난을 당하신 그리스도의 삶을 몸소 실천하고, 사랑하는 이웃들과 더불어 예수 부활의 영광과 기쁨을 나눈다는 특별한 의미가 담겨있다.

태신자 운동을 위한 특별 새벽기도

생명의 부활되신 주님, 우물가 여인 같은 우리의 인생을 돌아보시고 친히 십자가에 달리사 회복과 치유, 구원의 복음으로 영생을 얻게 하시니 감사합니다. 주님, 만물이 소생하는 이 생명의 계절에 우리도 생명의 씨앗을 가슴에 품습니다. 사순과 부활, 성령강림절로 이어지는 이른 새벽 첫 시간이 생명의 탄생을 고대하는 기도의 보금자리가 되게 하셔서, 우리로 영혼을 살리는 기쁨을 맛보아 알게 하옵소서. 새벽을 끼우는 나의 작은 헌신이 인류 구원의 거대한 도약을 향한 첫걸음인 줄 믿고 인내와 소망 가운데 승리하게 하소서.

물론 현재 서초교회는 〈기도의 샘〉을 사용하지 않는다. 하지만 그 대신 매주 주보에 싣는 목회 편지 서초 목장, 매주 쿰리더를 지도하는 안내지, 2달에 한번 발간되는 쿰교재 등을 통해 보다 세분화하여 목회자의 신학과 비전을 공유하고 있다.[6]

이렇듯 개혁은 매 순간마다 새로운 결단을 요구한다. 성서적 원리를 회복하고 시대와 상황 속에서 재해석하여 날마다 새롭게 시도하는 것, 그것이 바로 차별화 전략의 제1요소인 개혁 정신이다.

---

6) 부록 4_ 서초교회 쿰모임(구역) 교안 참조.

2. 창조적이어야 한다.

개척 교회가 기존 교회의 소위 성공했다는 프로그램을 그대로 모방하거나 답습하는 것은 참으로 무모한 일이 아닐 수 없다. 물론 '모방은 제2의 창조'라고들 말한다. 그러나 이것은 모방 자체가 창조적이라는 것이 아니라 반드시 플러스알파, 곧 나만이 할 수 있는 새로운 무엇이 더해졌을 때만 창조적 모방이 될 수 있는 것이다.

따라서 시대적 목회 유형들 예를 들면 제자훈련, 경배와 찬양, 전도폭발, 빈야드 운동, 가정 사역, 셀 교회, 카페 교회 등을 유행처럼 배워서 무분별하게 목회에 접목시키는 것은 위험 부담이 따르는 일이다. 만약 당신이 기존의 프로그램이나 사역을 도입하려 한다면 먼저 3가지 사항을 확인해야 한다.

1) 이 일은 성경적인가?

2) 개척자인 나에게 그러한 은사와 실력이 있는가?

3) 교회의 비전과 형편에 비추어 어떻게 적용 가능한가?

성경공부를 예로 들어보자. 서초교회 인근에는 제자양육으로 성장한 국내 굴지의 대형 교회가 자리하고 있다. 그 교회 목사님이 어쩌다 나를 만나면 그때마다 제자 훈련을 하면 좋겠다고 권했다. 물론 성도 양육은 교회의 핵심 사역이기에 누구나 해야 하는 일이다. 그러나 그 프로그램을 그대로 사용한다면 우리 교회만의 존재 의미는 무엇인가. 그래서 나는 '밀알성경학교'라는 우리 교회만의 프로그램을 기획하여 실행했다.

일반적으로 개척 목회자가 성경공부를 진행할 때 기존에 나와 있는 교재들을 활용하는 경우가 많다. 물론 이미 검증된 좋은 교재들을 사용하면 많은 유익이 있다. 그러나 잘 알려졌다고 해서, 혹은 많이 사용된다고 해서 무조건 선택하는 것은 바람직하지 않다. 기존의 교재들은 대부분 일반적인 상황을 전제로 하고 있기에 개교회의 지역적 특수성이나 개척 교회의 한계적 상황들이 반영되기는 어렵다. 따라서 개척 목회의 현실에 맞춘 창조적 편집과정이 필요한 것이다.

개척 초기부터 지금까지 나는 기존의 성경공부 교재보다 좋은 양서를 한 권씩 선택해서 소그룹 학습에 이용하곤 했다. 수련회 기간 동안에는 주요 핵심 부분만 함께 읽어가며 책 한 권을 떼기도 했고, 매주 한 단원씩 교재로 정리해서 일정 기간 동안 마치기도 했다. 이때는 책을 있는 그대로 사용하기 보다는 되도록 자신의 것으로 소화해서 교재로 만들어 나누면 더욱 효과적이다. 이렇게 양서를 통해 성경공부를 할 때 유익했던 점을 몇 가지 소개하면 이렇다.

1) 대부분의 양서들은 주제에 대해 각종 자료에 근거하여 편중되지 않도록 종합적, 논리적으로 기술하기에 보다 폭넓은 이해를 제공한다.

2) 기관이나 단체, 교단의 장벽을 넘어 일반적인 원리들을 제시하는 경우가 많다.

3) 풍부한 내용으로 질문과 해답 위주의 성경공부 교재가 지닌 약점을 보완한다.

4) 일반적으로 기존 성경공부 교재에서는 잘 다뤄지지 않는 개척 교회 목회와 교회 성장에 적합한 주제들을 다양하게 선택할 수 있다.

5) 무엇보다 목회자에게 좋은 양서를 탐독할 수 있는 기회를 제공해 성장과 성숙의 계기를 마련해준다.

사실 해 아래 새 것이 어디 있겠는가. 창조성, 그것은 어떤 면에서 다른 사람들보다 좀더 많은 관심, 그리고 사람과 일에 대한 좀 더 깊은 애정이라고 할 수 있다. 즉 창조성을 위해서는 깊은 묵상과 기도로 무르익는 시간이 필요한 것이다.

그래서 스위스 사상가 칼 힐티(Carl Hilty)는 이렇게 말했다. "창조는 고민 속에서 나오고, 발전은 고생 속에서 움튼다. 진정한 창조는 침묵 속에서 이루어진다." 오직 깊은 묵상과 기도로써 하나님의 영감이 임할 때 우리는 창조주 하나님의 능력을 힘입게 될 수 있다. 그러니 잊지 말자. 목회는 배워서 하는 것도 중요하지만, 그러나 무엇보다 위로부터 받아서 하는 것이어야 한다.

3. 감동적이어야 한다.

사람들이 감동을 경험하는 통로는 매우 다양하다. 하지만 그들이 어떤 일이나 행사, 프로그램을 통해 감동받는 경우 대체로 다음의 5가지 이유 때문이다.

1) 뜨거운 열정

열심만큼 보는 이로 하여금 감동을 자아내는 일도 드물다. 한 여름 뜨거운 용광로에 철을 녹이는 제련사의 땀방울, 작품 하나를 완성하기 위해 밤을 지새우는 예술가의 비장함, 혼신의 힘을 다해 맡은 역에 몰두하는 연기자, 결과에 상관없이 어느 누구라도 그 수고와 노력에 감동하지 않을 수 없다. 성경은 좋은 일을 위해 열심을 내는 것은 언제든 사람의 마음을 기쁘게 한다고 말한다(갈 4:18).

생각해 보라. 신년 초, 목회자가 온 마음과 정성을 다해 땀을 뚝뚝 흘리며 안수 기도해 주는 그 뜨거운 열정에 그 누가 감동하지 않을 수 있겠는가? 작은 일 하나에도 몸을 아끼지 않으며 정열을 불사르는 목회자의 모습은 진정 성도의 감동을 자아내기에 충분한 것이다.

2) 탁월한 실력

탁월한 음악가들은 어렵고 난해한 곡이 아닌 아주 쉽고 익숙한 곡을 연주하더라도 관객들로부터 탄성을 자아내게 한다. 결국 뛰어난 실력자인가 아닌가는 무엇을 하느냐에 달린 것이 아니라, 어떻게 하느냐에 달린 문제인 것이다. 진정한 실력자는 언제 어느 상황에서건 사람들의 마음에 있는 긴장을 풀어주고 몸짓 하나, 말 한마디, 표정 하나까지 사람들의 기대감을 집중시킨다.

나는 이제까지 중요한 행사, 특히 불신자들을 만날 수 있는 절호의 기회(전도집회, 초청주일, 결혼식, 장례식, 각종 예식 등)에는 그동안 해온 설교 중 가장 자신 있고 잘할 수 있는 메시지를 전한다. 들었던 설교를 다시 듣는 성도들을 생각하면 미안한 감이 없지 않지만 그러나 첫 인상으로 승부를 걸어야 하는 불신자들과의 만남은 그만큼 실수가 없고 감동을 줄 수 있어야하기 때문이다. 그래서 나는 늘 "첫 만남은 가장 자신 있는 무기로 승부하라"고 말한다. 다행스럽게 서초교회 성도들은 이런 목회자의 심정을 이해하고 번번이 듣는 설교를 '다시 듣고 싶은 명설교'라 불러주니 어찌 고맙지 않겠는가.

현실적으로 모든 부분에 탁월한 실력을 갖추기란 여간 어려운 일이 아니다. 그러나 이것 하나 만큼은 누구의 마음이라도 감동시킬 수 있다고 자부할 만한 자신의 영역을 만들라. 나아가 그러한 영역이 점차 사역의 전 영역으로 확장되도록 끊임없이 자신을 연마해야 하는 것이다.

"백 가지를 잘하는 것은 불가능한 일이지만, 한 가지를 잘하는 것은 그리 어려운 일이 아니다."

3) 철저한 준비

흔히 실패는 성공의 어머니라고 말하는데 나는 '준비야말로 성공의 지름길'이라 말하고 싶다. 많은 경우, 사람들이 미처 생각하지 못하는 아주 작은 부분까지 세심하게 준비하는 모습을 통해 잔잔한 감동을 불러일으킬 수 있다. 그러나 여기서 생각해 보려는 것은 반대로 우리가 얼마나 많은 경우 미리 준비하지 못하여 감동의 순간들을 놓쳐버리고 있는가 하는 것이다.

설교가 한창 무르익는 순간 난데없는 방송 잡음으로 청중들의 눈살을 찌푸리게 하는 일, 냉난방 시설을 관리하지 못해 너무 춥거나 더워 예배에 집중하지 못하는 일, 회중기도가 횡설수설 긴 시간을 빼앗아 예배 전체의 흐름을 막는 일, 초청과 결단의 시간에 아이들의 소란으로 분위기가 흐트러지는 일, 새가족 선물을 미리 챙겨 두지 않아 곤혹스럽게 하는 일, 설교와 전혀 맞지 않는 성가대의 찬양으로 어색해진 분위기 등. 조금만 신경 써서 미리 준비했더라면 훨씬 더 많은 감동과 영적 행복감을 경험했을 터인데 하는 후회가 앞선다.

딱히 유아실을 마련하기 어려웠던 개척 초기 시절 유달리 부모 곁을 떠나지 않는 아이들을 위해 늘 만물상 가방을 들고 다니시던 집사님 한 분이 계셨다. 그분의 가방에는 항상 사탕, 껌, 초콜릿, 장난감 등 웬만한 응급사태는 진정시킬 수 있는 상비약(?)이 준비되어 있었다. 덕분에 아이들이 있어도 편안한 마음으로 설교할 수 있었던 것을 생각하면 참으로 감사한 일이다.

이처럼 알아서 챙겨주는 숨은 준비의 손길이 있으면 더없이 좋은 일이지만 목회자가 먼저 예배나 행사 점검표를 만들어 몇몇 사람에게 사전 점검을 분담해 두는 것이 좋다.[7] "준비는 끊임없는 점검의 과정이다." 이 사실을 잊지 말고, 사역이 진행되고 있는 시간에도 끊임없이 점검해야 한다. 점검이 중단되는 순간 이제까지의 준비는 원점으로 돌아가고 말 것이다.

4) 소통의 공감

아무리 좋은 행사와 프로그램을 준비했어도 그것이 자신과 상관없게 느껴진다면 감동을 기대할 수 없다. 그렇다고 모든 사람을 각 행사와 프로그램의 주인공으로 만드는 것은 불가능한 일이다. 하지만 지금 당장 '이 일이 나의 일이다'라고 느끼지는 못해도 최소한 '앞으로 나에게도 충분히 있을 수 있는 일', 혹은 '나에 대한 관심도 이렇겠구나' 하는 가능성을 기대하게 된다면 성공적이라고 할 수 있다.

한 예로 서초교회는 태어나서 처음 교회에 나오는 신생아가 있을 경우 아기와 부모들을 예배시간에 강단 앞으로 불러내 전 교우들이 함께 환영하고 아이의 앞날을 위해 간절히 축복하는 기도의 시간을 갖는다.

사실 아이를 낳아 이렇게 공적인 자리에서 많은 사람들로부터 축복을 받는다는 것도 특별한 경험이지만, 어린 생명을 소중히 여기는 공동체의 모습 속에서 친밀한 소속감을 느끼게 된다는 성도들이 많다. 그래서인지 교회의 젊은 부부들에게는 아이를 낳은 지 한 달 남짓 지나면 으레 주일 예배에 나와 축복받는 것이 관례처럼 되었으며, 덕분에 그들이 자칫 출산과 육아로 교회 생활에서 멀어질 수 있는 가능성을 자연스럽게 예방하는 효과까지 얻게 되었다.

---

7) 부록 5_주일 사역 점검표 참조.

소통의 공감은 목회자가 먼저 성도들의 이야기를 자신의 이야기로, 그들의 아픔을 자신의 아픔으로 여기는 동병상련의 자세를 가질 때 일어난다. 공동체 안에서 누구도 소외됨 없이 모두가 감동으로 소통할 수 있도록 목회자는 최선을 다해야 한다.

5) 성령의 역사

이상의 모든 것들은 언제나 성령의 인도하심을 따라 일어나야 한다. 만약 성령의 인도하심이 아닌 감동이라면 그것은 일시적 흥분이요 종교적 환각에 불과할 뿐 오히려 이후에 공허감과 허탈감만 가중시킨다.

그러므로 개척자는 진실한 '영적 감동의 연출자'가 되어야 한다. 인위적으로 어떤 감정이나 분위기를 조장하는 것이 아니라, 성령이 부어주시는 은혜와 감동의 물결을 민감하게 느끼고 이를 막힘없이 성도들에게로 잘 흘러 내보낼 수 있어야 한다는 뜻이다. "성령보다 앞서지 말며, 성령을 무시하지 말고, 성령을 소멸치 말라!(살전 5:19)"

4. 전도 지향적이어야 한다.

개척 교회의 모든 일, 모든 행사, 모든 목회 일정은 '전도 지향적으로' 이루어져야 한다. 전도야말로 교회의 생명력을 유지하는 길이며 교회의 핵심적 사명이기 때문이다.

"살아있는 교회는 전도하는 교회다."_존 스토트

그러나 현실은 그리 밝지 못하다. 수고하는 것에 비해 그 열매가 적다는 이유로 오늘날 숱한 목회자와 성도들이 전도 기피증, 전도 공포증에 걸려있기 때문이다. 이런 때일수록 전략이 필요하다. 무슨 일이든 어렵다고 생각하면 더 안 되는 법이다. 무조건 하라고 명령하면 더 의기소침

해질 뿐이다. 먼저 교인들이 즐겁게 전도할 수 있는 분위기를 조성하라. 전도의 분위기를 조성하는 일은 조금만 신경 쓰면 얼마든지 가능하다.

세례 예식을 예로 들어보자. 교회마다 세례를 베푸는 기간이 다르겠지만, 그동안 서초교회는 태신자 초청(이웃초청) 주일을 얼마 남겨두지 않았을 때 세례예식을 진행했다. 때론 좀더 여유로운 시간을 확보하기 위해 수요예배 시간을 활용하기도 했는데, 예식 전에 미리 세례 대상자가 있는 쿰(구역)이나 기관, 부서 등에서 선물과 꽃, 특송을 준비한다. 또한 문답과정에서 세례자들로 하여금 가족, 친구, 친지들을 초청할 수 있도록 초청장도 제공한다.

이렇게 준비된 세례예식은 그야말로 생명의 축제이다. 자리에 앉아 있는 성도들 역시 그저 관중이 아니라 세례자들의 양육자, 지도자, 신앙의 선배로서 모범을 보일 것을 다짐토록 하여 함께 세례의 주체로 참여하게 한다. 이 축제의 하이라이트는 간증 시간이다. 이미 학습과정에서 심사숙고하여 선택한 간증자의 고백은 자신의 신앙고백일 뿐 아니라, 기존 신자들에게도 영혼이 구원받는 기쁨과 자신들이 경험했던 첫사랑의 기쁨을 상기시키는 회개와 감격의 시간으로 이어진다. 자연스럽게 태신자 초청과 전도에 대한 동기부여를 그 어떤 설교나 광고보다도 극대화시킬 수 있는 계기를 마련하게 되는 것이다.

"전도, 그것은 먼저 분위기에 달려 있다."

패스 브레이킹을 향하여!   개척 교회는 모든 사역을 개혁적, 창조적, 감동적, 전도 지향적으로 이어 나가야 한다. 물론 이 4가지 요소가 적절히 조화를 이루지 못하고 개별적으로 지나치게 강조될 경우 큰 위험이 따른다.

개혁적 요소가 너무 강조되면 은혜의 법이 상실되어 교회 분위기는 냉랭해지기 마련이다. 창조성이 너무 강조되면 기독교의 본질이 시대의 흐름 속에 희석될 가능성이 크다. 감동적 요소가 너무 강조되면 의지적인 헌신은 발휘하지 못하는 유약한 성도를 양산하며 자칫 감성적 신비주의에 빠질 가능성이 크다. 마지막으로 전도 지향이 아닌 전도 지상주의가 될 경우 과거 십자군 전쟁이나 유럽의 식민정책에 동조한 기독교의 범실을 되풀이하는 결과를 초래하게 될 것이다.

이 모든 걸 고려하며 개척자가 걸어가야 할 길은 까마득한 좁은 길이다. 그러나 패스 브레이킹, 차별화 전략으로 그 좁은 길을 묵묵히 걸어가는 것이 개척 교회의 살길이요, 지속적인 성장 전략이다. 잊지 말라.

"길이 없으면 길을 만들어 간다. 거기서부터 희망이다."

오늘 그 길을 떠나는 개척자들에게 우리보다 앞서 그 길을 걸었던 한 개척자의 글을 소개해 본다.

무슨 일이든 할 수 있다고 생각하는 사람이 해내는 법이다. 의심하면 의심하는 만큼밖에는 못하고, 할 수 없다고 생각하면 할 수 없는 것이다. 그러나 나는 어떤 일에도 결코 덮어놓고 덤벼든 적이 없다. 학식은 없지만 그 대신 남보다 더 열심히 생각하는 머리가 있고, 남보다 치밀한 계산 능력이 있으며, 남보다 적극적인 모험심과 용기와 신념이 나에게는 있다.

… 나는 상식에 얽매인 고정 관념의 테두리 속에 갇힌 사람으로부터는 아무런 창의력도 기대할 수 없다고 생각하는 사람이다. 내가 믿는 것은 "하고자

하는 굳센 의지"를 가졌을 때 발휘되는 인간의 무한한 잠재 능력과 창의성, 그리고 뜻을 모았을 때 분출되는 우리 민족의 엄청난 에너지뿐이다. 방법은 찾으면 나오게 되어 있다. 방법이 없다는 것은 방법을 찾으려는 생각을 안했기 때문이다.

Advise
"개척 목회, 패스 브레이킹 전략으로 승부하라!"
"차별화 전략의 함정을 조심하라."

Apply
차별화 전략의 4요소
1. 개혁적이어야 한다.
   "개혁의 제1원리는 언제나 본래성의 회복이다."
2. 창조적이어야 한다.
   "목회는 위로부터 받아서 하는 것이다."
3. 감동적이어야 한다.
   "개척자는 진실한 영적 감동의 연출자여야 한다."
4. 전도 지향적이어야 한다.
   "전도, 그것은 먼저 분위기에 달려 있다."

부록 5_주일 사역 점검표

	토	주일	예배 전	예배 중	예배 후	점검
예식	○		예배위원(기도자, 헌금위원)		안부, 기도	
	○		예배중 특별 순서 (절기 행사) 준비		소품, 정리	
	○		예배실 청소 (강대상, 바닥, 의자 배열)		예배실 청소	
		○	강대상 물		물 컵 원위치	
	○		헌금함, 헌금 바구니 준비		헌금 재정부실로	
		○	예배 위원 담임목사와 함께 기도 후 입실			
방송	○		전체 방송 시스템 ON		OFF	
	○		각종 MIC 건전지 점검 및 MIC Testing		재충전 및 교환	
	○		빔프로젝터 작동 및 선명도		OFF(보관)	
	○		비디오, 카메라 작동		OFF(보관)	
	○		녹음, 녹화(모니터 TV) Testing		설교 CD 복사	
	○		Power Point 및 예배용 컴퓨터		OFF(보관)	
	○		스피커(모니터 스피커) 확인			
		○	예배 전 찬양 MR 준비 및 PLAY		예배 후 찬양 MR PLAY	
	○	○	방송실 정리 정돈		정리 후 문단속	
찬양	○		찬양팀 예배 찬양 연습 (악보 복사)		악보 정리	
	○		악기 점검 (피아노, 밴드 악기 등)		원위치	
	○		마이크대, 보면대 등 설치 원위치		원위치	
성가	○		성가대석 정리		정리 정돈	
	○		피아노(조율 상태 확인)		커버 덮기	
		○	예배 시간 10분전 입실			
	○		악보, 성가대 가운		악보 및 가운 정리	

146

미화					
미화	O		성전 꽃꽂이(물) / 식물 상태		주중 물주기
	O		예배실 DECORATION		부착물 부착 상태
	O		현관, 계단, 게시판 (조성 및 수정)		부착물 부착 상태
안내	O	O	안내 위원(주차 위원) 확인 / 자리 안내	자리 안내	
	O		주보 제작 (특별 인쇄물 간지)		남은 인쇄물 정리
	O		설교 테이프 준비		배포
	O	O	헌금 봉투 준비	봉투 배부	봉투 보충
	O	O	안내 데스크 준비 (전도지, 방문자 환영 카드, 주보, 안내 명찰 등)	환영카드제출	남은 주보 정리
	O		주차 관련 용품 (간이용 이동 교회 간판 등)		
	O		새가족 및 결석자 연락		결석자 명단 작성
시설	O		조명 시스템(전구 교환) / 조명 밝기 조절		OFF
	O		화장실(휴지, 말씀 카드 놓기, 휴지통 비우기)		청소
	O		온풍기(기름), 실내 온도 조절	성가할 때 OFF	기름 재충전
	O		에어컨(물), 실내 통풍, 실내 온도 조절	성가할 때 OFF	물 버리기
	O		부엌 (식당 봉사 준비, 가스 점검)		청소
	O		유아실 (휴지, 물티슈, 따뜻한 물)		청소
	O		새가족(등록, 방문자) 환영 선물 준비	선물 전달	만남 및 양육

완료□ 미결□ 보류□ /   년 월 일

10
교회 성장형 프로그램: 예배

러시아가 동방 정교회를 믿게 된 일화는 역사적으로 잘 알려져 있다. 키예프 공국의 군주였던 블라디미르(Vladimir) 대공이 아직 이교도였을 때, 참된 종교를 찾기 위해 많은 부하들을 세계 각지로 보냈다.

이슬람교도들을 만나고 돌아온 부하들은 대공에게 이렇게 보고했다. "그들에게는 기쁨이 없습니다. 대신 슬픔이 있고 강한 악취가 납니다. 그리고 그들의 제도에는 선한 것이 하나도 없습니다." 로마에 다녀온 부하들의 보고는 조금 더 나았지만 "아름다움이 없는 예배였다"며 불평했다. 마침 콘스탄티노플을 여행하며 거룩한 지혜의 교회(Church of Holy Wisdom)를 다녀온 부하들도 돌아왔는데, 그들은 환희에 차 이렇게 보고했다.

"우리가 천국에 있는지 지상에 있는지 알 수가 없었습니다. 지상에서는 그 같은 광채와 아름다움이 있을 리가 없기 때문입니다. 말로 표현할 수가 없습니다. 다만 우리가 아는 것은 하나님께서 그들 사이에 거하시고, 그 예배가 다른 모든 곳의 예배를 능가한다는 것입니다. 그 아름다움을 저희는 잊을 수 없습니다."

결국 블라디미르는 988년 동방 정교회를 러시아의 공식 종교로 채택했다. 전 세계에서 가장 큰 국가 중 하나가 영감 있는 예배 경험을 통해 정교회 시대의 막을 열게 된 것이다.

교회 성장형 예배 개발 만일 오늘날 불신자들이 와서 우리의 예배를 평가한다면 무엇이라 말하겠는가? 예배는 교회의 얼굴이다. 교회를 처음 방문하는 사람들은 예배를 통해서 그 교회의 첫 인상을 결정한다고 해도 과언이 아니다.

자연적 교회 성장(Natural Church Development) 조사 결과에 따르면, 성장하는 교회와 그렇지 못한 교회를 뚜렷하게 구분할 수 있는 핵심적인 기준 중에 하나로 영감 있는 예배를 꼽는다. 여기서 흥미로운 것은 예배의 형식이나 대상, 즉 좀 더 전통적인가 자유로운가, 혹은 기존 신자 중심인가 불신자 중심인가 보다는 예배를 통해 사람들이 '영적 행복감'을 경험하는가 그렇지 않은가가 교회 성장의 결정적인 요인으로 작용한다는 사실이다. 그러므로 우리는 예배를 다음과 같이 공식화할 수 있다.

예배 성공 = 신앙 성공 = 인생 성공 = 목회 성공

따라서 목회자는 그 무엇보다 감동적인 예배, 치유의 역사가 일어나는 예배, 자유함과 기쁨이 충만한 예배, 역동적인 성령의 능력을 체험하는 예배(행 2:38-47)를 통해 모든 성도들이 감격적인 은혜의 강가로 나갈 수 있도록 해야 한다. 이를 위해 하나님께 의탁하는 것은 물론 내가 할 수 있는 혼신의 노력을 아끼지 말아야 할 것이다. 그러면 우리는 어떻게 예배의 성공자가 될 수 있는가?

1. 먼저 참된 예배자가 되라.

하나님 앞에서는 목회자 역시 어디까지나 한 사람의 예배자이다. 물론 성도들이 예배에 전념할 수 있도록 섬기는 자로, 또한 말씀의 선포자로서의 역할을 해야 한다. 그러나 더욱 중요한 것은 마음과 뜻과 정성을 다해 하나님을 예배하는 모범을 보여야 한다. 우리가 강단에 서있는 진정한 의미는 무엇인가? 목사의 간절한 기도와 환희에 넘치는 찬송, 그리고 애통해 하는 회개의 모습을 보면서 성도들은 하나님의 임재를 느끼고 신령과 진정으로 하나님께 나아가는 영적 예배에 동참하게 되는 것이다.

예배를 인도하시는 분은 오직 성령 하나님이시다. 그러므로 더 이상 순서를 진행하는 사회자가 되지 말고 진실한 예배자가 되라. 이를 위해서 3가지를 제안하는 바이다.

1) 스스로 인도하려는 의도를 버려라.

거듭 강조하지만 목회자 스스로 인도자라는 의식을 버리고 예배드리는데 몰두하라. 성령의 인도하심이 자연스럽게 흘러들도록 하라. 그러려면 지나치게 기계적으로 순서를 진행해서는 안 된다. 때로는 성령의 인도를 좇아 찬송을 두세 곡 이어 부르거나, 광고 대신에 행사를 위한 합심 기도를 할 수도 있으며, 때로는 온 성도가 한 영혼을 위해 진실한 축복송을 부를 수도 있을 것이다.

2) 감정을 절제하라.

성령의 인도하심을 좇는다고 해서 성도들로 하여금 목회자의 예측 불허한 태도로 인해 어리둥절하게 해도 된다는 말은 아니다. 공중 예배는 목회자 한 사람에게 국한된 것이 아니라 공동체에 임하시는 성령의 임재를 사모하고 질서와 조화 가운데 예배 전체가 물 흐르듯 자연스럽게 드려져야 한다.

3) 성령 충만의 연속선상에서 예배에 임하라.

예배는 감독의 사인에 맞춰 시작하는 영화 촬영이 아니다. 목회자는 강단에 오르기 전에 이미 성령 충만해 있어야 한다. 하루하루의 생활 속에 이어진 예배적 삶을 통해서 또한 주일예배를 고대하며 말씀과 씨름하고 성도들의 이름을 불러 기도하는 가운데 이미 받은 성령 충만함의 기운이 강단에 서는 그 순간에도 계속해서 유지되어야 하는 것이다.

"참된 예배는 도덕적 예배로서, 우리의 마음속에 있는 것을 표현할 뿐 아니라 올바른 삶을 수반해야 한다."_존 스토트

2. 예배를 위해 철저히 계획하고 준비하라.

어쩌다 방송국에서 생방송 전화 인터뷰를 할 때면 그 전날부터 질문지를 보내고 시간을 확인하는 것뿐만 아니라 당일, 아니 방송 직전까지 몇 차례에 걸쳐 거듭 점검하고 또한 자연스런 연결을 위해 한참동안 수화기를 든 채로 기다려야 한다. 이에 비하면 우리 예배는 어떠한가? 사실 예배야말로 세상에서 가장 거룩한 '생방송'이 아니던가! 그런데 유감스럽게도 우리의 예배는 NG가 너무나 많다.

적은 인원일수록 예배를 위해 철저히 계획하고 준비해야 한다. 회중이 많거나 예배당의 규모가 큰 경우에는 그 자체로도 영적 분위기를 상승시키는 효과를 기대할 수 있다. 그러나 반대의 경우, 상대적으로 군중과 함께 호흡하는 역동성이 저하되기에 작은 실수 하나라도 예배의 흐름을 막는 큰 장애물이 될 수 있다.

그러므로 가능한 토요일 오후에는 시간을 따로 마련하여 시설과 장비들을 점검하고, 주보 내용에 따라 찬송가를 미리 불러보는 등 예배 순서와 흐름이 몸에 배도록 충분히 연습해야 한다. 순서 맡은 이들이 함께 모여 기도하고 리허설까지 할 수 있으면 더욱 좋지만 여의치 않은 경우, 전화상으로라도 점검이 이루어져야 한다.

회중기도의 경우 유창하고 장황하기보다 소박하고 진솔하게 준비한다. 첨예하게 대립하는 정치 사회적인 이슈를 지양하고, 가능한 예배에 집중하는데 초점을 맞추도록 한다. 이를 위해 기도자는 시간제한(2~3분)을 두고, 기도문은 미리 작성해서 하는 것이 좋다.

또한 예배를 준비할 때 빼놓지 말아야 할 것이 당일의 기상 상태이다. 일기를 점검하는 것은 우천 시에 필요한 장비들을 갖추기 위함일 뿐 아니라 날씨에 따라 유동성이 예상되는 성도들에게 미리 전화심방하여 예배에 참여하도록 권유하려는 데 있다. 물론 이때에도 노골적인 표현은 삼가고 관심과 사랑이 느껴지도록 대화하는 것이 중요하다.

끝으로 예배 준비의 시작과 마침표는 언제나 기도임을 잊지 말아야 한다. 언제든 사탄은 성도의 예배를 방해하기 위해 호시탐탐 기회를 노리고 있으므로 영적 전투에 승리하기 위해서는 강력한 기도로 무장해야 한다.

"사람이 일하면 사람이 일할 뿐이지만, 사람이 기도하면 하나님이 일하신다."

3. 예배의 장애 요소를 적극적으로 해결하라.

개척 교회 목회자들이 손꼽는 예배의 최대 장애요소는 적은 회중이다. 공간에 비해 인원이 너무 적을 경우 시선이 흐트러지고, 혹 누군가 새로 오더라도 적은 인원으로 인한 부담감 때문에 정착하기를 꺼릴 뿐만 아니라, 설교자나 성도들 스스로 사기가 저하되어 예배 분위기가 가라앉게 된다는 것이다. 이에 대한 대안으로 예배 공간에 대한 인식 전환의 필요성을 강조하고 싶다.

일반적으로 같은 값이면 한 자리라도 더 만들 수 있는 넓은 공간이 좋다고 생각하지만 현대인들은 작더라도 세련된 느낌을 추구한다. 따라서 예배당 역시 기존 개념을 탈피하여 현대적 감각에 맞게 단순하면서도 모임의 규모와 어울리는 아늑하고 편안한 분위기를 연출하고, 또한 다용도로 활용이 가능한 다목적 공간으로 전환하는 것이 필요하다.

강남의 한 상가 건물 지하를 임대하여 교회를 개척할 당시, 실내 장식의 가장 큰 주안점은 지하공간의 이미지를 커버하는 것이었다. 어렵사리 지하실 교회로 찾아온 사람들이 예배당에 발을 딛는 순간부터는 전혀 지하실 같지 않다는 생각이 들만큼 색상과 조명, 인테리어 등을 통해 밝고 아늑한 분위기를 만들고자 노력했다.

강대상 역시 강단의 위엄을 나타내는 문양들은 배제한 채 가까이서 보아도 부담이 없을 만큼 적당한 크기로 깔끔하게 제작했다. 그래서인지 교회를 방문한 사람들로부터 예배당이 마치 아담한 소극장이나 세미나실을 연상케 한다는 평을 듣곤 했다.

특히 강단 중앙의 은은한 조명 아래 놓인 십자가가 인상적이었는데, 교회 성도 한 분이 직접 나무를 베어다가 만드신 것이었다. 덕분에 자연 그대로의 질감을 살린 거친 십자가로 세련된 공간 이미지를 보완해 예배당으로서의 신성감을 더해 주는 효과를 얻을 수 있었다.

공간 사용에 있어 덧붙이고 싶은 것은 예배 공간이 다소 협소해지더라도 유아실과 새가족실만큼은 되도록 처음부터 마련해야 한다는 것이다. 설명이 따로 필요 없겠지만 잘 갖춰진 유아실은 예배 분위기뿐만 아니라 교회에 젊은 부부들이 정착할 수 있는 좋은 촉매제가 될 수 있으며, 새가족실 또한 예배 후 목회자와의 조용한 만남을 가질 수 있는 공간으로써 새가족 목회를 위한 중요한 요건이다.

물론 이러한 공간들은 소그룹 성경공부나 기도 모임 등을 가질 수 있는 다목적 장소로 이용할 수 있어 활용가치가 더욱 높다. 흔히 공간 활용에 대한 경제적 부담감을 거론하는 경우가 많은데 여기서 말하고자 하는 것은 같은 예산을 가지고도 어떤 우선순위로 어떻게 효과를 극대화할 것인가에 대한 문제이다.

그밖에도 일꾼이 부족한 개척 교회의 경우, 예배의 장애요소는 더욱 커지기 마련이다. 한 예로 개척 시절 예배 반주자가 없어 애를 먹는 경우가 많은데 한 가지 대책을 제안한다면 교회 인근의 피아노 학원에서 학생을 추천받아 소정의 장학금을 지원하고 도움받는 방법이다.

일반적으로 성도들은 돈을 주고 사람을 쓰는 것에 대해 괜한 비용을 들인다고 생각하는 경우가 많다. 하지만 조금만 달리 생각하면 그것은 비용이 아니라 투자가 될 수 있다. 베이비시터, 방송 엔지니어, 악기 연주자 등이 비록 처음에는 유급 봉사자로 활동하더라도 그들과 좋은 관계를 맺어 신앙 성장으로 이어간다면 얼마든지 교회의 좋은 일꾼이 될 수 있는 것이다.

사실 밖에 나가 많은 전도비를 들이고도 한 사람 전도하기가 쉽지 않은데 어쨌든 교회 안에 있는 사람들과 관계를 돈독히 하는 것이 훨씬 더 수월하지 않겠는가? 결국 예배를 방해하는 모든 장애요소에 대해서 언제든 상황보다 자세가 중요하다는 사실을 상기해야 한다. 예배의 장애요소들을 꼼꼼히 체크하고 하나님께 지혜를 구하며 적극적으로 대처하라.

"사랑하면 방법이 나온다!"

4. 새가족들에게 매력적인 예배가 되게 하라.

현대인들이 가장 못 견디는 것 중에 하나가 지루함이다. 그런데 아쉽게도 이미 많은 사람들이 예배는 지루한 것, 그중에서도 지루함의 절정은 설교라고 인식하는 것 같다. 특히 교회에 처음 발을 들여놓은 사람들은 그러잖아도 낯설고 어색한 분위기에 마음이 불편한데 긴 시간의 대표 기도, 잔뜩 늘어놓는 교회 광고, 게다가 자신의 삶과는 전혀 상관없는 설교 내용을 들으면서 과연 무슨 생각을 하게 될까?

진정 우리 예배가 마음 설레는 기대감 속에서 기쁨으로 하나님께 드리는 예배인지, 아니면 따분함과 졸음을 참아가며 견디는 예배인지 냉철하게 평가해 보아야 할 것이다.

언젠가 휴가 기간에 경기도 근교에 있는 한 작은 교회의 주일 예배를 우연히 참석한 적이 있다. 교회 입구는 어두침침했고, 안내위원 두 사람은 무슨 할 말이 그리 많은지 들어오는 사람은 안중에도 없었다. 예배 전에 전도사로 보이는 젊은 사람이 찬송을 인도하는데, 음정 박자는 전혀 무시하고 어찌나 큰 소리를 지르는지 노래이기보다는 소음에 가까웠다. 게다가 성도들에게 큰 소리로 찬송하지 않는다고 야단까지 치고… 거기까지는 그렇다 치자. 그날의 설교 주제가 '전도'였는데 목사님의 어조가 권고 수준을 넘어 거의 협박조였다.

정말이지 얼마나 지루하고 견디기 힘든 시간이었던지 나뿐 아니라 다른 사람들도 예배가 끝나자마자 총알같이 교회를 빠져나는 모습이 역력했다. 순간 내 맘속에 '야, 이게 바로 예배 견디기이구나. 내가 평신도라면 절대 이런 교회 오지 않겠다' 하는 탄식이 절로 나왔다.

혹 정도의 차이는 있을지 모르지만 지금 우리가 섬기는 교회의 모습이 이렇지는 않은가? 만약 당신이 평신도라면 지금 당신이 목회하는 교회에서 예배드리고 싶은 마음이 충분히 있는가? 그러면 어떻게 우리 예배가 기존 성도들뿐만 아니라 새가족들에게도 매력적인 예배가 될 수 있는가? 2가지만 언급하기로 하겠다.

1) 가능한 문화 충격을 최소화하라.

앞서 말한 대로 새가족들은 아직 교회 분위기에 익숙하지 않다. 우리가 흔히 사용하는 신앙 용어는 물론 찬송, 사도신경, 주기도문, 성시교독 등 모든 예배 순서가 낯설기만 하다. 그러므로 이들이 당황하지 않고 예배에 참여할 수 있도록 가능한 모든 방법을 동원해서 도와야 한다.

몇 가지 방법을 소개하자면 먼저 예배 가이드를 제공할 수 있다. 예배 용어, 순서, 의미 등을 간략하게 기록하여 예배에 처음 온 사람에게 안내해주면 좋다. 또한 주보를 활용할 수 있다. 주보에 성시교독, 성경본문 등 예배 중에 진행되는 내용들을 실어주거나 최소한 찬송가와 성경책 어디에 나온다는 것을 기록해 줌으로써 손쉽게 찾도록 한다.

또한 전도해 온 사람이나 훈련된 새가족 위원이 곁에서 돕는 방법이 있는데, 이 경우 너무 과도한 친절은 오히려 부담이 될 수 있으므로 적당한 선을 유지하며 자연스럽게 돕는 것이 중요하다. 미디어 자료 사용을 위해 각종 기자재(프로젝터, LED화면 등)를 도입하는 것은 경제적 부담이 따르는 일이지만 적절히 선용할 수만 있다면 예배에 효과적인 목회 도구로써 투자할 만한 가치가 있다.

2) 새가족에게도 들리는 설교가 되게 하라.

사실 새가족들은 성경의 내용이 무엇인지, 본문의 앞뒤 문맥이 어떻게 이어지는지 별로 관심이 없다. 대신 자신과 직접적인 관련이 있거나 자신의 관심사와 일치한다고 느껴질 때 목회자의 말에 귀를 기울인다. 예를 들어 '구속사적으로 볼 때, 원어적 의미로는, 신구약 중간사적'과 같은 설교자의 말은 새가족들에게 그야말로 소귀에 경 읽기인 것이다.

그러므로 설교자는 자신이 하고 싶은 말이 아니라 하나님께서 성도들을 향해 주시는 오늘의 메시지를 들리도록 전해야 한다. 동시에 성도들로 하여금 하나님께서 그들의 삶에 관심을 갖고 계시며 함께하신다는 확신을 갖도록 해야 한다.

따라서 성경공부식이든, 주제별이든, 강해 설교이든 관계없이 전부 본문 해석이기보다는 최소한 서론과 결론 부분에서는 누구나 공감할 수 있는 공통된 관심사나 현실적인 문제를 다뤄주어야 한다. 말씀이 자신의 것으로 적용되도록 할 때 비로소 사람들은 말씀에 진지하게 반응하기 시작할 것이다.

5. 하나님을 경험하는 감격적인 예배가 되게 하라.

예배는 현존하시는 구원의 하나님을 나의 하나님으로 만나는 그야말로 감격의 순간이어야 한다. 그러나 이러한 예배의 역동성은 저절로 형성되는 것이 아니라 창조적 긴장감의 상태가 유지될 때 극대화된다. 창조적 긴장감이란 예배를 통해 개인적이고도 은밀한 성령의 임재와 공동체적인 임마누엘의 경험을, 죄에 대한 깊은 참회와 환희의 축제를, 고요한 침묵의 기다림과 뜨거운 열정으로 나아감을, 그리고 전통적인 것과 개혁적인 변화가 어우러져 통합적 신앙 체험이 이루어지는 것을 뜻한다.

그러기 위해서는 더 이상 성도들이 관중으로서 보는 예배가 아니라, 순서 순서마다 성령의 인도를 받으며 마음과 정성과 생명을 다해 반응함으로 하나님과의 감격적인 만남을 경험해야 한다. 그러면 어떻게 성도들이 산 제사를 드리도록 도울 수 있겠는가?

1) 정기적으로 예배에 대해 교육하라.

예배를 잘 드리기 위해서도 교육과 훈련이 필요하다. 각 순서마다 어떤 의미가 있는지, 어떤 자세로 임해야 하는지 성도들을 세심하게 양육하고 안내하라. 그리고 따로 시간을 낼 수 없거든 설교를 통해서라도 예배에 대한 바른 인식을 심어주어야 한다.[8]

2) 성도들이 예배에 몰입하도록 준비된 멘트를 사용하라.

예배 인도자는 단순히 순서를 앞서 나열하는 사회자가 되어서는 안 된다. 각 순서 순서마다 성도들이 어떠한 마음가짐으로 어떻게 임해야 하는지를 핵심적으로 전달하고 예배의 흐름을 따라 성도들의 생각과 뜻

---

8) 부록 6_예배 설교 참조.

이 집중되도록 도와야 하는 것이다. 이를 위해서는 미리 장황하지 않은 간결한 예배 멘트를 준비해야 한다. 참고로 서초교회에서 사용하는 주일 예배 진행 멘트를 소개하면 다음과 같다.

순 서	진행 멘트	주의 사항
인사말	참 좋은 주일입니다. 주위 분들과 인사 나누실까요?	밝은 표정으로
입 례	자, 우리 함께 '나 주님의 기쁨되기 원하네'를 찬양함으로 하나님께 나아갑시다.	손짓으로 일어서도록 안내하며
예배 선언	오늘은 부활절 네 번째 주일입니다. 성부 성자 성령 하나님께, 신령과 진정으로 예배할지니라. 아멘	마친 후 성가대 개회송
예배로의 부름	진실로 너희에게 이르노니/ 너희가 돌이켜 어린아이와 같지 아니하면/ 결단코 천국에 들어가지 못하리라/ 그러므로 누구든지…(중략)/ 천국에서 큰자니라 (마 18:3,4)	
찬양과 경배	찬송가 ○○장으로 하나님께 찬양과 경배를 올려드립니다.	성도들과 눈 마주치며
신앙 고백	사도신경으로 우리의 신앙을 고백합니다.	
성시 교독	찬송부르듯 한 목소리로 교독합니다.	
간구와 참회	찬송가 ○○장으로 간구와 참회의 찬양을 드립니다. (마지막 절에 기도자를 단상으로 안내)	찬송시 눈 마주치며
대표 기도	이 예배를 위해 ○○○집사님께서 기도합니다.	바로 기도 시작
공동의 참회	이 시간은 하나님과 나만이 아는 죄를 고백하는 시간입니다. 겸허하고 진실함으로 하나님께 나아가십시다.	조용한 음악
사죄의 선포	그러므로 이제 그리스도 예수 안에 있는 자에게는 결코 정죄 함이 없나니 그리스도 예수 안에 있는 성령의 법이 죄와 사망의 법에서 너를 해방하였음이니라 (롬 8:1,2)	단호한 어조로 막힘 없이

주기도송	사죄의 선포 후 바로 이어서	장엄하게
광 고	여기까지 인도하신 하나님께서 지금 우리와 함께 하십니다. 그 하나님께서 당신을 진심으로 사랑하십니다. (웃으며) 성도의 교제 시간입니다.	웃으면서 오른손 들고
환영의 시간	하나님께서 이 자리에 아주 귀한 분을 보내주셨습니다. 참으로 반가운 맘으로 기쁘게 맞이해 주시기 바랍니다.	성가대 일어 서서 환영의 찬양(손내밀고)
헌 금	지금은 예배 중 참으로 귀하고 소중한 봉헌 시간입니다. 예배당에 입장할 때 드리지 못한 분들은 찬송 중에 헌금하셔도 되겠습니다. 1절 후-"우리의 생애와 물질을 봉헌합니다." (손으로 일어서도록 사인)	
봉헌기도, 성경봉독, 성가대 찬양, 설교, 송영		
결 단	오늘 말씀을 생각하며 여러분의 입술과 마음의 고백으로 하나님께 기도합니다.	
축도와 파송	축도 후 파송의 노래 이제 여러분을 세상으로 파송합니다. 가서 한 주간 동안 승리하시기 바랍니다.	

※ 위의 내용은 서초교회 주일 2부 전통예배의 순서이다. 3부 축제예배는 좀더 자유롭고 생동감 있는 분위기로 진행된다.

3) 성도들과 함께 예배를 준비하라.

처음에 어떻게 훈련하느냐가 무척 중요하다. 예배는 목회자 혼자만의 일이 아니라 공동체적 사건이기에 처음부터 함께 준비하고 함께 드리는 시스템을 갖춰야 한다. 만일 예배 준비 모임이 없다면 지금부터라도 시작하라. 예배 30분 전에는 이미 예배가 시작된 것으로 여기고 예열(豫熱) 작업에 들어가야 한다.

"준비된 그릇만큼 은혜받고, 은혜받은 만큼 헌신한다."

6. 설교는 창조적으로 모방하라.

부교역자의 도움 없이 혼자서 거의 모든 사역을 감당해야 하는 경우 전도, 양육, 심방 등의 다른 사역들이 산적해 있는 상태에서 새벽예배, 수요예배, 금요철야예배, 주일예배로 이어지는 많은 양의 설교는 목회자에게 크나큰 부담이 아닐 수 없다. 따라서 설교 준비에 많은 시간을 들이는 것은 불가능한 일일 뿐더러 그리 효율적이지 못하다. 게다가 자칫 설교 준비에만 붙들려 다른 사역들과의 균형이 깨어질 우려가 있다. 물론 설교가 목회자의 핵심 사역이라는 것에는 이견이 없지만 교회 성장을 위한 효율적인 사역의 측면에서 달리 생각해 볼 필요가 있다.

어떻게 다른 사역에 집중하면서도 수준 있고 영감 있는 설교를 유지할 수 있을까? 한 가지 제안하면 자신의 목회 철학과 신학에 잘 맞는 선배 목회자의 설교를 창조적으로 모방하는 것이다. 처음부터 타고난 설교자는 없다. 도리어 창조적으로 모방을 잘하는 사람이 위대한 설교자가 될 자질이 있다고 할 수 있다.

창조적 모방이란 남의 설교를 그대로 베껴서 읽는 것이 아니다. 훌륭한 설교가들이 이미 성경을 통해 깨달은 지혜에서 힌트를 얻고 문장의 흐름과 구성을 파악해 자신의 것으로 충분히 소화하는 것이다. 그런 다음에는 반드시 자신의 경험과 지식을 토대로 재구성하는 작업이 필요하다. 그 과정 속에서 자신만의 영감이 떠오르는 것을 자주 경험하게 될 것이다.

그러나 결코 거기서 머물러서는 안 된다. 오늘은 모방하지만 후에는 반드시 새로운 창조를 이뤄내는 설교자가 되리라는 마음가짐으로 성실하게 설교의 기본기를 배워나가야 한다. 설교의 실제를 위해 다음 조언들을 참고하기 바란다.

1) 설교를 위해 성경을 읽지 말고 신앙의 성숙을 위해 읽으라. 시간을 들여 성경을 깊이 묵상하라.

2) 설교를 잘하려고 하지 말고 진실하고 성실하게 준비하라.

3) 들리는 설교를 하라. 이를 위해 양떼를 살피고(잠 27:13), 많은 독서로 시대의 흐름을 이해하라.

4) 회중의 숫자가 적을 때는 실명을 거론하거나 누구인지 짐작이 가능한 예화는 절대 피하라. 그것이 긍정적이든 부정적이든 오해를 불러일으킬 소지가 크다.

5) 설교를 개인적인 훈계의 수단으로 삼지 말라. 설교는 목회자의 말이 아닌 하나님의 메시지를 전달하는 것이다.

7. 예배 후 즉시 평가하고, 후속 조치를 하라.

앞에서 살펴본 예배의 성공자가 되기 위한 6가지 요건은 수시로 점검하고 평가해야 그 기능을 제대로 발휘할 수 있다. 한번 시행하고 마는 것이 아니라 매 예배 때마다 이를 토대로 준비하고 또 평가하면서 늘 새롭게 갱신해야 하는 것이다. 평가하지 않으면 더 이상의 성숙과 성장은 기대하기 어렵다.

이를 위해 점검표와 평가표를 포함한 예배일지를 기록하는 것이 습관화되어야 한다. 평가를 위한 적절한 질문을 만들고 그에 대한 구체적인 대안들을 실행할 수 있도록 일목요연한 서식을 만들어 두는 것이 좋다. 예배 평가를 위한 질문을 간단히 언급하면 다음과 같다.

1) 예배 참석자가 증가, 또는 감소하고 있는가? 이유는 무엇인가?

2) 오늘의 결석자는 누구인가? 그 이유는 무엇인가?

3) 예배 참석자들의 영적 필요가 충족되고 있는가?

4) 기존 신자들이 새가족에게 친절한가?

5) 예배의 방해 요소는 없었는가?

6) 예배 인도자의 진행은 자연스럽고 은혜로웠는가?

7) 들리는 설교가 되기 위해 회중과 소통하고 있는가?

예배부터 살려라   교회는 무엇보다 예배가 살아야 한다. 예배가 살아나면 교회는 살아나고 부흥하는 것이다. 사역의 현장에서 불신자를 만나면 종종 이런 질문을 받곤 한다. "당신, 하나님 보았소?" 이때 우리는 무엇이라고 대답할 수 있을까? 즉시 이렇게 말할 수 있어야 한다.

"예, 저는 하나님을 느낍니다. 당신도 하나님을 만나고 싶습니까? 저와 함께 우리 교회 예배에 참석하십시다. 분명 당신도 하나님을 느낄 수 있을 것입니다."

예배는 살아계신 하나님을 경험하는 영적 행복감이 넘치는 시간이다. 진정 예배로 인하여 죽은 심령이 살아나고, 병든 자가 고침 받고, 귀신이 쫓겨가고, 상처받은 자가 위로를 얻고, 방황하는 자가 지혜를 얻으며, 절망하는 자가 소망을 얻는 생명의 역사가 일어난다면 그 교회는 반드시 부흥을 보게 될 것이다. 그러니 무엇보다 예배를 살려야 한다. 먼저 예배가 살아나야 한다. 이제, 예배에 목숨을 걸라.

"예배 성공 = 신앙 성공 = 인생 성공 = 목회 성공"

"하나님은 우리를 먼저 예배자로 부르시고 그 다음 일꾼으로 부르신다."

"참된 예배는 올바른 삶을 수반해야 한다."

Apply

교회 성장형 예배 개발

1. 예배 인도자가 아니라 먼저 참된 예배자가 되라.
2. 예배를 위해 철저히 계획하고 준비하라.
3. 예배의 장애 요소를 적극적으로 해결하라.
4. 새가족들에게 매력적인 예배가 되게 하라.
5. 하나님을 경험하는 감격적인 예배가 되게 하라.
6. 설교는 창조적으로 모방하라.
7. 예배 후 즉시 평가하고, 후속 조치를 하라.

부록 6_예배 설교

먼저 예배 성공자가 되라!

요 4:19-24

인간 최고의 행위

우리가 인생을 살아가면서 예배드리는 것만큼 거룩하고 존귀한 일은 없습니다. 예배 잘 드리는 일은 참으로 복되고 아름다운 일입니다.

희귀한 병으로 인하여 오랫동안 병석에 누워있는 우리 교회 집사님 이야기입니다. 건강이 워낙 악화되어 이제 회생의 기회가 없다고 판단한 그의 부인이 "당신이 마지막 하고픈 일이 무엇이냐"고 물었더니, 목사님 모시고 예배드리는 일이라고 하여 제가 달려갔습니다. 너무 말라버린 육체에 산소호흡기를 달고 힘겹게 마지막 인생의 고비를 넘어가고 있는 집사님을 보자 측은한 마음에 눈물이 왈칵 쏟아졌습니다. 하지만 집사님은 크게 반가워하십니다. 우리는 눈물로 예배를 드렸습니다. 예배를 마친 후 집사님은 환한 미소로 이렇게 말씀하십니다. "우리 목사님, 주님을 많이 닮은 분이십니다. 목사님 보니까 주님 뵌 듯 합니다." 그리고 같이 동행한 분들께도 말씀하십니다. "건강할 때 찬송 많이 부르세요." 심방간 우리들이 오히려 감동과 은혜를 받았습니다.

이처럼 예배는 하나님을 경험하는 것이므로, 예배를 통해 우리의 심령이 살아나 강건하게 됩니다. 예배를 통해 관계가 회복되어 평안케 되고, 하나님의 인도를 받아 형통케 되는 것입니다. 그래서 나는 예배를 이렇게 정의합니다.

"예배는 하나님을 영화롭게 하고 우리를 복되게 하는 인간 최고의 행위이다."

신령과 진정으로

본문에서 주님은 사마리아 여인에게 전도를 하신 후 곧바로 예배에 대해서 말씀하십니다(21, 23절). 여기서 예배라는 단어가 무려 10번이나 나옵니다. 이는 믿는 자의 제1순위, 가장 중요한 것이 무엇인지를 암시하고 있는 것입니다.

"하나님은 먼저 우리를 예배자(Worshipper)로 부르시고, 그 다음 일꾼(Worker)

으로 세우신다.”

그러므로 우리는 무엇보다 먼저 ‘예배자’가 되어야 합니다.

그러면 참 예배란 무엇일까요? 어떻게 예배를 드려야 참 예배가 될 수 있을까요? 여기에 대해 주님은 이렇게 말씀하십니다.

“하나님은 영이시니 신령과 진정으로 예배할지니라.”(24절)

이는 세 가지의 뜻이 있습니다.

① “하나님은 영이시니(God is spirit)…”

하나님은 무소부재(無所不在)하시니, 예배는 시간과 장소가 중요한 것이 아니라 진실한 마음으로 드려야 한다는 것입니다. 여기서 중요한 것은 예배에 대한 ‘기대감’입니다. 그런데 슬프게도 언제부터인가 우리의 예배에서 기대감이 사라졌습니다. 도리어 늦는 예배, 보는 예배, 견디는 예배가 되고 만 것입니다.

② “신령(in spirit)과…”

성령 하나님의 능력과 인도하심을 받아 예배를 드리라는 것입니다. 예배의 모든 순서는 사람이 인도하는 것이 아니라, 성령 하나님의 인도를 따라 온 마음으로 드려져야 하는 것입니다. 그래서 엄밀한 의미로 예배에는 사회자가 없습니다. 성령 하나님이 사회자이기에 성숙된 예배는 성도 각자가 주보의 순서에 따라 무언(無言)사회로 진행되는 것입니다. 예배를 주관하시는 분은 성령 하나님이십니다.

③ “진정으로(in truth)…”

진리이신 예수 그리스도의 이름으로 하나님께 나아가라는 것입니다(요 14:6). 우리는 거룩하신 하나님 앞에 설 수 없는 죄인입니다. 그러나 예수 그리스도의 구속으로 말미암아 하나님의 보좌 앞에 나왔으니 오직 믿음으로, 오직 주의 이름으로 회개하고, 기도하고, 찬송하고, 설교하고, 헌금할 때에 성부 하나님께서 예배를 기뻐 받으시는 것입니다. 그러므로 참 예배에는 반드시 세 가지 요소가 있어야 합니다.

“하나님은 영이시니” - 진실함으로,

“신령과” - 성령 안에서,

"진정으로" - 예수의 이름으로입니다.

당신은 지금 하나님을 참되게 예배하고 있습니까? 스스로 예배의 3요소가 있는지 살펴보아야 할 것입니다.

예배의 형식과 의미

교회는 이상의 예배 원리를 고수하면서도 그 형식과 양태는 시대를 따라 변천시켜 왔습니다. 언제나 본질은 보수하면서 형식은 그 시대에 맞게 변화되어야 하기 때문입니다. 그래서 우리 교회는 주일 예배의 다양화를 시도하고 있습니다.

- 주일 1부(6:00) 묵상예배
- 주일 2부(10:00) 전통예배
- 주일 3부(11:30) 축제예배
- 주일 4부(14:30) 젊은이예배

오늘 이 시대는 다양성의 사회이므로 각자의 성품과 성격, 취향에 따라 자신에게 맞는 예배를 선택하여 드리라는 교회의 배려인 것입니다. 특히 서초교회 주일예배는 크게 네 부분으로 나뉘어집니다.

1. 찬양과 경배

입례송은 예배를 여는 찬송입니다. 이 찬송을 어떻게 부르느냐에 따라 그날의 예배가 좌우될 것입니다. 이렇게 찬양하면 은혜를 경험할 것입니다.

- 은혜에 감사함으로 찬양하라.
- 성령의 임재를 소원하면서 찬양하라.
- 영혼 깊은 곳에서 온몸으로 찬송하라.
- 되도록 가사를 암송하여 찬송하라.

2. 간구와 참회

우리의 죄를 대신하여 피를 흘리며 죽으신 하나님의 어린 양, 예수 십자가를 생각하며 우리의 죄를 토로하는 것입니다. 예배 가운데 죄를 깨닫지 못하면 그만큼 하나님의 은총에 대한 갈망도 하찮게 되는 것입니다. 진심으로 죄인임을 인정하고 나의 죄를 오직 믿음으로 하나님께 내어놓을 때 우리는 사죄의 은총을 경험케 되는 것입니다(롬 5:8-9).

3. 교제와 헌신

이제 우리는 그리스도 안에서 사죄의 은총을 경험하고 한 형제자매가 되었습니다. 한 피 받아 한 몸 된 하나님의 가족으로 마치 천국에서 만난 듯, 그렇게 환영하고 기쁨으로 교제하는 것입니다. 그리고 구원받은 감격으로 헌신을 다짐하는 것입니다. 언제나 헌신의 다짐은 마음, 몸과 함께 물질로 나타나야 합니다. 이렇게 물질을 드려야 헌금이라고 할 수 있습니다(고후 8:3-5).

- 미리 준비한 자원하는 것으로 드려야 합니다.
- 감사함으로 힘에 지나도록 드려야 합니다.
- 정당하게 벌어들인 깨끗하고 온전한 것으로 자신을 드리듯 드려야 합니다.

그렇습니다. 하나님께서 원하시는 것은 우리 자신입니다. 우리 자신을 하나님께 온전히 드릴 수 있다면 물질을 드리는 것은 아주 쉬운 일입니다. 이는 하나님이 기뻐 받으시는 연보이며 축복의 씨앗이 되는 것입니다(고후 9:8)

4. 말씀과 결단

예배의 절정의 시간입니다. 지금까지 예배의 모든 순서는 우리 인간이 하나님께 올려 드리는 것(찬양과 경배, 간구와 참회, 교제와 헌신)이었습니다. 그러나 설교는 하나님께로부터 우리가 받는 것입니다. 겸손히 하나님의 말씀에 귀기울이는 시간입니다. 하나님께서는 예배 시간에 설교자를 통해서 말씀하십니다. 그러므로 설교를 들을 때에 사람의 말로 듣지 아니하고, '하나님의 말씀'으로 정신을 차리고 들어야 합니다.

"설교가 성경을 말하고 있는 한 그것은 하나님의 말씀이다." - 루터

은혜의 말씀은 감사함으로 순종하고, 책망하는 말씀은 두려움으로 교정하고 고쳐야 할 것입니다. 만약 당신이 설교 시간에 습관적으로 졸고 있다면 그것은 당신의 신앙과 인생에 큰 위기가 찾아왔다는 증거입니다.

"예배 시간에 조는 사람은 영혼에 심각한 병이 든 것이다. 만약에 당신이 졸음을 참을 수 없다면 금식하고 하나님 앞에 예배해야 한다." - 토마스 왓슨

하여튼 설교자는 정직한 복음과 순수한 말씀을 지루하지 않게 선포하고, 성도들은 예배 속에서 순수한 하나님의 음성을 듣고 순종해야 하는 것입니다.

그리고 마지막으로 축도는 성부, 성자, 성령 하나님의 이름으로 하는 것이므로 한 단어 한 문장마다 "아멘"으로 하나님의 축복을 받는 것입니다.

각자에게 가장 합당한 은혜로

이렇게 모든 순서가 어우러질 때 그야말로 성령께서 주도하시는 거대한 기쁨의 물결이 출렁이는, 영적 행복감이 충만한 예배가 되어지는 것입니다.

그러나 은혜의 체험은 사람에 따라 다를 수 있습니다. 우리의 심령과 속사정을 너무나 잘 아시는 하나님께서 그 뜻대로 주시기 때문입니다.

세기적 신유의 은사로 하나님께 존귀하게 쓰임 받았던 캐더린 쿨만의 이야기입니다. 하루는 그녀가 꿈을 꾸었습니다. 세 여인이 기도하고 있는데, 주님께서 오시더니 한 여인은 꼭 안아 주셨습니다. 또 한 여인은 다정하게 손을 잡아주셨습니다. 그리고 마지막 여인은 그냥 지나시는 것이었습니다. 그래서 쿨만은 하나님께 물었습니다.

"주님, 불공평한 처사입니다. 혹시 마지막 여인의 신앙에 무슨 문제가 있습니까?"

주님은 대답하셨습니다.

"아니다. 처음 여인은 내가 꼭 안아주지 않으면 위로를 받지 못할 자이지만, 세 번째 여인은 내가 그냥 지나가도 그녀는 나의 사랑을 알고, 내가 그렇게 위로하지 않아도 내가 그를 넉넉히 사랑하는 줄을 알고 있노라."

그렇습니다. 예배를 드린다고 해서 누구나 다 똑같은 은혜를 받는 것은 아닙니다. 우리의 심령 상태, 형편을 누구보다도 잘 아시는 하나님께서 우리에게 가장 합당한 은혜로 채워주실 것입니다. 분명한 것은 우리가 신령과 진정으로 예배드릴 적마다 가장 합당한 것, 가장 필요한 것, 가장 좋은 것으로 주신다는 것입니다(빌 4:19). 할렐루야!

삶의 예배로

이렇게 예배는 축도로 마쳐집니다. 그러나 사실상 예배는 축도로 끝나지 않습니다. 아니 축도를 기점으로 예배는 다시 시작되는 것입니다. 이제 예배로 인하여 하나님을 경험한 자는 세상으로 나아가 삶의 터전에서 성령의 능력으로 사랑의 섬김과 변혁의 삶을 살아야 합니다. 다시 말해서 축도를 정점으로 하여 '교회에서의 예배'가 '생활로서의 예배'로 전환되는 것입니다.

"그러므로 형제들아 너희 몸을 하나님이 기뻐하시는 산 제사로 드리라. 이는 너희의 드릴 영적 예배니라 너희는 이 세대를 본받지 말고 마음을 새롭게 함으

로 변화를 받아 하나님의 선하시고 기뻐하시고 온전하신 뜻이 무엇인지 분별하
도록 하라."(롬 12:1-2)

우리의 삶, 우리의 생애, 우리의 생활이 산 제사, 거룩한 예배가 되어지는 것
입니다.

그러나 기억하십시오. 먼저는 교회에서의 예배입니다. 그래야 예배를 통해
받은 성령의 능력으로 세상에서의 예배자로도 승리할 수 있는 것입니다. 바로
"예배 성공 - 신앙 성공 - 인생 성공"으로 이어지는 것입니다. 진정 성령 안에서
예배 성공자가 되시기를 바랍니다.

11

교회 성장형 프로그램: 전도

Anticipate

1. 우리는 왜 전도를 어려워하는가?
2. 어떻게 전도 사역을 효율적으로 감당할 수 있겠는가?

전도 훈련 단체에서 사역하는 친구 목회자로부터 한국교회 실태조사에 관한 다음과 같은 보고를 들은 적이 있다.

- 교적부에 등록되어 있으나 아무도 모르는 유령 같은 교인 10%.

- 전혀 기도하지 않는 교인 20%.

- 전혀 성경 읽지 않는 교인 25%.

- 이름은 올려있는데 예배에 출석하지 않는 교인 30%.

- 예배는 참석하는데 교회 일에 협조하지 않는 교인 40%.

- 성경공부에 참석하지 않는 교인 50%.

- 주일 낮 예배 외에는 다른 예배와 상관없이 지내는 교인 60%.

- 선교, 장학, 구제사역 등에 동참하지 않는 교인 70%.

- 특별 기도회나 행사에 별 관심 없는 교인 80%.

- 가정 예배 드리지 않는 교인 90%.

그리고

- 전혀 전도하지 않는 교인 95%.

물론 한국교회 전체가 이렇다고 하는 것은 무리가 아니냐고 반론을 제기하면서도 한 사람의 목회자로서 그저 듣고 지나칠 수 없는 가슴 뜨끔한 현실이라는 생각을 떨쳐 버릴 수 없다. 친구는 끝으로 이런 말을 덧붙였다. "전혀 전도하지 않는 성도가 95%라는 사실이 안타깝지만, 그럼에도 나머지 5%의 성도만이라도 자신의 역할을 잘 감당한다면 한국교회 부흥의 불은 결코 꺼지지 않을 것이다."

중요한 것은 그 남아 있는 불씨를 살려 타오르는 불길로 확산시키는 것이다. 그러나 곰곰이 생각해 보면 5%의 성도들에게 전도의 열기를 운운하기 전에 먼저 목회자 스스로가 전도의 사명을 충실히 감당하고 있는지 의문이다.

아마도 목회 사역 가운데 가장 힘들고 어려운 것을 꼽으라면 예배, 양육, 행정, 심방 등 많은 영역을 제쳐두고 단연 '전도'라 말할 것이다. 전도는 스스로 하기 어렵고, 남에게 권하는 것도 어려운 일이라는 것이 많은 목회자들의 공통된 의견이기 때문이다.

특히 개척 교회는 훈련된 전도자를 확보하기가 쉽지 않기에 목회자의 전도 부담이 더욱 가중되기 마련이다. 그럼에도 불구하고 전도의 중요성에 대해서는 강조하지 않을 수 없다. 도대체 전도는 왜 이토록 부담스러운 사역이 되었는가?

전도가 어려운 이유　　　나름대로 분석해 본 결과 크게 2가지로 그 원인을 설명할 수 있을 것 같다. 먼저 '두려움'이다. 개인마다 차이는 있겠지만 전도에 두려움을 느끼는 경우는 대략 다음과 같다.

- 개척 교회라는 열악한 환경으로 인한 자신감 상실
- 전도에 대한 사역 경험 부족
- 이전의 실패로 인해 또 다시 실패할지도 모른다는 염려
- 전도하면 반드시 열매가 있어야 한다는 강박관념

또 하나 전도가 어렵고 부담스러운 원인은 '훈련부족'이다. 많은 개척자들이 전도에 대한 뜨거운 열정을 가지고 혼신의 노력을 다함에도 불구하고 열매 없이 힘만 소진하는 것은 제대로 훈련받지 못해 그만큼 사역의 효율성이 떨어지기 때문이다.

무작정 전도에 씨름하던 한 개척 목회자는 안타까운 심정으로 이렇게 고백했다. "1년 동안 거리에 나가 정말 열심히 전도했는데도 교회로 인도되는 사람이 없는 것을 보고 저 자신이 전도에 대해 제대로 훈련받지 못했다는 것을 깨닫게 되었습니다."

전도 훈련은 어디까지나 이론과 실제가 겸비된 훈련이어야 한다. 종종 보면 각종 전도 세미나와 훈련 과정을 이수하고서도 현장 전도는 엄두도 못내는 경우가 있다. 그러나 전도는 명사가 아니라 동사이다. 다시 말해 지식으로 그치는 것이 아니라 삶 속에서 몸으로 실천할 때 그 의미가 있는 것이다.

현장으로 나가라　　　　생각해 보라. 모든 환경이 열악한 개척 교회, 작은 교회를 누가 자진해서 오겠는가? 오직 생명을 걸고 전도하는 교회만이 생존할 수 있고, 성장과 부흥의 결실을 기대할 수 있는 것이다. 개척 이후 건강하게 부흥 성장하는 교회의 목회자들은 하나같이 '전도 열정'이 남다른 이들이다. 한 영혼의 소중함을 알고 현장을 누비는 사람들이라는 것이다.

안산 동산교회를 개척한 김인중 목사는 출석교인 1천 명이 될 때까지 매일 전도하러 나갔다고 한다. 그의 간증을 들어보자.

"동네에 다니면서 수첩에 문패를 적었습니다. 그리고 그것을 가지고 다니면서 이렇게 기도했습니다. '하나님, 이 대문을 열어주십시오.' 그렇게 해서 마을의 3백 가정을 6개월 동안 꾸준히 전도했습니다. 그러다 보니 대다수의 사람들을 외울 수 있었고, 많이 외울 때는 3천 5백 명도 외울 때가 있었습니다."

무슨 일이나 그렇겠지만 전도 역시 씨를 뿌린 만큼 거두기 마련이다. 나도 개척 초부터 교회 인근 지역을 부지런히 다니며 전도했기에 지금까지도 매년 교회 내에서 가장 많이 새가족을 등록시키는 사람 중 하나가 되었다.

이로 인해 영혼을 구원하는 영적 기쁨은 물론, 성도들에게도 모범이 되어 그만큼 전도에 대한 동기부여가 수월해졌다. 언제나 전도할 수 있다는 것은 개척자의 기쁨이요, 보람이며, 행복이다. 그러니 이제 여러 핑계하지 말고 현장으로 나가자. 이유 여하를 막론하고 목회자가 먼저 전도의 모범을 보여야 한다.

나가서 놀자, 전략적으로   그러나 솔직히 매일 전도하는 것, 그 자체가 어렵고 부담스러운 일임은 틀림이 없다.

교단의 전도 기관에 소속하여 사역하던 때의 일이다. 말 그대로 매일 아침 구역을 정해놓고 전도 나가는 게 하루의 일과였다. 어느 날 아침, 그날따라 전도하러 가기가 너무나 싫었다. 하기사 더 이상 갈 곳도 없는 형편이었다. 사실 은혜로 충만치 못하면 딱히 오라는 곳도 없고 갈 곳 없는 처지가 바로 전도자의 신세가 아니던가.

착잡한 심정에 찻집에 들어가 차 한 잔 마시고 있는데, 내가 보아도 그 모습이 어찌나 처량하던지… 울컥하는 마음에 기도하기 시작했다. 그때 주께서 내 마음에 주신 위로의 말씀이 있다.

"좋은 소식을 전하며 평화를 공포하며 복된 좋은 소식을 가져오며 구원을 공포하며 시온을 향하여 이르기를 네 하나님이 통치하신다 하는 자의 산을 넘는 발이 어찌 그리 아름다운가(사 52:7)"

이에 마음을 추스르고 다시 용기를 내어 당당하게 전도에 나섰던 기억이 난다. 감사한 것은 어렵고 힘들지만 말씀에 순종하여 현장에 나가면 놀랍게도 주께서 미리 예비하신 영혼을 만나 복음을 전하게 되고, 그가 주님을 영접함으로 큰 위로와 용기를 얻게 하신다는 것이다.

하지만 그럼에도 불구하고 전도는 결코 쉬운 일이 아니다. 사실 각오를 단단히 해보지만 낯선 사람을 찾아 나선다는 게 어디 쉬운 일인가? 그러므로 먼저 전도에 대한 의식을 바꾸어야 한다. 부담감과 중압감을 떨쳐버리고 전도하러 나설 때마다 이렇게 외쳐라.

"나가서 놀자, 전략적으로!"

놀랍게도 생각을 바꾸면 길이 보인다. 이제부터는 전도하러 가는 것이 아니라 더불어 즐겁게 노는 것이라고 생각하라. 다른 생각은 잠시 접어두고, 사람들과 먹고 나누고 이야기하면서 좋은 관계를 맺는 것이다. 단, 처음부터 전도하려는 의도를 비추기보다는 품위를 지키면서 가능한 많이 베풀라.

한 예로 개척 초기 내가 전략적으로 다니던 탁구장이 있었다. 굳이 전략적이라는 말을 쓰는 것은 단순히 운동을 하기 위해서가 아니라 그곳을 전도의 거점으로 삼았기 때문이다. 일주일에 한두 번쯤 정기적으로 가서 운동을 했는데, 시간대를 조금씩 달리해서 가다 보니 자연스럽게 관장과 코치, 그리고 회원들과 친분을 갖게 되었다. 종종 질 것이 뻔하면서도 시합을 하거나 또는 실력이 비등한 사람에게는 일부러 지기도 하면서 저녁 내기를 하면 오붓한 자리에서 식사를 할 기회도 생긴다.

이쯤 되면 내심 '이젠 잡아 논 고기다(?)'라는 마음이 들지만 결코 서두르지 않고 그의 가족, 친구, 직장 동료 등 주변에 또 다른 믿지 않는 사람들이 있는지 살핀다. 특히 탁구장 관장과 좋은 관계를 유지하는 것이 중요한데 그만큼 전도 대상자에게 접근하기가 수월해지기 때문이다.

그래서 가끔씩 일부러 회원 친선경기나 지역 주민초청 탁구대회 개최를 제안하고 일부 비용을 찬조하면 탁구장은 홍보가 되어서 좋고, 나에게는 지역 주민들과 접촉할 수 있는 기회가 마련되어 좋았다.

물론 지금은 탁구장 관장 부부를 비롯해 서초교회 전도대원으로 섬기고 있는 집사님 내외 등이 전도되어 함께 신앙생활을 하고 있다. 그곳에서 만난 한 분은 소위 불교 전도자라고 불릴 만큼 불교에 심취해 있던 분인데 "목사님과의 친분 때문에 어쩔 수 없이 나갑니다"라며 이웃초청주일에 나와 나를 감격시키기도 했다.

그 이후 내가 목사라는 사실이 잘 알려져 오히려 직접 전도하기보다 교회 성도들이 탁구 동호회를 조직해 정기적인 지역주민 친선경기를 주관하면서 전도의 기회로 삼았고, 수요일 낮 예배 시간 때는 탁구장 주부회원들이 함께 와서 예배도 드리고 식사 봉사도 하는 흐뭇한 광경을 볼 수 있었다.

세상만사가 무조건 열심히 한다고 해서 되는 것은 아니다. 전략적으로 일하고 전략적으로 전도해야 많은 열매를 맺을 수 있다. 다시 말하지만 전도하려고 하지 말고 좋은 관계를 맺으려고 노력하라. 카페, 서점, 상가, 시장, 마트, 헬스장, 도서관, 동사무소 등 사람이 있는 곳이라면 갈 곳은 얼마든지 있다.

전도는 일이 아니라 삶이다. 내가 살아가는 삶의 현장이 곧 전도의 현장인 것이다. 가족들과 외식을 한번 하더라도 가능한 한적한 시간에 가서 주인과 종업원에게 말 한마디라도 건네며 좋은 이미지를 남겨라. 거기서부터 전도는 시작된다.

어떻게 전도할 것인가?   그러면 어떻게 사람들을 전도할 것인가?

이론적으로 복음 전도에는 3가지 접근 방법이 있다. 즉, 현존 전도(Presence-Evangelism: 1-P), 선포 전도(Proclama-tion-Evangelism: 2-P), 설득 전도(Persuasion Evangelism: 3-P)이다.

현존 전도는 복음의 생활화, 곧 모범적인 그리스도인의 삶을 통해 불신자들에게 자연스럽게 영향을 미침으로 복음에 이끌리도록 하는 것이다(벧전 3:15). 이는 복음 전파의 전제요, 관문이라고 할 수 있다.

선포 전도는 복음과 성령의 자체 능력을 강조하여 일방적으로 복음을 전하는 것이다. 그래서 상대방의 입장이나 전도의 결과에 관심을 두기보다는 단순히 복음을 전파하는 것으로 하나님께 순종하며 자신의 의무를 완수한 것으로 생각하는 경향이 있다.

설득 전도는 복음을 선포할 뿐만 아니라 그 대상에 지속적인 관심을 갖고 교류하여 영접하도록 유도하는 행위를 포함한다. 곧 주님의 지상명령인 "제자 삼으라"는 말에 가장 적합한 행동이며 복음 전도의 목표라고 할 수 있다.

이러한 복음 전도의 목표를 달성하기 위한 전도자의 자세와 수칙에 대해서는 이미 많은 자료에 언급되어 있기에 여기서는 어떻게 목회자가 현장 전도에서부터 교회 정착에 이르는 과정을 진행해 나갈 것인지 맵핑(mapping, 지도를 그리는 일)의 관점에서 접근해 보고자 한다.

1. 지역 맵핑

먼저 현장조사를 통해 정확한 전도지도(Mission-map)를 그려야 한다. 교회를 중심으로 도보(徒步)로 이동 가능한 지역부터 마을버스나 대중교통을 이용해 무리 없이 오갈 수 있는 반경을 지역 세부도에 표시하고 아파트, 주택 등의 주거지역과 상가, 시장, 공원, 놀이터, 노인정, 공공기관 등을 구석구석 꼼꼼하게 파악하는 것이다.

이 단계에서는 대략적인 태신자(전도대상자) 작정이 가능한데, 예를 들면 A지역 B상가 ○○철물점 주인, B지역 ○○아파트 야구르트 아줌마 등 현장에서 스치는 사람들을 잠정적 대상자로 기록한다.

2. 관계 맵핑

지역 맵핑이 끝나면 이제 전도 대상들과 본격적인 접촉을 통해 관계를 형성해 나간다. 현장 전도는 꾸준히 지속적으로 나가는 것이 중요하다. 그러기 위해서는 전도 일과표를 작성하는 것이 좋은데 욕심을 부려 너무 빈틈없이 시간표를 작성하기보다는 대략 그날의 목적지와 준비사항 등을 점검할 수 있으면 된다. 막상 현장에 나가 보면 생각지 못한 상황들이 일어나 융통성 있게 대처하는 지혜가 요청되기 때문이다.

관계 형성에 대해서는 다양한 노하우가 있을 수 있겠지만 반드시 염두에 두어야 할 사항이 있다.

1) 누구를 만나든지 한 영혼으로 대하라.

목회자의 관심은 언제나 영혼을 향해 있다. 남녀노소 지위고하를 막론하고 구원받지 못한 영혼이라면 누구에게나 긍휼의 마음을 가지고 복음 전하길 원하는 것이다. 따라서 목회자는 누구를 만나든 당당하게, 겸손하게 섬기며 품어야 한다. 하나님 앞에 대어는 없다. 오직 한 영혼이 있을 뿐이다.

2) 그들의 필요를 알고 섬겨라.

필요를 알지 못하고 행하는 섬김은 그것이 아무리 친절한 행위라 할지라도 상대방에게 귀찮음, 무시, 모멸, 부담감으로 느껴질 수 있다. 전도자는 때와 장소, 상황에 알맞게 상대를 배려할 수 있는 지혜가 있어야 한다. 적절한 시간대에 사람들을 만나는 것도 중요한데, 한창 바쁜 시간일에 몰두하는 사람들에게 접근하는 것은 실례가 되기 마련이다. 대상자별로 구분해 어느 시간에 만나는 것이 좋을지 미리 생각해 여유 있는 만남을 갖는 것이 좋다. 그렇다고 해서 처음부터 너무 오랜 시간을 지체하는 것 역시 바람직한 태도는 아니다. 감정상 첫 만남에 오랜 시간 이야기를 나누면서 속마음을 털어놓은 것이 오히려 다음 만남을 꺼리는 요소로 작용할 수 있기 때문이다.

3) 공감대를 형성하라.

복음을 제시하는 것에 지나치게 집중하다보면 정작 대상자들의 관심사를 파악하지 못하여 지속적인 대화나 관계를 이어가지 못할 수 있다. 전도자는 말하는 것보다 듣는 것에 잘 훈련되어 있어야 한다. 평소 전도대상자들의 관심사나 아픔을 주의 깊게 살피고, 신문, 잡지, 책 등을 통해 정보를 얻어 간접 경험을 확장하는 것은 공감대 형성을 위해 좋은 방법이 될 수 있다.

4) 관계의 시야를 넓혀라.

대상자를 대할 때 단순히 한 사람을 대하는 것이 아니라, 그가 관계 맺고 있는 주변 사람들에게까지 관계의 폭을 확장시켜야 한다. 의외로 전도를 하다 보면 전도 대상자로부터 소개받은 사람인데, 오히려 그가 먼저 교인이 되는 때가 있다. 대상자의 자녀, 혹은 부모가 전도되어 가족들이 함께 나오는 경우는 자주 볼 수 있지 않은가. 대상자에게 집중한다는 것은 그와 관계 맺고 있는 주변 상황과 사람들에게까지도 관심을 갖는 것이다.

이상에 언급한 인간관계의 기본 전제를 가지고 어떻게 현장에 적용할 것인가를 생각해 보자. 이에 대한 정답이 있는 것은 아니지만 현장전도 경험이 그리 많지 않은 전도자라면 가가호호 방문이나 노방전도보다는 인근 상가지역이나 아파트 관리소, 놀이터, 노인정, 병원 등 비교적 자연스럽게 사람들을 만나거나 무언가 도움을 줄 수 있는 장소를 중심으로 하는 관계전도를 권하고 싶다. 가가호호 방문이나 노방전도의 경우 그 지역에서 너무 쉽게 전도하는 사람으로 낙인 찍혀(?) 오히려 계속적인 전도 활동에 장애를 초래할 수 있기 때문이다.

개척자는 단순히 전도자로서의 역할뿐만 아니라 교회의 이미지를 홍보하고 대표하는 직무를 맡고 있다. 기업 경영의 측면에서 보자면 1인 기업, 즉 움직이는 '1인 교회'로서 개척자의 이미지가 바로 교회의 이미지와 직결되는 것이다.

따라서 지역 내 교회가 존재하는 이상 꾸준히 좋은 관계를 맺고 교회에 대한 좋은 이미지를 심어주어야 하기에 성급한 마음으로 무작정 많이 돌아다니는 것보다는 전략적이면서도 자연스럽게 접근할 수 있는 방안을 연구해야 한다. 앞서 탁구장의 예를 들어 설명했듯이 생활 속에서, 편안한 분위기로 사람들에게 접근할 수 있는 기회를 마련하는 것이다.

생활용품을 하나 사더라도 경제성을 따지며 대형 할인마트를 이용하기보다는 조금 비싸더라도 지역 상가를 이용하는 것이 좋다. 집안에 필요한 물품이 있을 때 수첩에 메모해 두었다가 전도 나가면서 구입을 하면 훨씬 더 가벼운 마음으로 전도의 기회를 가질 수 있지 않은가? 그밖에 서점이나, 도서관, 미용실, 병원 등 지역 주민들이 이용하는 시설들을 잘 이용하는 방법도 있을 것이다.

결국 현장 전도를 위해서는 우리의 모든 생각과 삶 자체가 '전도 지향적'이어야 한다. 전도가 체질화되어야 한다. 이렇게 될 때 더 이상 전도는 부담스러운 일이 아니라 자연스런 삶의 방식으로 여겨지는 것이다.

3. 평가 맵핑

관계를 형성하는 과정 못지않게 중요한 일은 평가와 후속조치이다. 흔히 평가를 마지막에 하는 것으로 생각하기 쉬우나, 사실 평가는 일의 과정 중에 자주 진행되어야 한다. 우리의 목표는 좋은 관계를 맺는데 그치는 것이 아니라 대상자를 전도하여 교회로 인도하는 것이다.

따라서 이 3단계의 과정이 소홀하게 되면 자칫 많은 수고와 투자를 하면서도 효과적으로 전도의 열매를 거두지 못하는 결과를 가져올 수 있다. 그러므로 전도자는 그날그날의 전도일지를 기록하고 주별, 월별 정기 평가를 통해 대상자들을 만날 때 미흡했던 점 혹은 보완해야 할 부분을 스스로 평가하고, 그들의 반응을 분석해 대상자를 분류하여 다음 단계를 진행하기 위한 대안을 마련해야 한다.

대상자를 나누는 기준은 각자 다를 수 있으나 대체로 4단계 정도로 구분하면 무난할 것 같다.

1) A그룹: 아직 관계 형성에 들어가지는 않았지만 전도자의 마음 속에 잠정적으로 작정한 태신자 그룹이다. 보통은 'A그룹' 하면 거의 교회에 나올 단계에 이른 사람들을 연상하기 쉽다. 그러나 잠정적 태신자들을 A그룹으로 분류하는 것은 이들이야말로 전도의 자원으로서 우선적으로 관심을 갖고 꾸준히 기도해야 할 대상임을 상기하려는 의도이다.

개척 초기 1년에 50~70명을 전도하던 한 전도사님에게 전도의 비결을 묻자, 그분은 명단(인상착의나 상호명 등)이 새까맣게 기록된 수첩을 꺼내 보이셨다. 거기에는 아직 관계가 형성되지 않은 전도 대상자들이 무려 200명 이상 적혀 있었다. A그룹을 확보하면 확보할수록 그만큼 전도의 가능성 또한 커지는 것이다.

2) B그룹: 관계 형성 초기로서 한두 마디 안부를 나누는 그룹이다. 이 그룹은 서로를 알아보고, 마주치면 대화까지는 아니더라도 인사와 안부를 물어볼 정도는 관계가 형성된 사람들이다. 이때는 조심스럽게 개개인의 반응을 살피다가 적절한 때에 호의를 베풂으로써 친밀한 관계로 발전할 수 있는 계기를 만들어야 한다.

예를 들어 아파트 경비원들은 명절이나 교회 기념일을 기해 수고에 대한 인사와 더불어 작은 선물을 전달하면 대부분 고마운 마음으로 받는다. 개척 초기부터 인근 지역의 아파트 경비 아저씨들과 좋은 관계를 맺기 위해 특별히 노력했는데, 이를 통해 교회 홍보물을 게시하고 배포하거나 이사 들어오는 사람들에 대한 정보 수집, 또는 아파트 주민들의 동정을 파악하는 일 등에 큰 도움을 얻을 수 있었다. 그러므로 호의를 베풀 수 있는 기회를 포착하고, 때마다 너무 부담스럽지 않는 선에서 호의를 베풀어라.

3) C그룹: 지속적인 관계가 유지되고 있는 그룹이다. 그동안 쌓은 친분관계를 통해 마음을 열고 조금씩 깊은 대화를 나누면서 보다 내면적이고 영적인 면으로 관심을 좁혀 가는 단계이다. 세상에 고민과 문제가 없는 사람은 없다. 설혹 그런 사람이 있다 해도, 그것은 문제가 없는 것이 아니라 그가 모르고 있을 뿐이다.

부모는 부모대로 자식은 자식대로, 또 사장은 사장대로 직원은 직원대로, 노인은 노인대로 애들은 애들대로, 각자의 영역에서 어려움이 있게 마련이다. 전도자는 사람들의 이러한 고민들에 예민하여 그들로 하여금 진정한 평안과 행복을 추구하도록 이끌어야 한다.

대부분의 사람들은 자신을 위해 기도하겠다는 말에 거부감보다는 위안을 얻는다. 조심스럽게 그들을 위해 진심으로 동병상련의 마음으로 기도하겠다는 의지를 밝히면서 영적인 관계로 발전시켜 나가라.

4) D그룹: 복음제시, 또는 교회에 초청할 수 있는 그룹이다. 적어도 서로의 관계를 봐서라도 한번쯤 교회 올만한 관계가 형성된 것이다. 그러나 주의할 것은 상대에게 처음부터 전도할 목적으로 접근한 것 같은 인상을 주지 않아야 하며, 또한 설혹 C그룹 관계까지 호전되었다 하더라도 D그룹 관계를 형성하는 것이 지체되거나 거부될 수 있음을 예상하고 실망하지 말아야 한다.

간혹 단 몇 회의 만남을 통해 전도의 열매가 맺히기도 하지만, 대부분은 오랜 시간, 1년, 2년, 5년, 심지어 10년 이상 걸리는 수도 있다. 일례로 서초교회 앞 상가의 한 가게 주인도 안면을 익혀 인사를 나눈 지는 한참 되었지만, 실제로 교회를 한번 방문하기까지는 15년이나 걸렸다. 중요한 것은 절대로 포기하지 않는 믿음이다. 그러므로 결정적인 순간에 초청하라. 만일 거부하더라도 관계의 끈을 놓치지 말라!

4. 사역 맵핑

전도자는 보다 효과적인 전도사역을 위해 훈련자를 양육하고 전도 네트워크를 구성해야 한다. 전도자 한 사람이 현장 전도부터 교회 정착까지 모든 과정을 홀로 담당하는 것에는 여러 가지 무리가 따른다.

특히 목회자의 경우 주일이나 전도행사 때 직접 태신자들을 데리러 가는 것이 무리이고, 설혹 교회에 나왔다 하더라도 그들에게만 관심을 둘 수 없는 형편이기에 대상자들이 교회에 새가족으로 정착하기 위해서는 적절한 시기에 적당한 사역 분담이 필요하다.

동시에 이 과정은 평신도 전도자들을 양성하는 좋은 훈련의 계기가 될 수 있는데, 훈련생의 입장에서는 목회자와 함께 전도 현장에 참여하고 구체적인 일들을 일임 받게 됨으로 부담 없이 전도사역에 동참할 수 있는 기회가 되는 것이다. 그렇다면 훈련자 양육은 어떻게 진행하는 것이 좋은가?

1) 규칙적인 모임을 가지라.

훈련자 모임은 규칙적으로 갖는 것이 바람직하다. 출퇴근처럼 일정 시간을 정해 놓아야 훈련으로써 의미도 부여하고, 꾸준하게 훈련이 가능하다. 뿐만 아니라 함께 훈련받는 다른 대원들과의 협업에도 어려움이 없게 된다.

2) 격려하고 피드백하라.

훈련자들 가운데는 이미 앞에서 소개한 1~4단계의 전도 과정을 직접 실행할 수 있는 수준의 성도도 있겠지만 대부분의 경우에는 전도대원이라 할지라도 전도에 대한 두려움과 큰 부담감을 느끼는 경우가 많다. 따라서 이들이 낙오하지 않고 숙련된 전도자로 성장하기까지는 목회자의 특별한 배려와 적절한 피드백을 통한 인내와 수고가 필요하다.

3) 함께 기도하고 상의하라.

현재 A~D그룹에 대한 상세한 전도 보고와 중보기도 제목을 전도대원들과 나누고 뜨겁게 기도하라. 또한 대상자들과의 관계를 다음 단계로 발전시키기 위한 대안을 함께 연구하고 상의해야만 전도에 대한 동일한 열정과 의지를 품을 수 있다.

4) 적절한 시기에 파견하라.

적절한 시기에 대원들이 태신자들과 자연스럽게 접촉할 수 있도록 파견하여 관계망을 확장시켜야 한다.

5) 성취감을 나누라.

초청이 확정적인 대상자들을 주일날 교회로 인도하고, 이들을 새가족으로 정착시키는 일을 일임하여 전도대원들로 하여금 사역의 성취감을 느끼도록 하는 일 역시 목회자의 중요한 역할이다.

"전도자를 양육하는 일은 전도하는 일만큼 중요하다."

5. 초청 맵핑

좋은 관계가 형성되었다 할지라도 무턱대고 교회에 나오라고 권유하는 것은 무리이다. 따라서 목회자는 대상자들이 호기심을 갖고 응할 수 있는 초청행사를 준비해야 한다.

이는 단순히 총동원 주일 같은 1회적인 행사가 아니라, 이제까지 진행해온 전도 사역의 열매를 거두고 평가하는 기회인 동시에 새로운 전도사역을 위한 시발점을 마련하는 중요한 사역으로 인식해야 한다. 그러기 위해서는 기존의 개념을 탈피해 불신자들의 관심을 이끌 수 있는 초청행사를 기획해야 한다.

내가 목회하고 있는 지역은 소위 문화 도시로 불리는 서초구에 위치하고 있다. 개척 초기 의미 있는 전도행사를 위해 고민하던 끝에 "서초문화강좌"라는 타이틀로 집회를 개최했다. 지금은 대중 매체에서도 문화강좌라는 말을 많이 사용하지만 당시에는 생소한 용어였다. 말 그대로 문화강좌는 유명 인사를 초청해 지역 주민들이 관심 가질 만한 주제에 대해 강연하는 프로그램이다. 일정은 매월 그때그때 사정에 따라 융통성 있게 조정하되 가능한 정기적으로 개최하고자 했다.

역대 강좌의 주제들을 살펴보면 비전, 건강, 교육, 신앙, 민족성, 직장 생활, 대중문화, 가정, 역사의식, 21세기, 사랑, 행복, 학문, 음악, 경제, 국가, 윤리 등 많은 이들의 관심사를 터치할 수 있을 만큼 다양했다. 전체 진행 시간은 대략 1시간 정도이고 마지막 순서는 담임목사의 5분 스피치와 참석 소감에 대한 설문지 기록으로 마무리한다.

이중에서도 담임목사의 5분 스피치는 사실상 행사의 목적이요 하이라이트라고 할 수 있다. 그 짧은 시간 안에 사람들에게 복음을 전하고 교회에 대한 좋은 이미지를 심어주기 위해선 그만큼 철저한 준비가 필요하다. 또한 설문지 작성은 참석자들의 연락처를 알고 그들의 반응을 검토할 뿐만 아니라 또 다른 태신자들을 작정할 수 있는 중요한 자료이다.

따라서 참석자들이 멋쩍지 않고 기분 좋게 작성할 수 있도록 분위기를 유도해야 하는데, 그 자리에 참석한 교우들이 먼저 기록하면 다른 사람들도 자연스럽게 참여하기 쉽다.

문화강좌 이외에도 전도초청 만찬, 대중 콘서트, 북토크, 클래식 음악회, 종교개혁 신앙 강좌, 알뜰 바자회 등은 지역사회에 개척 교회로서의 신선한 이미지를 심어주면서도 많은 전도의 열매를 맺는 유익한 프로그램으로 평가되었다. 이제까지 우리는 현장전도 사역을 위한 5단계 전도 원리를 살펴보았다.

- 1단계: 지역 맵핑
- 2단계: 관계 맵핑
- 3단계: 평가 맵핑
- 4단계: 사역 맵핑
- 5단계: 초청 맵핑

여기서 다시 한 번 강조하고 싶은 것은 일회적 전도 행사가 아닌 '전도 지향적 목회'를 목적 삼으라는 것이다. 마치 나침반이 어떤 위치에서든 북극을 향하는 것처럼 교회의 모든 사역은 전도를 지향해야 한다. 그야 말로 예배, 설교, 심방, 양육, 성경공부, 기도회 등 어떠한 영역이든 예외가 되어서는 안 된다.

종종 목회자와 훈련된 전도대원들이 꾸준히 전도 하다보면, 일반 성도들에게 전도는 전문가들이 하는 것이라는 사고가 스며들어 전도에 대한 동기부여가 약화되는 것을 본다. 그러므로 목회자는 전도의 모범자로서 역할을 하되, 지나치게 전도대원들에게 의존하지 말고 목회 전반을 통해 모든 성도들에게 전도에 대한 사명감이 고취될 수 있도록 분위기를 이끌어야 할 것이다.

전도 지향적 목회　　　뿐만 아니라 교회 내 전도사역의 출발점은 '하나님의 다리(The Bridges of God)'를 발견하는 일로 시작할 수 있다. 이는 선교학자 도널드 맥가브란(Donald McGavran)에 의해 주창된 이론으로 한 사람의 불신자를 전도하려 할 때 하나님께서 이미 준비해 놓으신 사회적 관계, 곧 하나님의 다리를 활용하면 탁월한 효과를 거둘 수 있다는 것이다.

기존 성도들, 특히 새가족들 주위에는 잠정적 전도대상자들이 많이 확보되어 있다. 즉 믿지 않는 가족, 친지, 친구, 직장동료, 상사, 선후배, 거래처 직원, 동호회 멤버와 같은 불신자 그룹과 다양한 사회적 관계를 형성하고 있는 것이다.

현장전도의 가장 큰 어려움이 낯선 대상자와 첫 관계를 형성하기 위해 많은 노력과 시간, 물질을 들여야 하는 것임을 감안할 때, 이미 교회 안에 들어와 있는 교우들을 통해 그들의 주변으로 관계를 확장시켜 나가는 것은 훨씬 수월한 일이 아닐 수 없다.

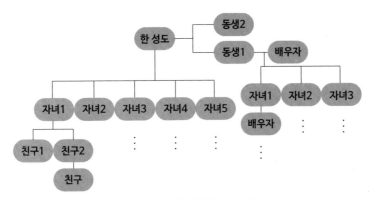

하나님의 다리를 통한 전도 계보

그러나 이처럼 하나님의 다리를 발견하고 그들과 접촉하여 교회로 인도하기 위해서는 '전략적 전도 장치'가 필요하다. 이를테면 성도들로 하여금 자신과 관계 맺은 사람들을 전도 대상자로 인식하도록 동기를 부여하고(태신자 작정), 또한 목회자나 전도자들과의 자연스러운 만남을 주선토록 하며(호의적 만남), 결정적인 순간에 교회로 데려올 수 있는 기회(초청 행사)를 마련해 주는 것이다.

이것은 어떤 한 가지 방법을 통해서 이루어지는 것이 아니라 전도 지향적인 목회 마인드를 가지고 목회 전반에 걸쳐 전도 분위기를 조성할 때 가능한 일이다. 그렇다면 전도 지향적인 목회는 어떻게 가능한가? 현재 목회 현장에서 성과를 거두고 있는 실례들을 몇 가지 간략하게 소개해본다.

1. 성경공부 수료식을 통한 전도목회

성경공부 수료식을 성대한 축하파티로 만들라. 미리 성경공부의 첫날 오리엔테이션 시간에 종강 파티에 대한 기대감을 심어준다. 이 때 잊지 말 것은 파트너와 동행하도록 하는 것이다. 성경공부 수료식은 친한 사람들에게 자신이 그동안 공부해온 것에 대한 격려와 축하를 부탁하면서 자연스럽게 초청할 수 있는 좋은 기회가 된다.

2. 새가족 연회를 통한 전도목회

일 년에 2번 전, 후반기를 나누어 새가족 연회를 열고 일정기간 동안 교회에 등록한 새가족들과 그 이웃들을 초청한다. 교회 내 장소가 여의치 않다면 작은 무대가 설치된 분위기 있는 음식점도 좋다. 초청 가수의 노래, 레크리에이션, 새가족들의 소감, 해프닝 등을 이야기할 수 있는 순서를 마련하고 마지막에는 미리 예정된 새가족의 감동 어린 간증과 목회자의 5분 메시지로 분위기를 고조시킨다. 물론 참석자들의 연락처와 방문 소감을 기록하는 설문지 작성은 필수적이다.

3. 소그룹 만찬을 통한 전도목회

개척 초기 교인이 적을 때에는 교회에서 전도 초청 만찬을 개최했었는데 소그룹이 활성화되면서 소그룹 예배를 통한 초청 만찬이 더욱 효율적이라는 것을 알게 되었다. 소그룹 만찬은 해당 맴버들이 음식을 장만

하여 가까운 이웃을 초청하고, 만찬이 끝날 즈음에 담임목사가 방문하여 교회로의 초청 메시지를 전달한다. 직장인 남성의 경우, 직장 동료나 친구들을 초청하기도 하는데 주로 이웃초청주일이나 문화강좌 등 교회적인 대규모 초청행사 전후에 개최해 큰 효과를 거두는 경우가 많다.

4. 세례예식을 통한 전도목회

세례예식은 일생에 한번밖에 없는 중요한 예식임을 알리는 초청장을 발송해 대상자의 일가친척들을 초청한다. 특히 유아세례식의 경우 전도 효과가 큰데 이는 믿지 않는 남편 또는 아내, 그리고 친 외가 할머니 할아버지일지라도 아이에 대한 관심은 남다르기 때문이다. 교우들의 사랑과 축하 속에서 치러지는 성대한 세례예식을 통해 불신자들은 교회 생활에 대한 호감과 호기심을 느낄 수 있는 기회를 갖게 된다.

5. 온가족 수련회를 통한 전도목회

신앙 성장과 성숙을 위해 진행되는 여름 수련회를 온가족 수련회로 기획해 믿지 않는 가족과 이웃들을 초청할 수 있는 계기로 삼는다. 이를 위해서는 휴양시설이 잘 갖춰지고 가족들이 불편 없이 지낼 수 있는 장소를 미리 물색하는 등 세심한 준비가 필요하다. 또한 교육 프로그램은 새벽과 저녁 집회 정도로 축소하고, 초청된 가족들과 함께 깊은 교제와 충분한 휴식을 가질 수 있도록 시간적으로 여유있게 일정을 구성하는 것이 좋다. 함께 숙식하고 놀이를 즐기면서 다른 교우들과의 관계가 돈독해지면 그만큼 교회로 전도되기도 쉽고 정착률도 높아진다.

6. 동호회 활동을 통한 전도목회

앞서 탁구 동호회의 활약을 소개한 것처럼 스포츠나 기타 취미 생활별로 모임을 갖는 소그룹을 통해 전도사역이 이루어지는 것이다. 소그룹 모임에 대상자들을 초청하고 함께 활동하도록 하면서 그룹 멤버들과 친밀한 관계로 발전시키고 적당한 때에 교회로 초청한다. 주의할 것은 소그룹에 참여하는 사람은 이미 잡아 논 고기라고 생각하고 너무 서둘러 교회 나올 것을 종용하지 말라는 것이다.

7. 장례식을 통한 전도목회

장례식만큼 전도하기 좋은 기회도 드물다. 이는 인생의 허무함을 깨닫고 사후세계에 대한 관심이 확대되는 시간이기 때문이다. 목회자는 이러한 사람들의 심정을 잘 헤아리고 유족들과 하객들에게 그리스도의 위로와 소망을 전하고 그들의 마음에 감동이 될 만큼 지극 정성으로 장례를 집례해야 한다.

보통 장례를 치르기까지는 환우심방에서부터 임종, 입관, 장례, 발인, 하관예배 그리고 모든 예식을 마친 후 심방예배에 이르기까지 고인의 가족 친지들과 자주 접촉을 갖게 된다. 이때 목회자와 협력하는 성도들의 모습과 태도가 유가족 전도에 많은 영향을 끼친다는 사실을 잊지 말아야 할 것이다.

8. 수험생 학부모 모임을 통한 전도목회

유치부로부터 학생부에 이르기까지 각 교육기관과 잘 연대하면 학부모 전도 혹은 자녀 전도의 문이 넓어진다. 특히 수험생을 둔 학부모들은 심리적 위안을 얻고 무언가 자녀를 위해 돕겠다는 강한 의지로 가득한 상태이기에 의외로 접근하기 쉬운 경향이 있다. 대부분의 교회들도 입시에 임박해서 혹은 입시 당일에 기도 모임을 주최하는 경우가 많은데 그것보다는 연초에 미리 수험생과 학부모들을 파악하고 초청 모임을 계획하는 것이 바람직하다.

예를 들면 신앙생활에 충실하면서도 우수한 성적으로 입시에 합격한 선배들(교회 내 성도라면 더욱 좋다)을 초청하여 신앙과 학업에 대한 간증을 듣거나, 힘겨운 입시 뒷바라지를 어떻게 신앙적으로 극복했는지에 대한 학부모 사례, 또는 전문가의 조언 등을 통해 용기와 격려를 북돋는 시간을 가짐으로 수험생에 대한 교회의 적극적인 관심을 표현한다.

수험생 부모들은 약 1년의 기간 동안 공통의 관심사를 갖고 있으므로 정기적인 그룹 기도회로 모일 수 있도록 돕되, 단순히 시험에 합격하는 것이 목적이 아니라 자녀의 인생을 위해 기도하는 성숙한 신앙인이 되어 시험 당락에 따라 교회를 떠나는 일이 없도록 세심하게 지도해야 한다.

이밖에도 결혼식, 돌잔치 등 인생의 다양한 애경사를 통해 전도의 기회를 찾을 수 있다. 또한 직장가, 학원가 등을 대상으로 맞춤 전도전략을 준비할 수도 있으니 각 교회와 목회의 상황에 맞춰 활용하면 좋다.

시도하지 않으면 아무것도 할 수 없다　　우리는 이번 장을 시작하면서 전도가 결코 쉽지 않은 일이라는 사실에 동의했다. 그러나 이제까지 살펴본 바대로 전도에 대한 간절한 열망과 비전이 있는 한 길은 얼마든지 있다. 지금 시도하라.

시도하지 않으면 아무 것도 할 수 없다.

하루는 교회 인근 직장인을 위한 수요 낮 예배 '정오의 쉼터'에서 20대 중반쯤으로 보이는 한 직장 여성을 만났다. 우연히 한 식탁을 쓰게 되어 이야기를 주고받는 중에 그녀가 이렇게 말했다. "목사님, 제 비전은 이 서초동 일대를 복음화하는 것입니다." 언뜻 듣기에 어이가 없기도 하고 기특하기도 해서 어떻게 그 비전을 이루고 있느냐고 물었더니, 그녀는 매주 한 번 이상 점심시간을 이용해 노방전도를 나간다고 했다.

거기서 만난 사람들은 주로 이 주변 직장인들이라 서초교회 직장인 예배로 인도하면 전도에 아주 효과적이라고 하면서, 마침 노방전도에서 만나 함께 온 청년을 소개했다. 시간 맞춰 들어가야 한다며 성급히 직장으로 돌아가는 그녀의 뒷모습을 보면서 가슴이 뭉클했다.

'저 마른 체구, 더구나 눈치 볼 것 많은 젊은 직장 여성으로서 어떻게 저리도 큰 하나님의 비전을 가슴에 담고 있을까? 그리고 그 비전을 위해 시간을 쪼개어 현장을 달리는 저 여인이야말로 진정 개척자가 아닌가!'

더 이상 변명의 여지가 없다. 이제 현장으로 나가자. 목회는 말로 하는 것이 아니고, 몸으로 보여주고 삶으로 증거하는 것이다. 착각하지 말자. 전도에는 실패가 없다. 복음을 전하고 나누는 것 자체로 이미 성공한 것이다. 전도를 시도하는 것만으로,

1) 내 안에 다시금 복음의 선명성이 살아난다.

2) 그리스도의 십자가 사랑이 내 안에 충만해진다.

3) 한 영혼을 깊이 사랑하게 된다.

4) 성령이 주시는 감화에 순종하게 된다.

5) 누군가를 위해 가슴 치며 기도하게 된다.

6) 주가 주시는 소망으로 나의 믿음이 성숙해진다.

7) 언젠가 그 날에 열매 맺기를 기대하게 된다.

그러므로 전도는 결과에 상관없이 시도하는 것만큼 기쁨이고, 성숙이고, 부흥이고, 하나님 나라 확장이다. 이제 예수 그리스도의 피묻은 복음의 능력을 믿고 현장으로 나가자. 현장에는 현장에서만 경험할 수 있는 은혜와 축복이 있다.

개척자는 능력에 맞는 일을 구하는 자가 아니라 일에 맞는 능력을 구하는 자이다. 먼저 기도의 용사가 되라. 기도는 승리를 보장하는 강력한 무기이다. 당신은 여호수아의 당찬 기도를 기억하는가? "태양아 멈추어라!(수 10:12)" 이렇듯 전도자가 나서는 길은 아무도 막을 수 없다.

1940년 국가적 위기에 봉착한 대영제국의 수상으로 취임한 윈스턴 처칠(Winston Churchill)은 취임사에서 이렇게 연설했다.

"우리 앞에는 가장 비통한 유형의 시련이 놓여 있습니다. 우리 앞에는 기나긴 세월의 투쟁과 고난이 놓여 있습니다. 그러나 우리의 목적은 승리입니다. 어떠한 희생을 치르더라도 승리입니다. 그 길이 아무리 험난할지라도 승리입니다. 승리 없이는 생존이 없기 때문입니다. 이를 위해 피와 땀과 눈물밖에는 바칠 것이 없습니다. 자, 우리 모두 힘을 합쳐 전진합시다."

우리의 길은 이미 승리가 보장된 길이다. 이 사실을 믿고 우리가 영혼 구원을 위하여 헌신의 피와 수고의 땀과 기도의 눈물을 흘릴 때, 그것이 하나님이 받으실만한 향기로운 제물이 되고 마침내 만국 백성이 주께 돌아와 영광 돌릴 그날을 보게 될 것이다.

"아, 복음 들고 산을 넘는 자들의 아름다운 발길이여(사 52:7)!"

"나가서 놀자, 전략적으로!"

"하나님의 다리를 발견하라!"

"전도에는 실패가 없다."

Apply

전도 전략의 5단계

1. 지역 맵핑: 전도 기초 자료를 준비하라.

2. 관계 맵핑: 전략적 관계를 형성하라.

3. 평가 맵핑: 분석과 대안을 수립하라.

4. 사역 맵핑: 사역을 분담하라.

5. 초청 맵핑: 초청 이벤트를 개최하라.

12
교회 성장형 프로그램: 새가족 정착

Anticipate
1. 우리 교회는 "다시 오고 싶은 교회"로 기억되고 있는가?
2. 새가족은 어떤 마인드로 목회해야 하는가?

귀한 손님을 맞을 때마다 즐겨 찾는 음식점이 있다. 주위에 식당들이 즐비하게 있는데도 불구하고 굳이 그곳을 고집하는 데는 몇 가지 이유가 있다. 그곳은 음식 맛이 좋은 것은 물론, 주차하기가 편하고 분위기가 쾌적하고 깨끗하다. 무엇보다도 종업원들의 친절한 서비스는 감탄을 자아낼 정도이다. 식당을 들어서면서부터 나올 때까지 얼마나 깍듯하고 친절하게 사람을 배려하는지 그곳에 있는 동안만큼은 마치 귀빈이 된 것 같은 기분이 든다.

따라서 어떤 손님을 모시고 가든 편안한 맘으로 품위 있게 대접할 수 있다는 생각이 들어 다시 찾게 되곤 하는 것이다. 그래서인지 그곳에 갈 때마다 스스로 묻게 된다.

"음식을 파는 이들도 이토록 손님을 관심 있게 살피고 정성을 다해 배려하는데 영의 양식을 얻기 위해 교회를 찾는 사람들에게 나는 어떤 인상을 주고 있는가? 과연 우리 교회는 다시 오고 싶은 교회로 기억되고 있는가?"

혹자는 종업원들이야 돈 받고 하는 일이기에 그럴 수 있지 않느냐고 반문할지 모른다. 그러나 생각해 보라. 성도들이야말로 그 어떤 보수에도 비할 수 없는 하나님의 큰 사랑을 받는 자로서 그 빛을 모든 사람에게 사랑으로 나타내야 할 의무를 가진 자들이 아닌가?

교회성장연구소의 설문조사에 의하면, 평균적으로 1년에 재적 교인 50% 정도의 새로운 사람들이 교회를 방문한다고 한다. 그러나 안타까운 것은 이들 방문자 중 교회에 정착하는 비율은 극히 적을 뿐 아니라 그마저도 갈수록 줄어들고 있다는 사실이다.

왜 갈수록 새가족 정착율이 감소하는가? 여러 가지 원인을 들 수 있겠으나 목회적 차원에서 보자면 크게 두 가지인데 먼저는 새가족에 대한 '목회 마인드'의 문제요, 또한 '목회 기술'의 문제라 할 수 있다. 다시 말해 목회자와 기존 성도들이 얼마나 새가족 정착에 대한 애정을 가지고 관심을 쏟는가, 또한 그들의 눈높이에서 섬기고 있는가 하는 것이다.

새가족 목회 마인드　　　혼히 전도에 대해서는 지속적으로 강조하면서도 전도된 이후에 대해서는 무방비 상태인 경우가 많다. 그러나 전도의 목적은 교회에 한번 데리고 오는 것이 아니라 교회를 방문하는 사람들이 새가족으로 정착되어 교회에 뿌리를 내리고 그리스도의 제자로 잘 자라게 하는 데 있다(마 28:19-20). 설령 아무리 전도를 많이 한다고 해도 그들이 제대로 정착하지 못하면 오히려 전도하는 사람들의 사기만 저하될 염려가 있다.

그러므로 각종 전도 집회, 총동원주일, 노방전도, 관계전도와 같은 모든 전도사역은 새가족 정착의 단계로 긴밀하게 연계되어야 한다. 그러면 목회자와 기존 성도들이 가져야 할 새가족 목회 마인드란 무엇인가?

1. 새가족은 교회 성장의 결정체이다.

교회 성장과 새가족 정착의 관계를 설명하는 재미있는 계산법이 있어 소개해 본다.

먼저 한 교인이 1년에 한 명의 불신자를 인도해서 정착시킨다고 가정하자. 그리고 그 정착한 사람들 역시 1년에 한 명씩 또 다른 불신자를 인도해서 교회에 정착시킨다고 가정해 보자. 현재 출석하는 교인이 10명이라고 했을 때 그 변화의 추이는 다음과 같다.

새신자 정착 비율	시작	1년후	2년후	3년후	10년후
100%	10명	20명	40명	80명	10,240명
50%	10명	15명	23명	35명	608명
20%	10명	12명	14명	17명	59명
10%	10명	11명	12명	13명	25명

물론 위의 계산은 예외적으로 발생할 수 있는 플러스마이너스 요소를 무시하기에 현실과는 어느 정도 차이가 있을 것이다. 그러나 분명한 것은 새가족 정착률이 곧 교회 성장을 가늠하는 잣대가 된다는 사실이다.

2. 새가족은 전도의 보고(寶庫)이다.

일반적으로 신앙생활을 오래한 성도일수록 점점 더 전도하기가 어려워진다. 왜냐하면 불신자들과 상대할 기회가 적어 전도의 접촉점을 찾기가 쉽지 않기 때문이다. 반면 새가족 주위에는 아직 믿지 않는 가족들이나 친구들이 많아서 상대적으로 전도의 접촉점이 많기 마련이다. 그러므로 이들을 정착시키는 것은 단순히 교인 한 사람이 늘어나는데 그치는 것이 아니라, 잠재적으로 많은 전도 대상자들을 확보한다는 중요한 의미를 포함하는 것이다.

3. 새가족은 교회 쇄신의 활력소이다.

새로운 생명이 탄생하는 것만큼 공동체에 생기를 불어넣는 일은 없다. 세례 예식이나 수요예배, 소그룹 모임 등에서 듣는 새가족들의 간증과 그들의 변화된 삶은 기존 신자들에게 영적인 도전을 주고, 첫사랑을 회복케 하며 영혼 구원에 대한 열정을 불러일으키는 계기를 제공한다. 그야말로 영적 신진대사와 세포분열이 있어나 교회의 새로운 활력을 제공하게 되는 것이다.

결국 새가족 정착은 교회의 생명력을 유지하고 또한 유기체적 공동체로서의 존재를 증명하는 절대 요소라고 할 수 있다. 주님은 "이 작은 자중의 하나라도 잃는 것은 하늘에 계신 너희 아버지의 뜻이 아니니라(마 18:14)"고 경고하셨다. 어떠한 경로를 통해서든 어렵게 교회의 문턱을 들어선 영혼들이 소리 소문 없이 슬그머니 뒷문으로 빠져나가게 하는 것은 엄연한 직무유기인 것이다.

그러므로 교회적으로 새가족 목회에 대한 분명한 마인드를 확인하는 것은 물론, 정기적으로 새가족 위원회의 수련회 및 훈련을 실시해 새가족 정착을 방해하는 구조적 장애물을 자연스럽게 제거하고 평신도 스스로 작은 목자의 역할을 감당하는 분위기를 조성해야 한다.

"개척 교회여, 뒷문을 닫아라!"

새가족 정착 전략　　물론 무슨 일이든 마음만 있다고 되는 것은 아니다. 새로운 사람들을 교회에 정착시키기 위해서는 전략과 기술이 필요하다. 이들을 어떻게 교인으로 정착시킬 것인지 실제적인 대안이 있어야 하는 것이다. 새가족 정착 전략을 위한 기본 원리를 제안하면 다음과 같다.

1. 새가족의 입장에서 생각하라.

불신자들이 교회에 오는 것은 마치 크리스천이 절이나 이슬람 사원에 들어가는 기분과 비교할 수 있을 것이다. 그들은 신앙 세계에 무지할 뿐만 아니라, 교회의 모든 의식에 대해 낯설고 서투르게 마련이다. 그렇기에 언제나 새가족의 눈높이에서 생각하는 것이 우선되어야 한다. 언젠가 교회에 등록한 지 얼마 되지 않은 새가족으로부터 편지를 받고 목회자로서 얼마나 새가족들의 마음을 헤아리지 못했는지 반성한 적이 있다. 동역자들의 이해를 돕기 위해 편지의 일부를 소개해본다.

"어제 새가족 부원이라는 여자 분에게 전화가 왔었는데 매우 당혹스러웠습니다. 그분은 저를 아시겠지만 저는 그분이 누군지도 잘 모르겠고 아무리 업무적인 일이라도 밤늦게 남자 핸드폰으로 전화를 하시는 것은 실례가 아닌가 싶습니다. 상대방이 어떤 자리에 있는지, 늦은 시간에 여자한테 전화가 오는 것을 신앙이 없는 저희 가족들은 어떻게 생각할까요? 일도 중요하지만 상대를 배려하는 마음도 중요한 것 같습니다. 물론 저는 교회를 통해 제 삶에 큰 변화가 일어나고 있음을 인정하지 않을 수 없습니다. 그러나 처음 교회 나가는 사람으로서 주제넘게 말씀을 올립니다. 사실 처음 교회를 오는 사람은 교회를 다니고자 하여 온 사람도 있겠지만 아는 사람의 권유로 그냥 한번 방문하는 사람도 많이 있을 것입니다. 그런데 첫날부터 교육이다, 안내다 하여 별도로 불러 식사대접을 하는데 참 불편했습니다. 제 생각엔 최소한 두 번째쯤 방문했을 때 했으면 하는 바람이었습니다. 처음 왔으니 첫날은 분위기 파악이나 하고 자유롭게 있다가 갔으면 하는 생각이 들더군요."

새가족 안내는 방문자를 첫 대면하여 그들로 하여금 교회의 이미지를 결정케 하는 중요한 역할이라고 할 수 있다. 그러므로 당번제로 순서를 따라 배치하기보다는 전문적인 은사를 가지고 훈련받은 사람을 세워야 한다. 외모와 의상에서부터 말 하나, 인사하는 법까지 세심한 훈련이 필요하다.

현대인들은 자신이 노출되는 것에 대해 민감하기에 처음 사귈 때에는 적당한 거리를 유지해야 한다. 가까운 듯하면서도 멀고, 먼 듯하면서도 가까운 관계를 유지하는 것이 좋다. 먼저 등록하라고 강권하지 않지만 그러나 '나는 당신에게 관심이 있습니다'라는 표시로 늘 환한 미소와 다정한 눈인사로 맞이해야 한다. 언제나 주의 깊게 새가족들의 필요를 살피고, 무언가 요청하는 기색이 있을 때면 정중히 다가가 최대한의 친절로 안내하는 것이다.

2. 예의를 갖춰 환영하라.

목회자들이 실수하기 쉬운 것 중 하나가 새로운 사람이 왔을 때 지나친 환영으로 그들을 당황케 하는 일이다. 물론 새가족을 기쁘게 맞이해야 하는 것은 당연한 일이지만 자칫 그 정도가 지나치면 오히려 새가족이 정착하는데 역효과를 가져올 수도 있다.

그러므로 목회자뿐만 아니라 교인들도 예의 이상의 환대로 부담을 주는 일이 없도록 주의하고 새가족이 편안한 마음으로 예배드릴 수 있도록 도와야 한다. 물론 환영을 받지 못해 서운해 하는 사람도 있을 수 있다. 그럴 경우를 대비해 새가족 안내 여부를 본인이 신청할 수 있도록 용지를 제작하여 비치하는 것도 좋은 방법이다. 새가족 환영을 위한 3가지 자세를 참고하기 바란다.

1) 영혼을 사랑하는 마음에서 우러나오는 따뜻하고 친절한 환영이어야 한다.

2) 자연스럽고 품위 있는 환영이어야 한다.

3) 결코 부담을 느끼지 않도록 기술적으로 소개해야 한다.

보통의 경우 새로 온 사람을 일으켜 세워 박수를 치고 환영송을 부르곤 하는데 새가족 입장에서는 무척 곤혹스러울 수 있다. 이러한 점을 보완한 예를 들자면, 강단에서 새가족을 소개할 때 새가족 위원들이 미리 준비한 선물을 재빨리 전달하는 것이다. 그러면 대부분의 새가족들은 선물을 받기 위해 자연스럽게 일어났다가 앉게 된다. 곧이어 성가대가 일어나서 새가족을 향해 환영송을 부르는데, 이때 모든 성도들이 다같이 인사를 나누며 축복함으로 예배 공간에 환영의 분위기가 넘쳐나면서도 자연스럽게 새가족을 맞이하는 효과를 거둘 수 있다.

3. 지속적인 만남을 위한 연결고리를 만들라.

새신자 정착의 가장 중요한 관건은 처음 4주 동안 어떻게 지속적으로 교회에 나오게 하느냐에 달렸다. 경험상으로 볼 때 4주 동안 연속해서 나올 경우 매주일 교회 오는 것이 어느 정도 습관화되고 또 교회 분위기에도 적응된다. 이를 위해 4-4-4법칙을 활용할 것을 제안하는데, 이는 4주 동안 최소한 4번 이상 접촉하고, 4가지 이벤트에 참여하도록 하는 것이다. 구체적인 방법은 여러 형태가 있을 수 있지만 예를 들면 다음의 표와 같이 진행할 수 있다.

회차	주일 행사	주중 접촉
1주	환영, 사진촬영 양육자 소개 다음 주에 사진 액자 줄 것을 약속함	전화심방(양육자) 주일예배 초청
2주	준비된 액자 증정 다음 주에 있을 담임목사의 축복기도회에 초청	전화심방(양육자) 교회 안내 책자 주일예배 초청
3주	담임목사 축복기도회 다음 주 주일예배 시 새가족반 수료식 안내	방문심방(양육자) 주일예배 수료식 초청
4주	새가족 4주 수료식	성실한 참석에 대한 격려편지 주일예배 초청 지역, 부서 소그룹 리더에게 연결

새신자 정착 과정 예시

처음 교회에 나오는 사람들이 한 달 동안 매 주일 예배에 참석하기 위해서는 수많은 장애요소들을 극복해야 한다. 그러므로 한 주 한 주 세밀한 관심을 가지고 새가족들이 호감을 가질 수 있는 여러 상황들을 만들어 연속적인 만남을 유도해야 한다. 특히 수험생 자녀를 둔 부모, 임산부, 결혼을 앞둔 남녀와 같이 인생의 중요한 시기를 지나고 있는 사람들은 어떤 때보다도 신앙생활에 대한 욕구가 극대화되어 있으므로 모임을 주선하기가 훨씬 용이하다. 고3 부모 모임 또는 기도회, 예비부부 모임 등은 새가족 정착을 위한 효과적인 통로로 평가된다.

4. 새가족의 교우 관계 형성을 적극 도와라.

교회 연구가들에 따르면 새가족 한 사람에게 6~7명의 교제 대상이 생기면 그 교회를 떠나지 않는다고 한다. 물론 교제 영역이 넓으면 넓을수록 정착의 가능성은 더욱 커질 것이다. 따라서 목회자는 새가족들이 교회 내의 기존 성도들과 빠른 시일 안에 친분 관계를 맺을 수 있도록 다양한 통로를 제공해야 한다.

사실상 일주일에 한번 오기도 어려운 새가족을 목회자가 일일이 쫓아다니며 교제하기는 어렵다. 그러므로 새가족이 교회에 잘 적응하고 정착할 수 있도록 일정기간 동안 훈련된 평신도 사역자들의 돌봄이 필요하다. 전문적인 은사가 있는 사람이 새가족 교구를 최소 1년 이상 운영하면 좋다.

일대일 양육자를 붙여주는 것이 효과적이기는 하지만 그만큼 양육자 한 사람에 대한 의존도가 높아져 양육자가 미처 챙겨주지 못할 경우 관계의 공백이 생길 수 있다. 대게 한 사람의 담당자와 두 사람 정도의 조력자가 팀을 이루면 훨씬 더 부담을 줄일 뿐만 아니라 관계 형성이 수월해진다.

훈련된 새가족 담당자는 이들이 교회에 적응하는데 필요한 기초지식을 전수하고 신앙 상담자로서의 역할을 감당하는 한편, 두 사람의 조력자는 주일과 주중에 새가족과 안부를 나누고 그들의 동정을 살펴 교회와 좋은 관계를 맺도록 돕는 편안한 벗이 되어주는 것이다. 그렇게 되면 훈련된 담당자 한 사람이 몇 사람의 새가족을 동시에 보살필 수 있는 여유가 생기기도 한다.

개척 교회 시절에는 한 사람이라도 반가운 때라 새가족이 오면 서로 관심을 갖고 보살피다가도 점차 성도수가 늘어날수록 무관심하게 되는 경향이 많다. 돌이켜보면 개척 초기 유달리 새가족들을 친밀하게 돌보고 관심 있게 살피는 은사를 가진 성도들이 몇몇 있었는데 교회가 성장하면서 다른 분야의 사역을 맡다 보니 지속적으로 새가족을 돌볼 수 있는 훈련자가 부족함을 절감하게 되었다.

물론 교회가 성장하는 과정 중에는 재능 있는 한 사람이 다양한 일들을 맡아야 하는 경우가 불가피하지만 좀 더 먼 미래를 내다본다면 한 분야에서 꾸준히 전문성을 키워 훈련된 사역자로 성장할 수 있도록 돕는 일이 필요하다는 판단이다.

새가족의 교우 관계 형성을 위해서는 소그룹 모임을 활용하는 것도 효과적인데 운동, 봉사, 취미, 문화, 직업, 또래 모임 등을 구성하여 신앙적으로 건전하게 이끌 수 있는 통로로 활용하는 것이다.

서초교회의 경우 바둑, 등산, 골프 모임 등이 운영되어 좋은 관계가 형성된 사례가 있다. 종종 보면 교회에 잘 안 나와도 소그룹에는 잘 참여하는 사람이 있는데 무조건 신앙이 없다고 탓할 것이 아니라 그 모임을 통해 건강한 교우 관계가 형성되면 자연히 교회에 나올 기회가 많아지므로 꾸준히 관심을 갖고 격려하는 것이 중요하다.

단, 소그룹 지도자는 주객이 전도되지 않도록 모든 것을 덕스럽게 적당히, 무엇보다 신앙적으로 인도해야 함을 잊어서는 안 될 것이다. 그렇지 않으면 신앙을 위해 시작한 동아리 활동으로 인해 자칫 신앙의 시험을 만나는 어려움을 당할 수도 있다. 결국은 모든 것이 목회적 마인드 아래서 진행되어야 하는 것이다.

5. 새가족 양육 과정을 마련하고, 참여하게 하라.

우리는 무엇보다 새가족의 신앙이 성장하도록 도와야 한다. 앞서 언급한대로 친교를 위한 다양한 소그룹이 교회로 이끌기 위한 수단이라면 양육과정은 새가족을 예수 신앙으로 이끌어 주는 과정이다.

10년 이상의 독일생활을 마치고 한국에 돌아와 각종 성경공부반을 지도하면서 느꼈던 바를 감히 말한다면 한국교회 성도들의 기본기가 참으로 약하다는 것이었다. 예수 믿음이 무엇인지, 교회 생활은 어떻게 하는 것인지, 성도의 삶은 어떠해야 하는지 등 기초적인 질문에 대해 명확한 이해가 없다는 사실이 안타까웠다. 그래서 시작한 것이 "밀알성경공부"였다. 기대 이상으로 성경공부가 성공적으로 진행되자 기존 성도들의 신앙 성장은 물론 새가족들이 교회의 정착하는 멤버십 과정으로 활용할 수 있게 되었다. 전체 10주 과정의 제목을 열거하면 다음과 같다.

1) 아, 예수 믿음의 행복함이여!

2) 아, 거듭남의 신비여!

3) 아, 말씀의 능력이여!

4) 아, 기도의 능력이여!

5) 아, 교회 세움의 기쁨이여!

6) 아, 교회 생활의 행복함이여!

7) 아, 성령 충만의 비밀이여!

8) 아, 성령 충만의 능력이여!

9) 아, 청지기의 행복함이여!

10) 아, 최종 승리의 기쁨이여!

밀알 과정 이전에 4주간 진행되는 새가족 입문 과정이 교회의 등록 교인이 되게 하는데 목적이 있다면, 밀알 멤버십 과정은 기독교 신앙의 기초를 체계적으로 배워 믿음의 삶을 기쁨으로 생활화하는 동시에 교회 공동체의 일원으로서 소속감 및 긍지와 자부심을 고취하는데 목적이 있다. 서초교회의 경우 이러한 멤버십 과정을 충실히 거친 새가족들의 90% 이상 교인으로 정착했으며, 70% 이상이 교회의 각 분야에서 활발하게 활동하고 있을 뿐만 아니라, 그중 대다수가 직분자로서 활약하고 있다.

그러므로 어떤 형태로든 새가족 정착을 위한 양육 과정을 교회 실정에 맞게 개설하여 새가족들이 이 과정에 참여하도록 동기를 부여해야 한다. 이때 시중의 교재를 사용하기보다는 가능한 목회자 자신의 신학과 교회론을 담아 직접 교재를 만들어 양육하면 좋다. 그래서 세월이 지나고 교회가 부흥해도 이것만큼은 담임목회자가 직접 진행해야 한다.

6. 무엇보다 주일예배에서 은혜를 받게 하라.

모든 새가족 정착 전략은 언제든 주일예배로 집중되어야 한다. 주일예배는 새가족이 교회 생활의 첫발을 딛는 장인 동시에 새가족들의 정착

여부를 가늠하는 장이 되기도 한다. 그러므로 목회자는 매 주일 새로운 사람들이 예배에 참석할 수 있다는 가능성을 전제로 예배 순서 순서마다 이들을 배려하는 자세를 잃지 말아야 한다.

예를 들어 성경 본문을 하나 찾더라도 새가족들의 편의를 위해 페이지 수를 알려 주는 것, 헌금시간이 따로 없는 경우 헌금을 어떻게 드리면 되는지 알려주는 것, 보다 적극적으로 말씀을 이해할 수 있도록 영상자료를 사용하는 것 등이 해당된다.

요즘은 새가족만을 위해 열린 예배를 드리는 교회들도 있는데 이는 새가족들의 문화적 충격을 최소화하는 긍정적 효과가 있음을 인정하지만, 다른 한편으로는 언젠가 그들도 기존의 주일예배에 참여해야 하기에 힘들더라도 새가족과 기존 성도들이 함께 어우러져 예배를 드릴 수 있는 분위기로 기획하는 것이 효과적이라는 생각을 해본다.

그래야 기존 성도들도 처음부터 애정을 가지고 새가족들을 대하며 또한 섬길 수 있는 기회를 갖게 되지 않겠는가. 사실 소그룹 모임이나 성경공부 등은 교회에 정착할 마음이 굳어진 이후에 참여하게 되는 경우가 많다. 대부분의 새가족들은 정착 동기를 주일예배에서 느끼는 특별한 감정(평안함, 위로, 신비감 등), 혹은 은혜의 체험이라고 말한다. 아래 내용은 전도주일 설교에 인용했던 한 새가족의 이야기이다.

하루는 30대 여인이 교회를 찾아와서 등록을 하겠다고 했습니다. 사연인즉 학창시절에 교회를 다니다가 여러 이유로 중단했는데, 요즘 친정아버지가 사업 때문에 너무나 고민하시는 모습을 보면서 자식 된 도리로 무언가 도와드리고 싶은데 기도밖에는 별 도리가 없는 것 같아 교회를 찾게 됐다는 것입니다.

그 후 얼마 지나지 않아, 이 여인이 주일예배에 아버지를 모시고 왔습니다. 그녀의 아버지는 예배 내내 눈물을 흘리셨습니다. 그리고 예배 후 그들을 대면하는데, 저를 보자 대뜸 그녀의 아버지가 울먹이며 이렇게 고백하는 것입니다.

"저는 오늘 딸아이가 졸라 교회를 왔습니다. 사실은 마지막으로 딸아이 소원이나 들어주고, 저를 배신한 놈들 다 죽이고 저도 죽으려고 했습니다."

그는 자신이 월남전 때 파병을 다녀왔다며 폭파전담요원으로 근무하여 사람 죽이는 것이 그리 어렵지 않다고 했습니다. 그런데 교회 와서 찬송 소리를 듣는 순간 눈물이 핑 돌고, 설교를 들으면서 마음이 녹더라는 것입니다. 마음이 평안해진 것입니다. 그는 하염없이 눈물을 흘리며 이렇게 말했습니다.

"목사님, 감사합니다. 교회가 우리 가정을 살렸습니다."

이렇듯 사람들의 마음을 움직이고 변화시키는 것은 예배 가운데 임하시는 성령의 능력이다. 예배를 통해 은혜를 체험하는 순간 새가족들은 자연스럽게 교회에 신앙의 뿌리를 내리고 정착하게 될 것이다.

7. 통합적 시각으로 새가족을 보살펴라.

새가족 정착은 어떤 방법이 큰 효과를 얻었다고 해서 유행처럼 따라하거나 한 가지 방법에만 의존해서 되는 일이 아니다. 각각의 새가족들이 모두 다른 성향을 지닌 만큼 새가족 정착 전략 역시 총체적이며 다양한 형태로 준비되어야 한다. 곧 예배, 인간관계, 행사, 학습, 소그룹 모임 등 모든 목회 영역에서 통합적으로 이루어져야 하는 것이다. 그동안 새가족 정착을 위해 시도해 온 프로그램의 일부를 소개하면 다음과 같다.

1) 새가족반 교육(4주)

새가족 위원들과 관계를 맺고, 신앙생활의 가장 기초적인 부분을 교육하는 내용으로 구성하여 진행한다.

2) 새가족을 위한 편지 발송(4주)

주중에 새가족들을 격려하고, 주일 예배를 독려하는 내용을 발송한다. 이 때 단체 메시지를 일괄적으로 보내기보다는 개개인의 상황에 맞게 작성하여 사랑과 정성을 담아 보내는 것이 좋다.

3) 일대일 양육(4주)

딱딱한 교재 공부보다는 신앙 인격을 바탕으로 인간관계를 잘하는 동역자들을 연결하여, 이들이 세례 받을 때까지 신앙생활 전반과 삶을 나누도록 한다.

4) 새신자 환영회(년 2~3회)

새가족들을 위해 정성껏 준비한 만찬과 축하의 장을 마련한다. 순서는 대략 인사말→식사→초청 가수의 노래→교우 2~3명의 짧은 간증→다 함께 노래 부르기→담임목사의 3분 메시지 등이다. 이런 시간들을 통해 새가족들이 같은 신앙의 동지로서 친밀감을 느끼고, 그들끼리의 교제권을 형성할 수 있도록 도울 수 있다.

5) 멤버십 성경공부(12주)

기독교의 기본 진리를 심도 있게 배우는 '밀알성경학교'를 담임목사가 직접 인도하고, 직전 기수 수료자를 포함한 훈련된 성도들이 스태프로 섬기며, 종강파티는 분위기 있는 장소에서 교회의 중진들이 성대하게 베푼다. 이때 새가족들은 주위에 있는 불신자 파트너를 초청하는데 미리 계획된, 그러나 아주 자연스러운 전도 모임을 진행하는 것이다.

6) 카타쿰 모임(주1회)

새가족 과정들을 수료해가며 적절한 소그룹에 연결하여 소속감을 더욱 분명케 하고, 소그룹 식구들을 통해 지속적으로 교제하고 양육한다.

겸손히 배우고, 실천하라!　사실 지금까지 소개한 내용은 별로 특별한 내용이 아니다. 이미 우리가 알고 있는 원리와 기본 전략들을 정리해 놓았을 뿐이다. 그래서 혹자는 새로운 전략과 방법도 아니고, 이미 알고 있는 내용들뿐인데 어떻게 높은 정착률을 기대할 수 있느냐고 반문할지도 모른다. 그러면 나는 이렇게 대답할 것이다.

"우리가 실패하는 것은 새로운 전략이 없어서가 아니라 이미 알고 있는 원리와 전략을 최선을 다해 실천하지 않기 때문이다."

20세기 대표적 설교가 존 스토트(John Stott)가 시무하는 교회의 새가족 정착률이 높다는 소문을 듣고 한 목회자가 찾아가서 그 비결을 물었다. 그러자 그는 이렇게 대답하였다. "목자는 양을 알고, 양은 목자의 음성을 듣는데, 이것이 깨지면 그것은 목회가 아니지요(요 10:27)."

참으로 의미 있는 답변이 아닌가? 목자는 양을 스쳐 지나가는 법이 없다. 그는 한 영혼 영혼을 깊이 알고 노심초사 그들을 생각하기에 결코 양을 잃어버리지 않는다. 더 이상 새로운 비결을 찾지 말고 알고 있는 바를 충실히 행하라. 혼신의 힘을 기울여 한 영혼을 사랑하라. 그곳에 영혼들의 마음을 감동시키는 하나님의 능력이 나타나게 될 것이다.

"너희는 내게 배우고 받고 듣고 본 바를 행하라 그리하면 평강의 하나님이 너희와 함께 계시리라(빌 4:9)"

Advise
"새가족은 교회 성장의 결정체이다."
"새가족은 전도의 보고이다."
"새가족은 교회 쇄신의 활력소이다."

Apply
새가족 정착 원리
1. 새가족의 입장에서 생각하라.
2. 예의를 갖춰 환영하라.
3. 지속적인 만남을 위한 연결 고리를 만들라.
4. 새가족의 교우 관계 형성을 적극 도와라.
5. 새가족 양육 과정을 마련하고, 참여하게 하라.
6. 무엇보다 주일예배에서 은혜를 받게 하라.
7. 통합적 시각으로 새가족을 보살펴라.

부록 7_새가족반 교육 책자

First.
만남

인생을 살아가면서 우리는 수많은 만남을 경험한다.
만남을 통해 행복과 갈등, 아픔과 성숙을 배우며 희로애락으로
곱게 물든 삶의 추억을 그려 가는 것이다.
우리는 이런 귀한 만남을 통해 해맑은 어린이의 미소를
회복하고, 젊은 환호성을 외치며, 싱그러운 사색과 따뜻한
온기를 느끼게 된다.

오늘 당신은 어떤 만남을 누리고 있는가?
여기, 답답한 가슴이 시원하게 트이고, 행복한 기적을
경험하는 '만남'으로 당신을 초대한다.

Second.
관심

당신의 관심은 어디에 있는가.
진정한 아름다움은 자신의 인생을 사랑하는데 있음을
기억하고 있는가.

부모가 나를 얼마나 사랑하고 있는가를 알고,
그들이 내게 최선을 다하고 있음을
인식하여 당신의 눈을 들어 부드러운 관심을 드러낸 적은 있는가.

사랑에 더 열중하고,
실패할 것에 대해 멀지 아니하며, 감사와 행복에 대해
더 많은 관심을 갖기 원하는 당신이라면 이 '관심'의
훈련을 추천한다.

새가족
양육 과정
[양육과정은 4단계입니다]
특별히 준비된 네 종류의 소책자로
진행되는 과정입니다 새가족은
이전에 맛볼 수 없었던
영적 행복감을 맛보게 됩니다

Third.
행복

사랑하는 사람과 함께 할 수 있어 행복하다.
그와 함께 산발을 나란히 함께 놓을 수 있으며 마주 바라보며
식사를 함께 할 수 있고 서로를 소유하여 그가 바라는 것을
나눌 수 있으며 함께 꿈을 이루어 가며 기쁨과 웃음이 삶의
울타리를 타고 넘칠 때 우리는 진정 행복하다.

당신이 달리는 삶의 들판위에 실바람 같은 '행복'이
살랑이도록 준비된 시간이 있다.
이 시간에 당신은 한없이 행복한 봄 햇살로 다시 태어날 것이다.
감사와 행복에 대해 더 많은 관심을 갖기 원하는 당신이라면,
이 '관심'의 훈련을 추천한다.

Fourth.
비전

꿈은 나누어야 이루어지기 시작한다.
꿈의 파장은 우리의 가슴에서 다른 사람의 가슴까지 전달된다.
꿈이 있는 사람들과 함께하면 꿈이 전달된다. 꿈이 생긴다.

꿈은 삶을 변화시키고 사랑은 세상을 변화시킨다.
사랑은 꿈을 만들어주고 그 꿈을 쌓아간다.

꿈은 먹고 사랑을 키우는 당신에게 용기를 주고, 희망을
덧입히는 시간이 있다.
'비전'...!
당신의 꿈을 발견하고, 당신의 꿈을 성취하라.

214

Part 4 • Power

십자가 사랑의
능력으로!

Path Breaking 4P

Power

13
교회 부흥의 파워: 조직

Anticipate
1. 목회자들이 갖고 있는 조직에 대한 선입견은 무엇인가?
2. 교회 성장을 촉진하는 건강한 조직의 특징은 무엇인가?

18세기 가장 영향력 있던 대표적 설교자 두 사람을 꼽자면, 조지 횃필드(George Whitefield)와 존 웨슬리를 들 수 있다. 특히 횃필드는 일평생 설교를 18,000회 넘게 했는데, 당시의 스코틀랜드에서 10만 명이 넘는 사람들에게 복음을 전한 적도 있었다. 그의 탁월한 설교는 영국을 변화시키는데 크게 쓰임받았고, 또 '위대한 각성'이라 불리는 미국의 부흥 운동으로 이어졌다.

하지만 오늘날 우리들에게는 횃필드보다 감리교의 창시자로 알려진 존 웨슬리가 더 익숙하고 알려져 있다. 그 이유는 무엇인가? 이에 대해 전기 작가들은 횃필드가 자신의 설교를 듣고 회심한 사람들을 아무 조직 없이 방치해 두었기 때문에 사역의 결과가 오래가지 못했다고 지적한다. 이와 대조적으로 웨슬리는 대형 옥외 전도 집회를 이끄는 동시에 자신의 비전에 동참하고 이를 계승해 나갈 조직적인 구조를 만들었다. 그것이 바로 우리가 '감리교회'라 부르는 교단의 모체인 것이다.

조직에 대한 선입견　　　사실 우리의 문화적 성향상 '조직'이라는 말이 건전치 못한 집단 혹은 구조를 뜻하는 말로 쓰이는 경우가 종종 있다. 그래서인지 교회 지도자들도 조직이라는 말에 대해 긍정적이기보다는 부정적인 입장을 취한다. 조직이라는 말 자체가 왠지 영적이지 못하고 인위적인, 또는 인간을 수단화하는 느낌을 준다는 것이다. 그 외에도 우리가 흔히 생각할 수 있는 조직에 대한 비판적 선입견들은 많이 있다. 몇 가지 예를 들어보자.

1) 조직은 최고 지도자의 자율적 권력 행사를 위한 통로이다.

2) 조직은 인원을 관리하는 시스템이다.

3) 조직은 대형 교회에서나 필요한 것이다.

4) 조직은 분파를 만든다.

5) 조직은 경쟁심을 부추긴다.

6) 조직은 개인의 인격을 무시한다.

이상의 내용들을 전혀 근거 없는 말이라고 치부할 수는 없다. 하지만 그것은 조직이 건강하게 기능을 발휘하지 못할 때 나타나는 역기능적 양상이라고 말해야 옳을 것이다.

건강한 교회 조직 마인드　　　우리가 자주 사용하는 '교회 공동체'라는 말 속에는 이미 그리스도의 몸으로서 유기적인 연합이 이루어지는 조직체라는 뜻이 포함되어 있다. 이를 좀더 축소해보면 한 사람의 거듭난 성도는 그리스도의 피와 살로 이식되고 그의 몸에 접붙임 받은 새로운 조직체로서 생명활동에 참여하게 되는 것이다. 따라서 성도들의 모임인 교회는 그리스도를 중심으로 각자의 역할은 다를지라도 상호 연락하고 연합하는 지체가 되어 한 몸을 이루어야 한다. 이를 성경은 다음과 같이 기록하고 있다.

"몸이 하나요 성령도 한 분이시니 이와 같이 너희가 부르심의 한 소망 안에서 부르심을 받았느니라… 그가 어떤 사람은 사도로, 어떤 사람은 선지자로, 어떤 사람은 복음 전하는 자로, 어떤 사람은 목사와 교사로 삼으셨으니 이는 성도를 온전하게 하여 봉사의 일을 하게 하며 그리스도의 몸을 세우려 하심이라(엡 4:4, 11-12)"

단순히 성도들이 모여 있다고 해서 자연적으로 유기체적인 조직 활동이 이루어지는 것은 아니다. 여기에 바로 목회자의 역할이 있다. 각각의 성도들이 그리스도의 지체로서 몸에 잘 붙어있으면서 자신의 역할을 충실히 감당하고, 또한 서로의 의사를 원활히 소통함으로 말미암아 공동체 전체가 활력 있게 성장할 수 있도록 지원해야 하는 것이다.

이를 위해서는 먼저 목회자 스스로 교회 공동체에 대한 건강한 조직 마인드를 갖는 것이 필요하다. 마치 교회의 비전을 설계하고 정립하는 것과 마찬가지로 그리스도의 뜻과 교회의 거룩한 비전을 실현하기 위한 이상적인 몸의 구조로서 조직도(組織圖)를 구상해야 하는 것이다. 그렇다면 건강한 교회 조직 마인드란 무엇인가? 크게 3가지로 정리할 수 있다.

1. 조직은 비전 성취의 현실화 작업이다.

비전은 머리 속에 그리는 이상(理想)이요 가슴에 품은 꿈이다. 그러한 이상과 꿈을 현실 속에서 구체적으로 실행하기 위하여 우리는 조직을 필요로 한다. 만약 선교 중심적 비전을 품은 교회라면 선교 조직을 중심으로, 또는 교육, 복지, 봉사, 문화 등 자신의 교회가 품은 비전을 보다 효율적으로 수행하기 위한 조직을 구성하게 될 것이다. 결국 선포된 비전을 어떻게 확산시키고 실현시킬 것인가 하는 문제는 곧 조직을 어떻게 세울 것인가의 과제로 직결된다. 목회자가 펼쳐놓은 조직도는 성도들로 하여금 이상 세계의 비전을 현재 나에게 부여된 과제로 인식하게 만드는 계기를 주는 것이다.

2. 조직은 기구이기 보다 사람이다.

조직 구성에는 크게 2가지 방식이 있다. 하나는 기구를 먼저 만들고 그 기구에 사람을 채워 넣는 기구 조직과, 반대로 사람의 능력과 재능을 고려하여 기구를 만드는 인력 조직이다.

2가지 방식 모두 상황에 맞춰 적절히 조화를 이루어야 하겠지만 교회 조직의 기본 원칙은 일보다 사람이 우선이다. 곧 일의 효율성을 추구하기에 앞서 개인의 인격이 존중되고 그 사람이 가진 은사와 재능이 충분히 고려되어, 조직 활동을 통해 성장과 성숙의 기쁨을 맛볼 수 있는 생산적 인력 배치가 이루어져야 하는 것이다.

그러기 위해서는 성도 한 사람, 한 사람에 대한 목회자의 깊은 관심과 애정이 전제되어야 한다. 그 사람의 성품, 은사, 자질, 지도력 등을 유심히 관찰하고 그가 배치되어 상승작용을 일으킬 수 있는 부서와 기관이 어디인지를 파악해야 한다.

여기서 강조되는 중요한 원리는 '사람이 곧 조직'이라는 것이다. 조직을 세운다는 것은 사람을 세운다는 의미이다. 그러므로 결코 조직을 위한 조직을 만들지 말라. 적합한 인력이 준비되지 않았다면 여유를 갖고 기다려야 한다. 유명무실한 사조직(死組織)은 다른 조직의 사기까지 저하시킨다. 다소 일이 더디더라도 사람이 존중되고 사람이 살아나는 진정한 생명체로서의 조직을 추구해야 한다.

3. 조직의 성장이 교회의 성장이다.

언제든 교회 성장은 개별 조직(그룹)의 성장과 연속선상에서 이해되어야 한다. 교회 성장은 단순히 교인의 숫자가 늘어나는 것을 말하는 것이 아니다. 유기체적으로 몸의 구조를 이루고 있는 개별 조직들이 활성화되고 생명력이 왕성해질 때, 자연적으로 교회 성장과 부흥이 일어나게 된다. 이렇게 조직적 관점에서 교회 성장을 바라보는 목회자의 시선을 다음 그림과 같이 그릴 수 있다.

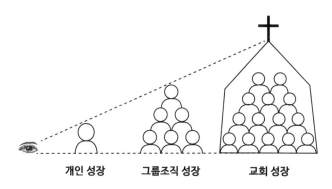

| 개인 성장 | 그룹조직 성장 | 교회 성장 |

비즈니스 전략가로 유명한 리처드 코치(Richard Koch)는 "경영에서 가

장 중요한 결정은 협력자를 선택하는 일이며, 가장 심각한 문제는 협력체제를 구축하지 않는 것"이라고 단언한 바 있다. 곧 지도자는 자기 혼자 많은 일을 해내기보다는, 먼저 많은 사람들로 하여금 어떻게 비전에 참여하도록 할 것인가를 고민하고 이에 대한 대안을 마련해야 한다는 것이다. 따라서 우리는 조직력이 리더십과 매우 깊은 관계에 있다고 말할 수 있다. 그렇다면 당신은 제대로 조직을 세워가고 있는가?

건강한 교회 조직의 특징

우리는 이미 개별 조직의 성장이 공동체 전체의 성장으로 이어진다는 사실을 말했다. 실제로 세계 각 나라 1,000개 이상 교회들의 성장요소를 분석한 NCD 통계는 성장하는 교회들의 8가지 질적 특성 중 하나로 '기능적 조직'을 꼽는다.

기능적 조직이란 은사에 따라 역할 분담과 배치가 이루어지고, 사역이 계속적으로 증진되어 또 다른 지도자를 양성하고 배출하는 유기체적 조직을 일컫는다. 그러면 이처럼 교회 성장을 촉진하는 건강한 조직은 구체적으로 어떤 특성을 갖는가?

1. 비전 지향적이다.

건강한 공동체 조직의 결속력은 비전으로 말미암는다. 물론 실제적으로는 조직 안에서 이루어지는 친교, 봉사, 나눔의 활동을 통해 친밀한 상호관계가 형성되지만, 이는 궁극적으로 말씀과 기도에 근거하여 공동체의 비전을 확신하고 이를 실천해 나가는 과정으로서의 활동이다. 그러므로 목회자는 조직 안에 비전이 충만하게 소통될 수 있는 분위기를 조성해야 한다.

비전의 충만한 소통이란 군대조직과 같이 일사불란하게 전달되는 것이 아니라 반복적인 고백과 나눔을 통해 비전이 더욱 구체화되어 성도 개개인의 비전으로 경험되는 것이다. 곧 지금 내가 하고 있는 일들이 궁극적으로 하나님이 주신 비전을 성취하는 과정임을 확신하고 자부심을 갖도록 해야 한다.

사실 내 경우엔 개척 초기 조직을 구성하면서 공동체의 비전을 어떻게 반영해야 하는지 개념이 모호했었다. 그래서 우선적으로 교회의 본질적인 사역인 예배, 양육, 전도 영역의 조직을 구성하고 필요에 따라 조직을 확충해 나갔다. 하지만 교회가 성장할수록 각각의 조직이 단순히 사역을 수행하는 기능 조직만이 아니라 공동체의 비전을 함께 이루어 가는 유기적 연합체임을 명시화 할 필요가 있었다. 그것은 조직 간에 불필요한 경쟁심이나 서열의식을 방지하고 공동의 비전을 향해 함께 나가는 상호 보완적인 관계로 결속력을 강화하려는 의도 때문이었다. 그런 과정 속에서 변천해 온 교회의 조직도를 그려보면 다음과 같다.

1) 일반적 형태: 수직적 상하구조

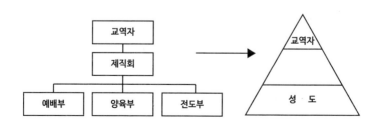

2) 섬김의 목회 철학을 반영, 의견 수렴 확대 의지

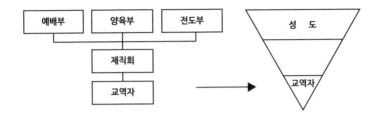

3) 교회 비전에 따른 조직구성, 전방향 의사소통 구조

2. 개방적 의사소통 시스템을 구축한다.

거듭 말하지만 비전은 명령되고 하달되는 것이 아니라 함께 공유하고 가슴에 품어야 하는 것이다. 교회 공동체의 갈등을 유발시키는 주요 원인 가운데 하나는 상호간의 커뮤니케이션 과정이 단절된 채 일방적인 지시와 명령 체제로 사역이 진행되는 데에 있다.

흔히 교회는 민주주의가 아니라 신정체제(神政體制)라고 말한다. 하지만 그것이 지도자의 일방적이고 권위적인 독재를 합리화하는 수단이 되어서는 안 된다. 진정한 하나님의 뜻이 선포되는 곳에는 서로 하나의 비전으로 소통하는 역사가 일어나기 마련이다. 오순절 마가 다락방에 일어난 성령의 역사를 보라. 모든 성도들이 성령 충만하여 각기 다른 말을 할지라도 궁극적으로는 하나의 비전, 하나의 복음을 선포하지 않는가(행 2:1-4). 비록 비전에 대한 반응은 각자 믿음의 분량에 따라 사명감, 혹은 부담감으로 나타날 수 있지만 그것이 하나님께서 주시는 공동의 비전이라는 사실을 부인할 수는 없는 것이다.

개방적 커뮤니케이션 체제에서는 직선적 전달구조보다는 점진적 확산구조를 지향한다. 수평적 대화의 채널, 곧 토의, 조정, 합의 등의 과정을 통해 비전을 보다 구체화하며 공동의 비전으로 확신하도록 동기부여를 강화하는 것이다.

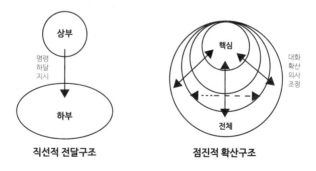

직선적 전달구조　　**점진적 확산구조**

하지만 이러한 원리를 목회에 적용하기 위해서는 무엇보다 담임목회자의 강한 의지와 확신이 있어야 한다. 왜냐하면 점진적 확산구조는 지시 명령의 직선적 전달 구조에 비해 상대적으로 긴 시간이 소요되고 비판의 의견을 수용하는 부담을 감수해야 하기 때문이다.

경험상으로 볼 때 비전 확산의 과정에서 시간이 소요되는 것보다 더욱 견디기 힘든 일은 비판의 의견을 수용하는 일이다. 종종 평신도 지도자 수련회에서 실시하는 설문 조사는 목회의 객관적 평가와 진단을 위해 유용한 도구가 되지만, 솔직히 무기명으로 기록된 비판의 의견을 겸손히 받아들이기란 여간 어려운 일이 아니다.

그러나 객관적 자료를 토대로 미흡한 부분을 보완하고 갈등적 요소를 예방하며, 보다 건설적인 계획을 수립할 수 있다는 것은 참으로 큰 유익이 아닐 수 없다.

3. 은사 중심으로 사역한다.

은사 중심으로 사역한다는 것은 개인의 재능과 소질을 살리는 차원을 넘어 하나님께서 주권적으로 사역을 이끌어 가실 수 있도록 순종하는 신앙 자세이다. 은사는 어떠한 방법이나 기능이기보다는 성령께서 교회를 든든히 세우기 위해 부여하시는 특별한 능력이기 때문이다.

"그리스도인들이 자신의 은사를 따라 섬길 때, 스스로의 힘으로 해야 할 부분은 줄어드는 대신 성령의 능력 안에서 이뤄지는 일은 점점 더 많아지게 된다."_크리스티안 슈바르츠

이처럼 은사 중심으로 조직을 구성하면 사역의 효율성은 물론, 개인이 느끼는 사역의 만족도가 극대화되고 공동체에 활력이 살아나게 된다. 하지만 주의해야 할 것은 은사 배치의 원리에 따라 개인의 은사가 존중

되더라도 그것이 공동체의 질서에 위배되어서는 안 된다는 점이다.

은사 중심 사역은 내가 하고 싶은 것을 하는 것이 아니라 교회를 든든히 세우기 위해 성령께서 시키시는 일을 하는 것이다. 만약 공동체 여러 성원들의 인정과는 상관없이 무턱대고 자기 은사를 고집하는 사람이 있다면 그것은 교회의 덕을 세우는 성령의 은사를 따르는 것이라고 보기 어렵다.

따라서 목회자는 성도들이 잠재된 은사를 계발하고 발휘할 수 있도록 훈련하며 동시에 공동체의 질서를 좇아 피차에 덕을 세울 수 있도록 균형과 조정의 역할을 잘 감당해야 한다. 이를 위해서는 은사 배치 조직을 위한 나름대로의 객관적 장치를 활용하는 것이 좋다.

예를 들면 성경공부 및 각종 강의 등을 통해 은사 사용의 중요성과 주의사항을 교육하거나 각자의 은사 발견을 돕는 프로그램을 진행하고, 또 연말연시 사역 지원서 작성을 통해 자발적으로 사역조직에 참여하도록 하는 방법 등이 있을 수 있다. 이 같은 노력은 조직 배치를 위한 정보 수집의 기능뿐만 아니라 교회 인사 및 조직에 대한 공정성과 신뢰성을 인식시키는 좋은 계기가 된다.

4. 새로운 조직을 재생산한다.

건강한 조직이란 계속해서 성장하는 조직, 새로운 조직을 재생산하는 조직이라고 말할 수 있다. 교회 공동체의 개별조직들은 사역을 실행하는 장인 동시에 사역자를 발굴하고 양성하는 교육의 장이기도 하다. 사역자와 지도자가 배출된다는 것은 그만큼 새로운 조직을 배양할 수 있는 여건이 마련되는 것이며 새로 유입되는 조직원들의 정착과 안정을 지원하는 공동체의 역량이 확보된 것이라고 볼 수 있다.

그러나 인물을 양성하고 조직이 성장하는 데에도 조화와 균형의 법칙은 예외가 아니다. 일반적으로 조직이 활성화되면서 구성원들이 증가하는 것은 바람직한 성장의 모델이라고 할 수 있다. 그러나 지체는 지체로서의 규모와 역할이 있는 법이다. 만약 지체가 몸통보다 비대해진다면 어떤 현상이 일어나겠는가?

조직의 리더들은 소속된 조직이 부흥 성장하여 새로운 조직이 배양되고 탄생하게 되는 것을 성장의 보람으로 여겨야 한다. 교회 공동체의 성장은 '나눔'을 위한 성장이지 '쌓음'을 위한 성장이 아닌 것이다. 조직의 구성원들은 어디까지나 성숙한 그리스도인으로 양육되고 성장하도록 후원하며 섬겨야 할 대상이기에 구성원이 늘어나는 것을 마치 부하직원들이 늘어나는 것처럼 생각해서는 안 된다.

목회자는 조직 운영에 있어 사역에 비해 인원이 과대함으로 성취 의욕이 저하되거나 또는 인원이 과소하여 부담감이 증폭되는 경우에는 다른 조직과의 균형을 고려하여 통합, 분배의 적절한 조치를 취해야 한다. 또 전체 비례에 반해 유독 성장이 둔화되거나 취약한 조직이 있는 경우 공동의 비전 제시를 통해 다른 조직들이 함께 연대하여 성장을 돕는 것이 바람직하다.

예를 들면 다음과 같은 구체적인 비전 선언을 통해 특정 조직의 사기를 진작시키고 공동체의 관심과 후원을 집중시켜 더불어 성장하는 계기를 마련하는 것이다.

"다음 세대가 희망이다!" → 자녀 세대의 부흥을 위한 표어

"젊은 부부의 제자화" → 20~30대 부부 모임 활성화를 위한 표어

"교회 속의 교회를 강화하라!" → 구역모임 활성화를 위한 표어

5. 개혁 지향적이다.

조직은 필요에 따라 새롭게 개발되며 공동체의 성장과 발전을 위해 계속해서 개혁과 갱신이 이루어져야 한다. 리더십 전문가인 고든 리피트 (Gordon Lippitt)는 조직 개혁이 이루어져야 할 원인과 문제점에 대해 다음 과 같이 진단한다.

1) 긴장과 활동력이 감소해 조직이 죽음

2) 부정적 분위기가 지배

3) 자발적 태도와 정책보다는 기회주의적 사고가 팽배

4) 비협동적, 지나친 집단의식

5) 불필요한 방어와 경쟁 자세, 에너지가 산만하게 발산됨

6) 공공의 존경과 감사 상실

7) 창조적 인력 상실

8) 파산과 이익의 손실

목회자는 조직 운영의 과정에서 이상과 같은 문제점들이 언제든 발생 할 수 있음을 예상하고 사후대처보다는 사전예방에 만전을 기해야 한다. 조직을 개편하거나 새로운 조직을 구성하는 일은 자칫 구성원들의 신뢰 감을 저하시키고 사역 진행의 혼선을 빚을 수 있다. 그러므로 문제를 수 습하는 과정에서 정확한 진단과 신중한 태도를 견지하여 구성원들의 신 뢰감을 무너뜨리지 않는 것이 중요하다. 부득불 조직을 개편할 경우에는 발생한 문제에 대해 즉각적으로 반응한다는 인상을 주지 말고 분기(分期) 의 마감이나 연말연시, 또는 봄 가을 등 적절한 시기에 명분 있게 시행하

는 것이 지혜롭다.

건강한 조직 만들기　　그러면 어떻게 이상에서 소개한 것과 같은 건
　　　　　　　　　　　　강한 조직을 이루어갈 수 있을까? 교회 공동
체 조직의 건강 상태는 기초 체력에 달려있다고 할 수 있다. 그러므로 목
회자는 조직의 기초 체력을 든든히 하는 기본적 대사 활동이 원활히 수
행되도록 해야 한다. 조직의 신진대사는 지도자와 구성원 사이에 다음의
3가지 활동이 지속적으로 유지되는 것으로 설명할 수 있다.

1. 신뢰 관계가 형성되어야 한다.

　교회 조직의 최소 단위는 '신뢰'이다. 신뢰는 사람과 사람을 이어주는
끈이며 이 끈으로 말미암아 건강한 조직의 울타리가 세워진다. 교회 공
동체의 신뢰는 보다 구체적인 감정, 곧 인정감(認定感), 소속감(所屬感), 사
명감(使命感)으로 표현되는데 이로써 사람들은 조직 구성원으로서 자신
의 존재와 위치를 확신하게 된다. 특히 조직의 리더(목회자)와 중간 리더
(평신도 지도자)들 사이에 형성된 신뢰감은 전적인 위임과 헌신이라는 역
할 분담의 팀워크를 가능케 하여 궁극적으로 조직의 사명을 완수하는데
기여한다.

　개인기뿐만 아니라 팀워크에 있어서도 타의 추종을 불허하는 농구 황
제 마이클 조던(Michael Jordan)은 현역시절 팀 동료들로부터 이런 평가를
들었다고 한다. "조던은 더블팀(두 명의 선수가 동시에 한 선수를 막는 것)에
걸렸을 때면 팀동료에게 망설임 없이 패스합니다. 그러한 조던의 신뢰는

팀 내 다른 동료 선수들의 자신감까지 고취시킵니다."

종종 조직의 리더들은 이렇게 질문한다. "구성원들을 어디까지 신뢰해야 합니까?" "나는 그들을 신뢰한다고 생각하는데 그들은 나의 신뢰를 의심합니다."

사실 나 역시 동일한 마음으로 고민한다. 그러나 분명한 것은 성도를 향한 목회자의 신뢰는 기대나 의지가 아닌 사랑으로 말미암은 믿음이다. 곧 그를 믿는 것이 아니라 믿어주는 것이다. 설혹 그가 나의 믿음을 저버리고 달리 행한다 하더라도 끝까지 사랑으로 믿어주어야 한다. 즉 사람은 믿을 대상이 아니라 사랑하고 신뢰해주어야 할 존재인 것이다.

2. 신앙 성숙이 이루어져야 한다.

신앙 성숙은 교회 조직이 일반 조직과 구분되는 중심사안이라고 말할 수 있다. 목회자의 신뢰가 사랑을 전제로 한다면 성도들은 목회자에게 꼴을 얻어먹는 '기대감'을 전제로 한다. 즉 아무리 좋은 인간관계를 맺는다 해도 목회자를 통해 자신의 영적 갈증이 해갈되는 기쁨이 없이는 지속적인 관계를 유지할 수 없는 것이다.

언젠가 교회에서 매우 신실하게 활동하는 자매로부터 뜻밖의 호소를 들은 적이 있다. 내용인즉 그녀는 자신이 소속되어 있는 부서의 담당 교역자 부부와 더 이상 좋을 수 없을 만큼 친분을 나누고 있는데 시간이 지날수록 영적인 공허함을 크게 느낀다는 것이었다. 결국 그녀는 그 부서의 활동을 중지하고 교회를 떠날까 고민 중이라는 심정을 토로했다.

우리는 종종 인간적인 친밀감을 가지면 좋은 관계가 유지되고 있는 것으로 착각하는 경우가 있다. 물론 친밀감은 서로에게 기쁨을 주는 좋은 감정이다. 그러나 양이 목자에게 기대하는 것은 마음의 즐거움보다는 영적인 풍요로움이다. 또한 그것은 단순히 성도들의 기대감뿐만이 아니라 역경과 환경에 구애받지 않고 하나님의 비전을 향해 나가는 영적 능력을 공급하는 일이기도하다. 그러므로 목회자는 성도들의 영적 성장 수준을 파악하고 그들의 영적 관심과 필요에 민감하게 대처해야 한다.

3. 사역을 위한 교육이 있어야 한다.

서로에 대한 신뢰, 그리고 아름다운 영적 교제가 이루어짐에도 불구하고 성도들이 파워 크리스천으로 살아가지 못하는 이유는 무엇인가? 신뢰와 영적 성장은 조직에 저장된 연료와 같다. 이 연료를 끌어올려 사역의 불꽃으로 타오르게 하기 위해서는 '교육'이라는 수송관이 필요하다.

당신은 조직의 리더로서 구성원들에게 구체적으로 자신이 해야 할 일과 또 자신에게 부여된 권한과 한계는 무엇인지, 다른 조직과의 관계에서 협력할 것은 무엇인지 등에 대한 정확한 정보를 제공하고 일할 수 있는 기술을 함양토록 해야 한다. 만약 이 일이 선행되지 않는다면 그들은 각자의 소견대로 일하다가 상처와 혼돈 속에 의욕을 상실하고 말 것이다. 쉬운 예를 들어보자.

대개 300명 미만 중소 규모의 교회들은 기관이나 구역이 돌아가며 예배당을 청소하는 경우가 많다. 그럴 때 정확한 지침서나 사전 교육이 없어 발생할 문제에 대해서 고민해 본 적이 있는가? 한번 생각해 보자.

금주의 당번은 지난주 청소 담당자가 잘 보관해 둔(?) 청소 용구를 찾느라 30분 이상을 허비한다. 만약 인내심이 부족한 사람이라면 얼른 새로 사서라도 하겠지만 그것 역시 교회적으로는 재정 낭비이다. 또 공교롭게도 남전도회 회원으로 구성된 팀이라면 걸레를 깨끗이 빨아서 강대상과 의자걸이를 닦는 일, 화장실 타일을 락스로 닦는 일 등은 전혀 생각지 못할 것이다.

나이 지긋한 여전도회 회원들은 큰 봉투에 가득 찬 쓰레기를 어디로 어떻게 옮겨야 할지 몰라 당황하지는 않을까? 젊은 청년들은 축축한 물이 묻은 채로 대걸레질을 해 여기저기 얼룩을 만들 것이다. 결국 주일 아침, 교회의 중진들은 예배당 청소가 제대로 안 됐다며 빗자루와 걸레를 들고 이리저리 분주하게 뛰어 다닌다.

『원칙 중심의 리더십』의 저자 스티븐 코비(Stephen Covey)는 수많은 기업을 컨설팅하면서, 기업 이윤이 낮아지고 생산성이 하락하며 직원들의 사기가 떨어지는 주요한 원인 가운데 하나를 다음과 같이 지적한다.

"기업의 조직에 대해 조사한 결과 진정한 문제는 직원들이 훈련되어 있지 않다는 데에 있었다. 직원들은 경영진이 자신들에게 무엇을 기대하는지, 또 어떻게 업무를 처리해야 하는지를 잘 모르고 있는 것이다."

그러므로 성도들이 자발적으로 참여하지 않는다고 말하기 이전에 그들이 무엇을 어떻게 해야 하는지에 대한 훈련과 교육이 이루어지고 있는지를 점검하라. 이를 위해서는 각 조직의 사역을 매뉴얼화 하는 작업이 필요하다. 목회자는 자신의 목회 신학과 교회의 비전이 담긴 사역 매뉴얼을 제시하고, 이를 토대로 사역이 진행되고 있는지 여부를 살피며, 평가를 통해 매뉴얼을 보다 구체적이고 실용적으로 보완 수정해 나가야 한다.

끊임없이 살펴라! 결국 조직의 건강은 신뢰 관계 형성, 신앙 성장, 사역과 섬김에 대한 교육에 달려있다. 따라서 목회자는 조직 안에 이상의 3가지 기능이 원활히 진행되고 있는가를 끊임없이 살피고 시의 적절한 예방과 처방을 행해야 한다. 우리는 평소 어떻게 조직의 건강도를 체크할 수 있는가?

1. 외적 현상들을 간과하지 말라.

예배 인원 및 재정, 새신자 정착률의 감소, 이적(異蹟) 교인의 증가, 각종 모임의 참여율 저조 등으로 나타나는 징후들을 무시해서는 안 된다. 비록 그것이 일시적으로, 혹은 계절이나 시기적인 영향에 의한 것이라 할지라도 회복되지 않은 채 반복해서 나타난다면 조직활동이 정체되거나 고착화되는 것은 시간 문제이다.

2. 부지런히 사람들을 만나라.

다시 강조하지만 조직은 결국 사람에 달려 있다. 성도들의 목소리에 귀를 기울이고, 가슴으로 느끼는 진실한 만남을 가지라. 형식적이고 의례적인 심방(尋訪)이 아니라 조직의 한 지체로서 건강하게 자기소임을 다할 수 있도록 격려하고 세워주는 심방(心訪)이 되어야 하는 것이다. 신뢰 관계가 형성되었다고 해서 그대로 방치해두면 관계는 소원해지기 마련이다. 부지런히 두루 다니며 영적 양분을 공급하라. 그들은 푸릇푸릇 생기 넘치는 모습으로 조직을 든든히 세우는 일꾼이 될 것이다.

Advise

"조직은 비전 성취의 현실화 작업이다."
"조직은 기구이기보다는 사람이다."
"조직의 성장이 교회의 성장이다."

Apply

건강한 조직 만들기
1. 신뢰 관계가 형성되어야 한다.
2. 신앙 성숙이 이루어져야 한다.
3. 사역을 위한 교육이 있어야 한다.

조직의 건강도 체크
1. 외적 현상들을 간과하지 말라.
2. 부지런히 사람들을 만나라.

14

교회 부흥의 파워: 기획

Anticipate

1. 교회가 갖고 있는 기획에 대한 오해는 무엇인가?
2. 철저히 준비할 때와 그렇지 않을 때 당신의 사역은 어떻게 달라지는가?

변호사의 직무 신조 가운데 이런 내용이 있다. "승리를 쟁취하는 변호사는 법률을 전부 암기하고 있는 사람이 아니라 철저히 준비하는 자이다. 맡은 사건에 대해 철저히 준비했다면 이미 절반 이상 승소를 확보한 것이나 다름없다."

당신은 '준비함'과 '준비하지 못함'의 차이가 어느 정도라고 생각하는가? 이에 관해 우리에게 소중한 교훈을 남겨준 역사적 사건이 있어 소개해 본다.

아문센 VS. 스코트   1911년, 노르웨이의 로널드 아문센(Ronald Amundsen)과 영국의 로버트 스콧(Robert Scott)이 각각 탐험대원을 이끌고 남극 정복의 길을 떠났다.

236

아문센은 에스키모 여행법과 과거 남극 탐험가들의 경험담을 철저히 분석하여 장비와 루트를 연구했다. 그는 에스키모개가 끄는 썰매로 장비와 물품을 운반하고 숙달된 스키어들을 모집했다. 또한 곳곳에 베이스캠프를 세워 대원들의 짐을 줄이고 필요한 물품을 충분히 확보했다. 대원들의 복장 하나까지도 사전에 철저히 준비한 덕분에 그의 탐험대는 부상하나 없이 전원 남극점을 정복하고 귀환할 수 있었다.

반면에 해군 장교였던 스콧은 남극 지방을 여행한 경험이 있어서 그랬는지, 사전 답사도 하지 않은 채 모터 엔진 썰매와 말을 앞세워 남극을 향해 출발했다. 그러나 얼마 가지 못해 모터 엔진은 망가졌고, 말들도 모두 동사했다.

그로 인해 탐험대원들이 짐 실린 썰매들을 끌고 가야 했으며, 복장과 장비를 제대로 챙기지 않아서 동상에 시달려야 했다. 스콧이 설치해 놓은 중간 보급 캠프들에는 충분한 물자가 없었고 그것도 너무 간격이 멀어 찾아내기조차 힘들었다.

10주간의 혹독한 고통을 견디고 가까스로 도착한 남극점에는 이미 한 달 전에 꽂아 놓은 노르웨이 국기와 아문센의 편지가 휘날리고 있었다. 돌아오는 두 달 동안 굶주림과 추위에 지친 대원들은 하나씩 죽어갔고, 베이스캠프로부터 150마일 되는 지점에 이르러 마지막으로 스콧이 사망했다.

이렇듯 철저히 준비한 것과 준비하지 못한 것의 차이는 단순히 일의 성패를 가늠하는 것을 넘어 공동체 전체의 사활에까지 영향을 미친다. 최상의 결과는 최상의 준비에서 나오는 법이다. 기억하라!

"계획에 실패하는 것은 실패를 계획하는 것과 같다."

기획목회 이해　　　기획목회를 어떻게 정의할 것인가에 대해서는 다양한 견해가 있을 수 있다. 만약 기획을 단순히 일을 추진하기 위한 방법론의 차원에서만 이해한다면 다음과 같은 비판도 가능하다. "목회는 시시때때로 주시는 하나님의 은혜와 영감으로 하는 것이다. 인위적인 전략 수립은 믿음의 행위를 방해하는 것이 아닌가?"

그러나 이것은 기획에 대한 그릇된 이해에서 기인한다. 기획은 결코 인간적 지혜의 한계에 머무르게 하는 불신앙적 태도가 아니라는 것이다. 기획은 우리가 흔히 이야기하는 '목적이 이끌어 가는 교회'를 이루기 위한 필수 과정이다. 전문가들이 말하는 기획에 대한 정의는 다음과 같이 나열할 수 있다.

1) 사전에 무엇을 할 것인지, 어떤 방법으로 할 것인지, 누가 할 것인지를 결정하는 것이다.

2) 여러 개의 대안적인 행동 과정 중에 하나의 과정을 선택하는 사전 결정의 과정이다.

3) 목표, 정책, 절차를 선택하며 미래를 내다보고 준비하는 것이다.

4) 행동에 앞서 행하는 예상적 의사결정이다.

5) 목적이나 목표를 사정하고, 수립하고, 수행하고, 평가하고, 조정하는 지속적인 과정이다.

사실 목회에 있어 '기획'이라는 말이 사용된 것은 그리 오래되지 않았다. 그것은 교회가 소위 믿음이라는 명목 하에 지나치게 주먹구구식으로 일하는 경향이 있다는 비판 가운데, 대안적 개념으로 등장했다.

그래서인지 요즘은 기획목회, 목회기획 등 용어는 다르지만 기획을 목회의 중요한 한 영역으로 인정하는 견해가 많다. 그러나 아직까지도

다수의 목회자들이 갖고 있는 기획에 대한 부정적 선입견들은 효율적인 사역을 시행하는데 장애가 되고 있다. 우리가 쉽게 생각할 수 있는 선입견들은 다음과 같다.

1) 교회 일은 오직 은혜와 믿음으로 하는 것이다.

2) 기획은 믿음의 사역을 제한한다.

3) 기획은 실행 방법과 예산안이다.

4) 기획은 중, 대형 교회에서나 필요한 것이다.

이 같은 생각들은 옳기도 하고 그르기도 하다. 왜 그런가?

1. 교회 일은 오직 은혜와 믿음으로 하는 것이다?

무슨 일을 하든지 믿음으로 하나님의 은혜를 사모하는 것은 기본자세이다. 그러나 여기서 간과하지 말아야 할 것은 은혜와 믿음은 내가 할 수 있는 최선의 노력에 플러스알파로 작용하는 하나님의 능력을 기대하는 것이지, 결코 무책임하고 방만한 자세를 옹호하는 것이어서는 안 된다. 성경에 나타난 모든 역사는 하나님의 기획하심 가운데 이루어졌다. 하나님은 가장 적절한 때에 적절한 방법을 통해서 최대의 효과가 나타나도록 일하신다.

시험을 앞둔 자녀에게 믿음으로 기도만 하면 된다고 말할 부모가 있는가? 신학생 시절, 한 친구가 히브리어 시험을 마치고 이렇게 우스갯말을 하던 생각이 난다. "답을 보여 달라고 밤새 기도했는데 성령님도 히브리어에는 약하신가봐." 은혜와 믿음이라는 미명하에 하나님을 어쩔 수 없는 분으로 만들지 않기 바란다.

2. 기획은 믿음의 사역을 제한한다?

"최상의 결과를 얻으려면 최상의 준비가 필요하다"는 말이 있다. 기획은 믿음을 제한하는 것이 아니라 오히려 구체화한다. 이미 진행된 사역에 대한 평가를 통해 약점을 보완하고 강점을 강화하는 기획의 특성상, 앞으로 진행될 사역의 성취도는 높아지기 마련이다.

또한 단순히 목표만을 제시하는 것보다 기획과정을 통해 구체적으로 목표달성을 위한 항목과 예상치를 보여주라. 성도들은 비전에 대한 큰 확신을 가지고 적극 동참하게 될 것이다. 기획은 믿음의 비전을 현실적으로 구체화시키는 더 큰 믿음으로 나가게 한다.

3. 기획은 실행 방법과 예산안이다?

이것이 기획의 일부인 것은 분명하지만 전부는 아니다. 기획은 사역의 처음부터 마지막, 그리고 후속조치에 이르는 전 영역을 포함한다. 더욱이 기획은 목적과 목표를 분명히 하고 이를 끝까지 제시하는 중요한 기능을 발휘한다.

4. 기획은 중, 대형 교회에서 필요한 것이다?

이 오해야말로 개척 교회를 포함한 작은 교회 성장의 발목을 붙잡는 요인이라고 하겠다. 중·대형 교회에 비해 상대적으로 모든 자원과 환경이 열악한 소형 교회일수록 철저한 기획만이 생존할 수 있는 길이다. 작은 교회는 한 가지 행사를 하더라도 성도 개개인이 부담해야 하는 에너지가 훨씬 더 많이 요청되기 때문에 더욱 강력한 동기부여가 요청된다.

이 부분에 대해서 좀 더 자세히 언급하겠지만 우리는 철저히 준비된 기획안을 통해 성도들로 하여금 믿음으로 동참할 수 있는 헌신을 이끌어 낼 수 있다. 또한 소형 교회의 경우 예상했던 목표를 성취하지 못했을 때 목회 전반에 위축감을 가져올 수 있다. 이러한 때에도 목회자는 분석과 대안의 기획 과정을 통해 회의나 좌절감이 아닌 보다 긍정적으로 대처할 수 있는 방안을 마련할 수 있다.

흔히 목회자는 비전가가 되어야 한다고 말한다. 나는 이에 덧붙여 '비전 기획가'가 될 것을 주장하고 싶다. 비전이 구체적으로 기획되어 실행되지 않으면 그것은 허상이나 몽상에 그치기 쉽기 때문이다. 목회의 어떤 영역이든 기획이 필요하지 않은 부분은 없다. 설교, 심방, 전도, 행사, 프로그램 등 모든 영역을 교회의 비전을 중심으로 치밀하게 기획하고 실행할 때 우리의 사역은 양과 질에 있어서 훨씬 더 풍성한 열매를 기대할 수 있게 되는 것이다.

기획목회의 원리　　　그러면 각각의 영역에 있어서 기획을 실행할 때 공통적으로 염두에 두어야 할 기획의 원리는 무엇인가? 7가지로 정리해 본다.

1. 목적과 목표 설정의 원리

기획은 목적과 목표에서부터 시작한다. 기획에 있어서 목표는 나아갈 방향, 궁극적인 성취 지점을 나타낸다. 반면에 목적은 목표에 도달해야 하는 당위성, 혹은 그 정신을 진술하는 것이다. 따라서 목표는 구체적이고 측정 가능한 수준을 설정하여 성도들로 하여금 성취 의욕을 불러일으킬 수 있도록 해야 한다. 또한 바람직한 목적 진술은 목표를 추구하는데 필요한 신앙적이고도 건설적인 명분을 제공하여 사람들의 감성과 이성에 결단을 촉구하도록 만든다.

2. 우선순위의 원리

여기서 우선순위는 한 가지 사역을 진행하는 데 있어서의 우선순위이기보다는(그것은 효율성의 원리에 포함) 목회 전반의 흐름과 중요도를 분석하는 과정이다. 어떤 일에 대하여 세밀히 기획하는 것은 일을 잘 진행하기 위해서이지만, 동시에 이 일이 현 시점에 꼭 필요한 일인지 혹은 그 가치와 결과를 예상하고 시기를 보류하거나 다른 일로 대체해야 하는지 점검해보는 효과도 있다. 소 잃기 전에 외양간 고치는 일이라고 할 수 있지 않을까?

3. 효율성의 원리

효율성은 기획의 내용이라고 할 수 있다. 과거 자료와 현재 상황 분석, 목표수립, 최적의 방법 선정, 진행절차 결정, 필요한 자원 수집, 자원 및 인력 배치, 예산편성, 결과 예측 등 기획안의 모든 내용은 효율성을 바탕으로 한다. 그러나 교회 사역이 추구하는 효율성이 일반 경영이나 행정과 다른 점이 있다. 그것은 단순히 최소 투자로 최대 효과를 얻으려는 노력이 아니라는 것이다. 기획목회의 효율성은 다음의 우선순위에 입각하여 결정해야 한다. 곧 욕망보다는 필요를, 필요보다는 의(義)를, 의보다는 덕(德)을, 덕보다는 하나님의 뜻을 우선하는 것이다.

4. 연계성의 원리

기획은 개인, 또는 부서간의 불필요한 갈등과 중복을 피하고 에너지를 집중시키는 효과가 있다. 왜냐하면 기획 과정은 언제나 교회 전체의 목적과 목표, 목회의 방향, 그리고 현재 진행되는 각각의 일정들과 활동을 검토하기 때문이다. 기획은 교회가 추구하는 공동의 목적을 이해하게 하고 다양하고 상이한 형태의 사역을 진행하더라도 통일된 목표를 성취하도록 공동체 전체를 연계(連繫)하는 기능을 갖는다.

5. 동기부여의 원리

특히 개척 교회를 포함한 작은 교회들은 이 동기부여의 원리를 활용하는 것이 매우 유익하다. 소형 교회의 경우 무슨 일을 진행하든 자원과 여건이 넉넉하지 못하다. 자연 목회자 스스로 활동 영역이 위축되고 부담을 느끼기 마련이다.

그러나 이러한 상태가 지속되면 교회는 점점 침체되고 성장을 기대하기 어렵다. 그러므로 목회자는 주기적으로 행사와 프로그램, 목회 일정들을 기획하되 모든 성도들이 호감을 갖고 보람을 느끼도록 치밀하고도 구체적으로 기획안을 작성해야 한다.

기획안은 단순히 일의 절차와 방법, 예산에 대한 것이 아니라 사역에 대한 목회자의 비장한 각오와 의지, 신학적 성찰, 성도 한 사람 한 사람의 성장과 성숙을 위한 배려와 관심이 담겨 있어야 한다. 기획을 단지 사역의 기초 작업이 아니라 사람들을 움직이게 하는 원동력으로 활용하라!

6. 평가의 원리

일반적으로 기획은 사전 준비와 계획으로써 역할을 감당한다. 그러나 우리는 좀 더 넓은 의미의 기획, 곧 시작, 진행, 마침, 그리고 평가와 후속 조치에까지 눈을 돌려야 한다.

기획안은 사역의 길잡이인 동시에 평가서로도 활용가치가 높다. 따라서 목회자는 기획안을 작성할 때 사역 진행에 대한 중간 점검과 평가, 그에 대한 수정 및 보안 대책을 강구할 수 있는 여지를 마련해 두어야 한다. 또한 한 가지 사역이 마감될 때는 목적과 목표 성취에 대한 평가와 그에 대한 후속 조치를 반드시 기록하여 다음 사역의 자료와 매뉴얼로 사용하라.

7. 통전적 성장의 원리

교회가 행하는 모든 사역의 목적은 궁극적으로 신앙 성숙과 교회 부흥(선교적 사명완수)에 있다. 따라서 어떠한 사역을 기획하든지 그저 한 가지 프로그램이나 행사를 진행하는 데만 관심을 집중하는 것이 아니라 이를 뒷받침하는 영성적 기능(기도, 예배 등)과 실천적 기능(제자와 증인의 삶)이 강화되고 성장하도록 도와야 한다.

기획목회의 실제   그렇다면 이제, 이상의 원리를 토대로 어떻게 기획목회를 실천할 수 있는지 그 실례를 살펴보도록 하자. 한 가지 당부하고 싶은 것은 여기에 소개하는 기획안들은 결코 완벽하거나 표준이 될 만한 것이 아니라는 것이다.

다만 어떻게 기획목회를 실천할 것인가를 고민하는 한 목회자로서, 그리고 한 형제 교회로서의 솔직한 모습을 공개하는 것이다. 바라기는 이 자료에 대한 비판적 검토를 통해 각각의 교회 나름대로 형편과 상황에 맞는 기획목회가 실현되기를 기대해 본다.

1. 설교기획

개인적으로 설교에 있어 중요하게 생각하는 것은 조화와 균형이다. 첫째는 신학적 성향이나 설교 본문에 있어 어느 한쪽에 치우치지 않는 것이요, 둘째는 절기와 행사, 혹은 긴급히 요청되는 공동체적 사안에 대한 적용이 자연스럽게 녹아 흐르도록 하는 것이다. 설교기획에 있어 고려할 내용들은 다음과 같다.

1) 올해의 주제 및 목표
2) 교회력에 따른 절기와 예식, 월간 행사
3) 예배의 성격(주일회중예배, 수요성경강좌, 새벽기도 등)
4) 시대 상황과 사회적 분위기

주일 설교의 경우 올해의 주제 말씀을 중심으로 성경의 한 권을(예: 창세기 전체 또는 로마서 전체) 택해서 강해설교로 이어가는 것도 좋은 방법이다. 그렇게 되면 연중 설교 전체의 흐름과 맥을 잡기가 수월해진다.

다만 강해설교의 경우 본문을 너무 짧게 끊어 오래 지속될 경우 지루해지기 쉽고, 반대로 너무 길게 끊으면 강해설교로서의 맛을 충분히 낼 수 없다. 따라서 절기설교와 강단교류를 적절히 활용하고 3~6개월, 늦어도 대강절 이전까지는 마칠 수 있도록 조정한다. 대강절기부터는 성탄을 기다리는 가운데 한해를 의미 있게 마무리하고 새출발의 분위기가 무르익는 것이 좋다.

목회자들 가운데 종종 교회절기를 일회성 행사로 여기는 경우가 있다. 그래서 설교도 감사절이나 부활절, 성탄절 당일에 한편 전하는 것으로 그친다. 그러나 조금만 신경 써서 준비하면 교회절기를 성도들의 영성을 자극하고 성숙과 부흥을 이끄는 말씀의 축제로 지킬 수 있다.

먼저 절기 준비를 위한 일정 기간을 정하고, 특별새벽기도 메시지를 통해 은혜와 사랑, 신앙적 도전으로 가득 차게 하라. 그리고 절기 당일에는 이웃, 가족, 동료, 친구 등을 초청하는 전도 지향적 행사를 통해 복음적 메시지를 전하는 것이다.

다음은 개척 초기 서초교회에서 진행한 설교 기획안 가운데 주일설교와 특별새벽기도 일정의 일부이다.

사순절 특별새벽기도회

월	일	본문	제목	절기
1월	7일	롬 12:1~2	행동하는 그리스도인 - 성령님과 함께	신년 주일
	14일	딤전 3:14~15	하나님의 집에서(최희범 목사)	
	21일	롬 12:3~8	서로 섬기는 공동체	
	28일	롬 12:9~13	교회는 나를 살리고, 나는 교회를 살린다	
2월	4일	롬 12:19~21	님이여, 당신은 축복자여라!	
	11일	막 4:3~8	잘해야 본전(조태연 목사)	
	18일	롬 13:1~7	그리스도인의 사회적 책임	
	25일	롬 13:8~10	사랑은 모든 것을 가능하게 합니다	
3월	4일	롬 13:11~14	위기를 극복하는 사람들	사순절 1주
	11일	롬 14:1~12	문제는 극복될 수 있다	사순절 2주
	18일	삼상 17:41~49	오늘의 골리앗을 넘어서자(정철환 목사)	사순절 3주
	25일	롬 14:13~23	그대, 스스로를 변혁하라	사순절 4주
4월	1일	막 8:27~34	변혁의 모델, 예수 그리스도!	사순절 5주
	8일	막 11:1~11	또 새로운 시작을 위하여	종려 주일
	15일	고전 15:1~8	십자가에서 부활로, 부활에서 십자가로!	부활 주일
	22일	행 1:6~9	월드 클래스를 향하여	
	29일	고후 2:14~17	그리스도의 향기(이창호 목사)	
5월	6일	신 6:1~9	아름다운 것은 무엇을 남길까	어린이 주일
	13일	출 20:12	언제나 부르고 싶은 당신이여	어버이 주일
	20일	계 3:7~8	보라, 열린 문이로다!	스승의 주일
	27일	요 8:32	이제 자유입니다	
6월	3일	엡 1:23	먼저, 교회부터 세워라!	성령강림 주일
	10일	롬 15:1~13	아름다운 인생, 아름다운 신앙	삼위일체 주일
	17일	롬 15:14~21	이제, 다시 시작이다	
	24일	롬 15:22~29	자아 실현을 위한 도전	
7월	1일	롬 15:30~33	진정 중요한 부탁	
	8일	롬 16:1~27	위인들의 발자국	

주일예배 설교 일정

성경 속의 기적 이야기

3(월)	여호와 이레	창22:1-8	17(월)	오병이어의 기적	요6:1-5
4(화)	홍해의 기적	출14:10-31	18(화)	내니 두려워 말라	요6:16-21
5(수)	회막의 기적	출4034-38	19(수)	눈 뜨는 기적	요9:1-7
6(목)	요단강의 기적	수3:1-17	20(목)	기적이 일어나지 않을 때	요11:1-11
7(금)	여리고성 함락	수5:1-21	21(금)	네 믿음이 크도다	마15:21-28
8(토)	축복의 장마비	왕상18:42-46	22(토)	겨자씨 만한 믿음만 있어도	마17:14-21
10(월)	마르지 않는 기적	왕상17:8-16	24(월)	비폭력의 기적	마26:47-56
11(화)	성전의 기적	왕상8:12-21	25(화)	골고다의 기적	마27:45-54
12(수)	지도력의 기적	느6:15-19	26(수)	달리다굼	막5:21-24
13(목)	기적의 노래	시84:	27(목)	말씀에 의지하여	눅5:1-11
14(금)	가나의 처음 기적	요2:1-11	28(금)	청년아 일어나라	눅7:11-17
15(토)	베데스다의 기적	요5:1-9	29(토)	더 위대한 기적	눅17:11-19

가을맞이 특별새벽기도회 (새성전 입당을 앞두고)

2. 목회일정기획

목회일정 역시 설교기획과 기본 원칙은 동일하다. 올해의 목표와 목적을 바탕으로 절기를 따라 기본 틀을 세우고 전도 지향적인 행사들을 계획한다.

표어 "바로, 그 예수 신앙을 증언하라"

월	일	주일	주일 행사	주간 행사	기타
12	4	대강절제2주			
	11	대강절제3주	제18차 사무총회	쿰방학예배(12/15) 대강절 새벽기도회 (12-17)	
	18	대강절제4주	가정예배의 날 (저녁 8시)		
	25	성탄절후제1주	선교헌신주일	성탄전야 축제(24일) 성탄절 칸타타 & 홈커밍데이 송구영신예배(31일), 성찬식	

1 성령	1	신년주일 성탄절후 제2주	신년감사예배 교회학교 진급예배	신년축제(2-4일)	
	8	주현절후 제1주	선교헌금작정주일 직원수련회(1)	교사대학(14일)	
	15	주현절 후 제2주	태신자 작정주일 직원수련회(2) 가정예배의 날 (저녁 8시)	쿰리더수련회(20-21)	
	22	주현절 후 제3주			구정연휴 (22-24)
	29	주현절 후 제4주	선교헌신주일 쿰리더임명식	전반기 쿰개강주간 스타트새벽예배(2/1)	
2 인맥	5	주현절 후 제5주	성찬식 / 잃은양 찾기 캠페인 시작	봄 Blessing 새벽기도회 (2/6-11)	
	12	주현절 후 제6주	장학헌신예배		
	19	주현절 후 제7주	가정예배의 날 (저녁 8시)	사순절시작, 재의수요일(22일)	
	26	사순절 제1주	선교헌신주일	스타트새벽예배(3/1)	유럽코스타
3 친절	4	사순절 제2주			
	11	사순절 제3주	직원회		
	18	사순절 제4주	가정예배의 날 (저녁 8시)		
	25	사순절 제5주	선교헌신주일 선교전략의 날		
4 감동	1	종료주일	新 공동기도문	성금요일예배(6일) 고난주간새벽기도회 (4/2-8)	
	8	부활주일	부활주일행사, 홈커밍데이		
	15	부활절후 제1주	세례식 & 성찬식		
	22	부활절후 제2주	선교헌신주일 가정예배의 날 (저녁 8시)		
	29	부활절후 제3주	기관찬양경연대회 (4부) 선교팀별	스타트새벽예배(5/1)	

	6	부활절 후 제4주	어린이주일, 유아세례		5(토) 어린이날
5 열정	13	부활절 후 제5주	어버이주일		
	20	부활절 후 제6주	스승의 주일 가정예배의 날 (저녁 8시)		
	27	성령강림주일	젊은 부부 주일	성령강림새벽기도회 (5/28-6/1) 스타트새벽예배(6/1)	28(월) 석탄일

2012년 목회 일정

Advise

"계획에 실패하는 것은 실패를 계획하는 것과 같다."

"기획은 믿음의 비전을 현실화하는 더 큰 믿음으로 나가게 한다."

Apply

기획목회의 원리

1. 목적과 목표설정의 원리

   "성서적 목적 진술이 분명한가?"

2. 우선순위의 원리

   "목회 전반의 흐름과 중요도를 분석하라!"

3. 효율성의 원리

   "욕망보다는 필요를, 필요보다는 의(義)를, 의보다는 덕(德)을, 덕 보다는 하나님의 뜻을 우선하라!"

4. 연계성의 원리

   "불필요한 갈등과 중복을 피하고 에너지를 집중시켜라!"

5. 동기부여의 원리

   "기획으로 사람들의 마음을 움직여라!"

6. 평가의 원리

   "평가는 기획의 마감이며, 새로운 기획의 토대이다."

7. 통전적 성장의 원리

   "영성적 기능과 실천적 기능의 균형을 이루라!"

15

교회 부흥의 파워: 홍보

Anticipate

1. 지역 안에서 당신의 교회를 어떻게 홍보하고 있는가?
2. 교회가 추구해야 할 이미지에는 어떤 것들이 있는가?

전도사 시절에 전라남도 목포 해안의 안자도에서 사역하던 때의 일이다. 육지에 볼일이 있어 배를 타고 나오려면 종종 약장수 아저씨가 함께 탄다. 으레 도시로 나오는 배는 장날에 맞춰 물건 사러 나오는 사람들로 붐비기 마련인데, 이를 잘 아는 약장수가 돈주머니 두둑한 손님들을 노리는 것이다.

신기하게도 약장수의 만병통치약이 분명 가짜라는 걸 알면서도 막상 그의 설(說)이 시작되면 애써 마음을 돌이켜도 귀가 쫑긋해지고 결국 안 사고는 못 배긴다. 사실 돈이 없어 그랬지 돈만 있었으면 나도 얼른 한 병 사서 챙겼을 것이다.

그런데 언제부터인가 내 마음에 이런 생각이 들었다. '저 약장사는 가짜 약을 가지고도 진짜 만병통치약처럼 파는데, 나는 명약 중의 명약, 신약과 구약의 복음을 가짜만도 못하게 팔고(?) 있구나!' 어떻게 하면 예수 그리스도, 진리의 복음, 생명을 살리는 교회를 보다 쉽게, 그리고 호감 가도록 전파할 수 있을까? 바로 그것이 홍보 사역에 대한 자극과 도전을 준 계기가 되었다고 할 수 있다.

작은 교회 홍보의 중요성

그후 교회를 개척하면서 홍보의 중요성이 더욱 민감하게 다가왔다. 흔히들 '홍보'하면 상품을 그럴 듯하게 포장해서 세상에 알리는 상업적 행위로 여긴다. 하지만 개척 목회 현장에서 터득한 홍보에 대한 이해는 사뭇 남다른 의미가 있다.

1. 개척 교회(작은 교회)의 홍보 전략은 교회 생존과 직결되는 사안이다.

개척 교회치고 소위 목 좋고 교통 편리한 곳에 번듯한 건물 가지고 시작하는 교회는 거의 없다. 눈에 잘 띄지도 않는 상가 건물 한쪽에 온갖 간판 피해가며 교회 이름자 하나 새겨두면 다행이다. 그러니 어쩌다 제 발로 찾아오는 사람이 있기라도 하면 그저 감개무량할 뿐이다. 위풍당당한 십자가 탑을 앞세운 큰 교회들은 건물 하나만으로도 사람들의 시선을 끌고 관심 있는 지역 주민들을 초청하기에 상당한 매력을 갖고 있는 것이 사실이다. 어찌 주님의 몸 된 교회를 건물로 비교할까마는 개척 교회가 극복해야 하는 환경적 열악함이란 당해 보지 않고는 심정을 헤아리기 어렵다.

개척 교회는 겉이 아닌 속으로 승부해야 한다. 그러나 속을 보여주는 일은 좀처럼 쉬운 일이 아니다. 부지런히, 지속적으로, 호감 있게 교회의 존재를 알려라. 건강한 교회의 모습, 실력과 영성을 갖춘 목회자, 영적 필요에 대한 기대감을 충족시킬 만한 교회라는 확신을 주어야 한다.

이에 대한 한 가지 대안으로 교회 홍보물, 특히 고정적으로 발간되는 주보에 신경 쓸 것을 권하고 싶다. 주보를 단순한 순서지로 여기지 말고 교회의 얼굴로 생각하라는 것이다. 개척 초기에 4쪽의 소책자형 주보를 품위 있고 특색 있게 발간하여 큰 효과를 거둔 경험이 있다.

지금도 우리 교인들은 그 당시 교회 주보를 나눠 주고 사람들의 호의적인 반응에 신이 났던 기억을 무용담처럼 말하곤 한다. 시, 칼럼, 말씀 등의 읽을거리와 교회 분위기를 느끼게 하는 산뜻한 디자인은 개척 교회 주보라는 인상을 전혀 주지 않을 뿐 아니라 '괜찮은 교회'라는 이미지를 갖게 했던 것이다. 물론 기획하는데 적잖은 투자가 필요했지만 그 값은 톡톡히 해낸 셈이다.

2. 홍보 활동은 전도 활동이다.

개척 교회에서 홍보 전략은 곧 전도 전략과 직결된다. 생각해보라. 대형 교회의 성도들 1000명이 지역사회에 나가서 교회를 한 마디씩 자랑하는 것과 10명 미만의 개척 교회 멤버들이 지역사회에 나가서 교회를 알리는 것이 비교가 되겠는가. 따라서 개척 교회는 그만큼 자신을 지역사회에 알리는 일에 더욱 힘써야 하는 것이다.

개척 교회가 전략적인 홍보 활동을 통해 지역사회와의 접촉점을 만드는 것은 전도의 씨앗을 뿌리는 일이다. 일일이 만날 수 없는 많은 전도 대상자들에게 다양한 홍보 활동을 통해 미리 교회의 이미지를 각인시켜 놓고 그것을 전도 끈으로 이어가는 것이다.

가끔 동네에서 산책을 하다 보면 서초교회 성도가 아닌데도 반갑게 인사하는 분들이 있다. 그래서 한번은 인사하는 분께 나를 어떻게 아시냐고 물었더니 "서초동에서 목사님 모르면 간첩이죠"라고 말한다. 이유인즉 때마다 절마다 신문에 끼워오는 전단지에 고정 출연하는 얼굴이라는 것이다.

이렇듯 전도 현장에서도 홍보는 탁월한 매개체이다. 전도팀원들이 교회 인근 지역에 전도하러 가면 "아, 그 교회요? 문화 행사하는 교회죠?", "새벽기도 전단지 봤어요", "부활절 계란 받았어요" 등 이미 교회 이름자 정도는 아는 경우가 많다. 당연 전도의 물꼬를 트기가 쉽고 자연스럽게 교회를 소개할 수 있는 기회를 얻게 되는 것이다.

3. 홍보의 시너지 효과는 돈으로 계산할 수 없다.

많은 목회자들이 홍보비 지출을 망설이는 것은 홍보비용과 전도(동원)된 사람을 상환 비례적(홍보비를 전도된, 혹은 행사에 초대된 인원수로 나누어 일인당 비용으로 환산함)으로 계산하기 때문이다. 그러나 이것은 천하보다 귀한 한 영혼을 투자가치로 환산하는 오류임은 물론, 홍보 활동으로 인한 시너지 효과를 깨닫지 못하는 것이기도 하다. 곧 홍보를 통해 얻을 수 있는 예상치 못한, 간접적이고 부수적인 효과들을 놓치고 있다는 것이다.

예를 들어 그동안 서초교회는 1년에 몇 차례 있는 특별새벽기도회를 지역사회와 함께 하는 기독교 절기 문화로 특화시키고 대대적인 홍보활동을 수행했다. 곳곳에 설치하는 현수막, 전단지, 스티커 등이 주로 사용되는데 솔직히 그 비용이 만만치 않다.

한때 재정부와의 견해 차이로 홍보비 절감을 위해 홍보 활동을 중단한 적이 있었는데, 오히려 홍보의 필요성을 절감하는 계기가 되었다. 홍보를 했을 때보다 한국교회 성도들의 참석률이 크게 떨어졌고, 내부 교인들에게조차 참여 분위기가 저하됨을 확인했기 때문이다. 새벽기도 헌금도 다른 때에는 홍보비가 충분히 충당되고도 남을 만큼 되었던 반면 현저한 감소율을 나타냈다. 그때 이후로 재정위원 가운데 특별새벽기도회 홍보비 투자에 대해 이의를 제기하는 사람은 아무도 없다.

시너지 효과에 있어 한 가지 덧붙여 말한다면 홍보를 통해 특별새벽기도회에 참석한 타교인들 가운데 서초교회에 대한 좋은 이미지를 품고 스스로 홍보 대사를 자처하여 자신들이 출석하는 교회까지 인도하지 못하는 인근 주민들을 기꺼이 서초교회로 인도하고 전도 대상자로 소개해 주었던 것이다.

이처럼 홍보 활동은 개척 교회나 작은 교회의 목회 활동 영역 중에서도 특별한 가치를 지닌다. 여기서 한번 더 강조하고 싶은 것은 홍보 활동은 꾸준히 지속적으로 수행되어야 한다는 것이다.

홍보는 교회와 지역사회가 공유하는 커뮤니케이션의 채널이기 때문에 지속적으로 실행되지 않으면 어느새 의사소통이 단절되고 기억 속에서 잊혀지기 마련이다. 서초교회의 한 새가족은 "큰길가에 서초교회 새벽기도 현수막이 걸리는 걸 보면서, 또 한 계절이 지나간다는 걸 느끼게 된다"라고 말한다. 또 어떤 사람은 "한참 동안 서초교회 전단지가 안 보이면 무슨 일이 있나 하는 걱정도 들고, 왠지 받아야 할 걸 못 받은 것 같은 조바심이 나기도 한다"고도 말한다.

당장에 어떤 효과를 기대하고 홍보하는 것은 바른 원리가 아니다. 이슬비에 옷 젖는다는 말이 있지 않은가? 지역사회에 당신의 교회가 살아서 존재하고 있음을 다양한 방법을 통해 수시로 알려라. 사람들은 자신도 모르게 우리 교회를 '잘 알고 있는 교회'로 인식하게 될 것이다.

세상으로부터, 그러나 구별되게

홍보에 대한 정보와 시대적인 흐름을 파악하는 데는 백화점이 안성맞춤이다. 개척 초기에는 가끔씩 일부러 백화점을 방문해 입구의 현수막을 시작으로 각종 광고지, 상품 진열 및 매장 인테리어 등을 꼼꼼히 살펴보며 홍보 감각을 익히곤 했다. 그때 얻은 힌트 가운데 한 가지는 고급스럽고 세련된 홍보물일수록 단순미와 여백미의 조화가 뛰어나다는 것이다. 또한 한눈에 들어오면서도 가슴에 여운을 남기는 독창적인 문구도 놓칠 수 없다.

그러나 주의할 점이 있다. 상업적 홍보는 사람의 심리를 교묘히 자극해 구매 의욕을 불러일으키고 이윤추구를 위해서는 과대 선전, 과대 포장도 서슴지 않는 경우가 많다는 사실이다. 종종 바겐세일, 할인판매, 경품행사 등을 대대적으로 홍보하지만 실상 세일 품목은 한정되어 있거나 품절된 상태여서 고객으로 하여금 배신감과 허탈감을 느끼게 하는 것을 본다. 안타까운 일이지만 간혹 교회 홍보 활동에서도 상업적 광고를 연상케 하는 경우들이 없지 않다. 언젠가 모 교회에서 전도초청주일 행사 경품으로 소형 자동차와 냉장고 등을 내건다는 이야기를 듣고 놀란 적이 있다.

분명히 말하지만 어디까지나 교회 홍보의 생명은 진실성에 있다. 혹자는 반문할지 모른다. 원래 홍보라는 깃 자체가 대상에게 호감을 주기 위해 좋은 이미지를 부각시키는 것인데 개척 교회의 경우 진실성을 강조하면 자랑할 것이 어디 있냐고 말이다.

그러나 여기서의 진실함이란 부족한 것을 다 드러내야 한다는 말이 아니라 과대 선전으로 말미암아 오히려 신뢰감이 저하되는 것을 배제하고 성실하게 최선을 다해 준비하는 모습을 보여주라는 것이다.

나는 특별새벽기도 전단지를 만들 때 20일 혹은 40일 동안의 설교 본문과 제목을 싣는다. 사실 많은 설교를 한꺼번에 구상하고 제목을 정한다는 것이 그리 쉬운 일은 아니다. 그럼에도 불구하고 사람들로 하여금 말씀에 대한 기대감을 품게 하고 목사의 성실함에 대해 신뢰를 갖게 하는 기회임을 믿기에 그 정도의 어려움은 감수하는 것이다. 포장지의 아름다움은 뜯는 순간뿐이다. 결국 사람들의 관심은 내용이 무엇인가에 달려 있다.

교회 Image-Making　　　그러면 건전한 홍보활동을 위해 교회가 추구해야 할 이미지는 무엇인가? 건강한 교회의 이미지를 한 마디로 말한다면 '예수 그리스도의 이미지'라고 할 수 있다. 하지만 예수 그리스도의 속성은 너무나 다양하기에 무엇을 어떻게 우선적으로 부각시키느냐의 문제는 결코 단순한 일이 아니다. 중요한 것은 목회자의 신학과 비전, 차별성 있는 장점을 이미지화하는 동시에 교회의 규모와 환경 등을 고려하라는 것이다.

만약 이제 막 지역사회의 새로운 공동체로 탄생한 개척 교회가 지나치게 거시적인 비전을 부각시키면 분명 무리가 따를 것이다. 이는 가능한가 아닌가의 문제를 말하는 것이 아니라, 자칫 대중들과 공감대를 형성하지 못하고 오히려 현실감 없는 이상주의로 오해받는 것을 염려하는 것이다. 무슨 일이든 '적당한 선'을 유지하는 것이 중요하다. 너무 과하면 신뢰성이 저하되고 너무 약하면 동기부여가 어렵다. 이를 기초로 개척 교회를 특징짓는 3가지 기본 이미지를 소개한다면 다음과 같이 설명할 수 있겠다.

1. 변혁적 이미지

새로운 탄생, 또한 작은 것이 주는 첫 느낌은 '신선함과 생동감'이다. 분명한 것은 개척 교회를 찾아오는 사람들이 갖는 기대감은 유구한 전통 속에서 성장해 온 대형 교회에 대한 것과는 사뭇 다르다는 것이다. 생각해 보라. 작은 교회의 방문자 중에 중후한 파이프오르간이나 클래식 앙상블의 멋진 음악을 기대하는 사람이 있겠는가? 아니면 유럽식 인테리어의 고풍스러운 분위기를 상상하고 올 사람이 있겠는가?

개척 교회의 특징 가운데 하나를 꼽는다면 변화에 민감하고 유동적으로 대처할 수 있다는 것, 곧 변혁적 이미지이다. 전통과 형식이라는 이름 하에 대형 교회에서는 보기 어려운 개혁지향적인 모습을 개척 교회는 자연스럽게 보여줄 수 있는 것이다.

개인적인 소신이지만 나는 개척 당시부터 지금까지 목사 가운을 입지 않았다. 이는 성서적, 신학적인 입장과는 전혀 무관한 문제이다. 나의 의도는 새롭게 출발하는 개척 교회로서 개혁 지향적인 마음가짐을 상징적으로 표현한 것에 지나지 않는다.

성도들 중에는 담임목사가 가운을 입지 않으니 왠지 권위가 없어 보인다며 반대한 사람들도 없지 않다. 그러나 나로서는 몇 안 되는 성도들 앞에서 가운을 입은 모습이 도리어 어색해 보이기도 하고 거리감을 주는 것 같다는 생각이 들었다. 결과적으로 처음 서초교회를 방문하는 사람들의 대다수는 담임목사의 자연스런 모습에 친근감을 느끼고 신선한 느낌을 받았다고 평한다.

그러나 잊지 말아야 할 것은 이런 개혁 지향적 모습이 단지 외적인 형태로 보여지는 것이 아니라 교회의 성서적 본래성을 끊임없이 추구하는 정화(淨化)의 과정 속에서 자연스럽게 베어 나온다는 사실이다.

2. 사랑의 이미지

교회는 사랑의 공동체이기에 누가 오든지 사랑받고 있다는 '거룩한 착각'에 빠지도록 해야 한다. 더욱이 작은 교회를 찾아오는 사람들은 대형교회에서 익명성을 보장받는 것보다는 무언가 친밀하고 아기자기한 애정을 기대하는 경우가 많다.

그러므로 개척 목회자는 성도들 한 사람 한 사람이 스스로 소중하게 여김을 받고 있다는 마음이 들도록 세밀하게 섬겨야 한다. 작은 교회가 큰 사역을 감당할 수 있는 이유는 바로 인정감과 소속감으로 충만한 성도들의 희생과 충성이 있기 때문이다.

서초교회에서는 이러한 사랑의 이미지를 홍보하는 방편으로 각종 게시물과 홍보물 등에 다음과 같은 문구들을 기록하여 은연중에라도 사람들의 마음속에 한 영혼을 소중히 여기는 교회로 알려지도록 하고 있다.

"만남을 소중히 여기는 ○○○ 목사"

"사람을 존중하고 사람을 키우는 교회"

"교회는 건물이기보다 사람입니다."

3. 평안의 이미지

평안의 이미지는 인생의 근본적인 문제에 대해 대안을 얻을 수 있는 곳으로서의 모습이다. 다시 말해 고난, 환란, 모든 의심과 의문 등 인생의 제반 문제에 대해 함께 고민하며 참된 진리의 길을 제공하는 동반자로서 교회가 존재한다는 것을 알리는 것이다. 그래서 서초교회 전도팀원들은 종종 "인생 방황은 예수님 만나면 끝나고, 교회 방황은 서초교회 오면 끝난다"라고 말하곤 한다. 교회가 평안의 동반자가 되어 주겠다는 것이다.

평안이란 원래 심적이고 내면적인 상태의 안정을 뜻하지만 이미지로써 나타낼 때에는 '편안한 느낌과 분위기'로 표현할 수 있다. 누구나 올 수 있는 교회, 누가 와도 편안하게 예배드리며 신앙생활 할 수 있는 여건을 조성하는 것이다.

한 가지 경험을 통해 터득한 것은 목회자의 이미지가 곧 교회의 이미지로 직결된다는 사실이다. 목회자는 직접적으로든 간접적으로든 모든 목회 활동의 영역에 노출되어 있다. 따라서 성도들은 교회를 소개할 때에도 자연스럽게 목회자에 대한 이미지를 전달하게 된다. 예배, 양육, 전도를 통해 사람들은 목회자와 직간접적으로 관계를 맺고 그 과정에서 얻는 여러 느낌을 교회에 대한 이미지로 확산시키게 되는 것이다.

그런 의미에서 목회자는 교회를 방문하는 모든 사람들을 최상(?)의 표정과 매너로 대하기 위해 부단히 노력해야 한다. 그것은 사람들에게 조금이라도 더 편안하고 즐거운 마음으로 교회에 머무를 수 있도록 하기 위함이다.

예를 들면 예배의 시작을 알리는 멘트를 할 때도 "다 같이 경건한 마음으로"와 같은 상투적이고 경직된 말보다는 "안녕하세요? 반갑습니다. 우리의 맘과 뜻을 모아 기쁨으로 하나님께 나아갑시다"라고 한다. 물론 환한 미소와 표정은 기본이다.

하지만 어찌 목사도 사람인데 늘 밝은 표정만 짓겠는가? 그래서 개척 초기에 스스로 고안해낸 방법이 설교단상 위에 해맑게 웃고 있는 어린아이 사진을 붙여 놓는 것이었다. 아무리 속상하고 언짢은 일이 있어도 그 사진만 보면 나도 모르게 환한 미소를 짓게 된다. 또 한 가지 방법은 컨디션이 좋지 않은 상태에서는 가능한 성도들을 만나지 않는 것이다. 미소는 미소를 전염시키고 피곤은 피곤을 전염시키기 마련이다.

홍보 전략의 실제   이상에서 우리는 건강한 교회 이미지를 창조하는 몇 가지 단편적인 예를 살펴보았다. 조금만 신경 쓰면 얼마든지 호감 가는 이미지를 창출할 수 있다. 홍보 전략은 교회마다 기대하는 목적과 목표, 여건, 대상 등이 다르므로 다양하게 개발되고 적용되어야 한다. 창조적 홍보전략 구상에 보탬이 되었으면 하는 바람에서 조금 낡았더라도 개척 당시 현장에서 활용했던 홍보 유형을 열거하고 그 특징들을 간략하게 소개해 본다.

1. 전단지: 전단지는 디자인도 중요하지만 전달 과정을 세심하게 점검해야 한다. 신문에 대량으로 배포하는 경우에는 신문의 종류 및 시기, 요일 등을 미리 분석해야 한다. 가급적 전단지가 많이 삽입되는 신문, 백화

점 바겐세일시즌 등을 피하고 불신자를 대상으로 하는 초청행사는 일반 신문을, 새벽기도와 같은 신앙집회는 기독교 신문을 활용하는 것이 효과적이다.

부흥회 및 특별새벽기도 전단지

2. 책갈피: 사순절기나 대강절기와 같이 일정 기간 동안 연속적인 행사가 진행될 때 효과적이다. 수첩이나 책 사이에 끼울 만한 크기의 코팅지에 행사 일정과 기도문, 또는 기도제목을 양면 인쇄한다. 일정표와 중보 기도지로 활용할 뿐만 아니라 주보와 함께 사용하면 전도지나 초청카드로도 훌륭하다.

절기 목회를 위한 책갈피

3. 달력: 연중 사용하는 벽걸이용 달력은 가능한 전형적인 성화(聖畵)보다는 문화 예술적 이미지를 활용한다. 이는 새가족이나 전도대상자, 인근 상가 등에 홍보물로 활용하기 위함이다. 매월 진행되는 소중한 일(행사)을 달력 하단에 기록하면 목회 일정을 자연스럽게 소개할 수 있으며, 교회의 영적 슬로건이나 표어들을 '이달의 명언'으로 기록함으로써 우리 교회만의 방향성을 공유할 수 있다. 또한 초청 행사가 있는 달에는 일일 기도제목과 초청자를 위한 주간 이벤트를 기록한 탁상 달력을 만드는 것도 효과적이다.

교회 일정과 슬로건 등이 담긴 탁상 달력

4. 스티커: 특별 행사의 분위기를 고조시키고 교인들로 하여금 홍보 대사로서 각자 역할을 각인시키는 방법이다. 주로 주일예배 때 가슴에 부착하거나 차량에 부착할 스티커로 제작한다.

부착용 스티커

5. 순서지: 각종 집회 순서지는 조금 번거롭더라도 행사가 있기 전 주일부터 배포하는 것이 효과적이다. 교인들로 하여금 참여를 독려하고 초청자를 모셔오도록 미리 마음을 준비케 하는 것이다.

새벽집회 순서지

6. 카드, 편지, 엽서: 부활절이나 크리스마스 때 절기 의미를 담은 메시지와 더불어 카드를 발송한다. 특별한 절기가 아니더라도 계절에 맞는 행사를 준비하고 대상을 선정해 꽃잎이나 낙엽을 담은 편지를 보낸 적도 있다. 물론 예전처럼 우편엽서를 보내는 시절은 아니지만 교회의 정기적 프로그램을 홍보하는데 엽시 형태의 브로서를 활용하는 것은 여전히 유효하다. 어떤 형식이든 의

직장인 예배 홍보 엽서

례적으로 보내는 것 같은 인상을 주지 않고 특별한 관심의 표현이 되도록 해야 한다.

7. 전도지, 소개지: 전도지의 3대 요소는 쉽게, 호감 있게, 인상 깊게이다. '주 예수를 믿으라'와 같은 천편일률적인 문구보다 믿지 않는 사람들의 가슴에 부딪히는 감동의 메시지를 전해야 한다. 서초교회는 '사랑의 편지'라는 시리즈 전도지로 이웃들로부터 좋은 호응을 얻었는데 '마이클 조던과 함께', '인생의 네 가지 질문', '결코 놓칠 수 없는 기회', '당신의 쉼터' 등 사람들에게 관심과 호응이 될 만한 글들을 실었었다. 그중 한 가지 내용을 소개하면 다음과 같다.

세기적 스타 마이클 조던이 NBA 농구 결승전 게임에서 뛰어난 기량으로 68점을 득점했다. 그런데 게임 종료 5분전 그 팀에 소속된 유망한 신인 선수가 나와 1득점을 올렸다. 경기 후 승리의 소감을 묻는 기자들의 질문에 신인선수는 이렇게 대답했다.

"오늘은 내 생애 최고의 날이다. 내가 농구선수로서 가장 존경하는 마이클 조던과 함께 69점을 득점해 우리 팀이 승리했다."

서초교회는 인생 최고의 승리자 예수 그리스도와 함께 뜁니다. 우리는 당신과 한 팀이 되어 함께 승리의 기쁨을 나누고 싶습니다.

8. 간행물 및 도서: 이 달의 주제 메시지와 소식, 행사, 중보기도문 등을 실은 교회 네트워크지는 전도나 심방, 교회 방문객 등에게 좋은 홍보물이다. 새벽예배마다 함께 낭독하는 중보기도문은 새벽예배에 참석하

는 타 교회 교인들에게도 서초교회의 비전을 알리고 동참하게 하는 통로
가 되기도 한다.

또한 담임목사의 저서는 그 어떤 자료보다도 탁월한 홍보기능을 한
다. 이를 위해 이왕 설교를 준비할 때 출간을 염두에 두고 잘 기획하여
고정 분량의 원고를 준비하는 것이 좋다. 그러면 일정기간이 지난 후 설
교 원고를 그대로 묶어 책을 출간할 수 있게 된다. 아직 출판하는 것이
부담스럽다면 대표적이고 자신 있는 설교를 택해 단편 소책자를 만들거
나 자체 출판(독립출판)을 해보는 것도 한 방법이다.

| 월간기도네트워크 | 새벽기도설교 모음집 | 단편설교 소책자 |

9. 현수막: 요즘은 저렴한 가격으로 다양한 디자인의 현수막을 제작해
편리하게 사용할 수 있다. 그런데 현수막을 아무 데나 걸었다가는 해당
관청이나 주변 아파트, 상가 관리소 등에서 수거해 가기 십상이다.

따라서 평소에 현수막을 게시할 수 있는 적정 공간을 선정해 인근 주
민, 관리사무소, 그리고 동사무소 등 해당 기관과 좋은 유대 관계를 맺어

두어야 한다. 추수감사절 현수막을 게시할 즈음 동사무소나 관리사무소에 감사절의 의미와 게시물에 대한 특별한 보호(?)를 감사하는 작은 정성을 전달해 보라.

어쩌면 그들은 당신의 교회 현수막이 자주 게시되기를 고대하게 될지도 모르며, 궁극적으로 지역 전도의 문을 넓히는 계기를 마련할 수도 있을 것이다. 또 한 가지, 미적 감각을 살리는 실내 현수막을 이용해 홍보와 인테리어의 일석이조 효과를 얻는 방법도 있다.

실내 현수막

실외 현수막

10. 안내표지: 특히 건물이 잘 눈에 띄지 않는 개척 교회의 경우 다소 비용이 들더라도 큰길가와 길목에 표지판을 설치하는 것이 좋다. 그래야

교회를 소개할 때 상세히 말하지 않고 간략하게 "어디부터 교회 표지판이 있습니다"라는 식으로 안내할 수 있게 된다.

11. 방송 영상: 자신의 설교 중 대중적으로 은혜가 되는 것들을 녹화하거나 녹음하여 홍보용으로 활용한다. 대대적으로 특별행사를 개최할 때는 행사의 취지와 의미, 교회소개, 찬양, 설교 등도 담아볼 수 있다. 전에는 테이프나 CD를 활용했지만 요즘은 인터넷을 통해 초보자도 쉽게 영상 컨텐츠를 제작 배포할 수 있으므로 활용해볼 만하다.

12. 인터넷: 인터넷 홍보는 지속적인 업그레이드 작업이 필요하므로 관리자가 확보될 때 시작하는 것이 좋다. 담임목회자가 직접 인터넷 상담 등의 사이트를 관리하는 경우가 있는데 자칫 인터넷에 시간을 빼앗겨 다른 사역에 지장을 초래할 수도 있음을 유념하자.

13. 기념품: 전도용 티슈나 생활용품 외에도 부활절 달걀상자와 미니 크리스마스트리 등이 있다. 서초교회는 매년 부활절에 부활절의 유래를 적은 쪽지와 함께 작은 상자에 달걀을 담아 인근 주택과 상가에 전달한다. 달걀 나누기는 다른 한편으로 전교인 전도의 날 행사이기도 하다. 또한 성탄절에 미니 크리스마스트리에 교회이름이 적힌 작은 카드를 달아 주변 약국, 식당, 병원, 상가 카운터에 비치한다. 트리를 비치할 때는 연말에 다시 회수해 갔다가 내년 성탄절에 다시 가져오겠다고 여운을 남겨 계속적인 유대관계를 이어간다.

14. 점심시간 다과 봉사: 직장인들의 왕래가 많은 곳에 위치한 교회라면 점심시간에 적당한 장소를 택해 다과 봉사를 시도해 볼만하다. 식사를 하고 들어가는 직장인들에게 음료와 사탕을 제공하면서 자연스럽게 교회 유인물을 전한다. 이 방법은 요일을 정해 고정적으로 시행해야 인지도가 생기고 관계를 확보할 수 있다.

교회 홍보의 과제

이 밖에도 홍보 전략은 생각하기에 따라 무궁무진하다. 단지 우리에게는 얼마나 효율적이고 효과적으로 홍보 전략을 수행할 것인가 하는 과제만이 남아있을 뿐이다.

한국영화업계의 성공 전략 가운데 홍보와 관련한 두 가지가 요소가 있는데 하나는 '대중문화의 흐름을 민감하게 포착'했다는 것이고, 다른 하나는 '영화에 참여하는 인력의 질이 크게 향상되었다'는 것이다.

교회 홍보는 문화적 매개체를 통해 세상 사람들과의 커뮤니케이션 공간을 확보하는 것이다. 그러므로 교회 역시 세상 문화의 흐름을 민감하게 포착하고 그것을 선용하여 전도의 기회로 삼아야 한다. 홍보는 선포하는 것이 아니라 다가감이다. 부패하지 않는 신선함으로 또 친밀하게 세상 속으로 침투해야 한다.

이런 홍보는 결코 겉만 번듯한 포장이 되어서는 안 된다. 질적인 향상이 없이 홍보 전략만 앞세운다면 사람들은 곧 실망하고 말 것이다. 기독교의 가장 큰 홍보는 내적 성숙을 통해 '아름다운 삶의 향기'를 발하는 것이다. 진정 우리 교회가 건강한 교회, 좋은 교회, 선한 교회의 모습으로 사람들의 입에서 입으로 전해지는 소문난 교회가 되기를 희망해 본다.

Advise

"개척 교회 홍보 전략은 교회 생존과 직결된다."

"홍보 활동은 전도 활동이다."

"홍보의 시너지 효과는 돈으로 계산할 수 없다."

Apply

교회 Image–Making

1. 변혁적 이미지

   "개척 교회에 대한 사람들의 기대감을 파악하라."

2. 사랑의 이미지

   "누구든지 사랑받고 있다는 거룩한 착각에 빠지게 하라."

3. 평안의 이미지

   "미소는 미소를 전염시키고 피곤은 피곤을 전염시킨다."

16
교회 성장의 상승 요소

Anticipate
1. 교회의 성장과 상승의 기회를 어떻게 붙잡을 수 있는가?
2. 성장을 위해 목회자가 지불해야 할 대가는 무엇인가?

비행기가 이륙하지 못하면 어떻게 되는지 상상해 본 적이 있는가? 누군가는 "비행기가 날지 못하면 자동차만도 못하다"라고 말했다. 그러나 당연하게만 여겨지는 이륙의 과정이 실상 눈에 보이는 것처럼 쉬운 일만은 아니라고 한다. 언젠가 비행기 조종사로부터 비행기가 이륙할 때 전체 연료의 반 이상이 소모된다는 말을 듣고 놀란 적이 있다. 땅을 박차고 창공으로 날아오르는 일에는 그만한 에너지와 대가가 필요한 것이다.

목회 역시 마찬가지이다. 목회는 생명을 살리고 생명을 키우는 일이기에 언제나 변화의 역사가 일어나야 한다. 그것이 곧 성장이요 부흥이다. 변화해야 할 때 변화하고, 성장해야 할 때 성장하고, 상승해야 할 때 상승하지 않으면 결국 침체와 쇠락(衰落)의 길을 가게 될 것이다(전 3:1-17).

사실 누구나 인정할 만한 특수 상황이 아니고서야 성장을 추구하지 않는 사람이 어디 있겠는가? 아니, 특수한 상황일지라도 성장을 추구하는 것이 목회자의 본심이다. [9] 아이가 태어나 계속해서 자라지 않는다면 그 부모의 심정이 어떠할지는 자명한 일이다.

특히 개척 교회의 성장 부진에서 오는 중압감은 중대형 교회의 정체 현상과는 비교하기 어렵다. 성장하지 않으면 목회자 스스로 위축되는 것은 물론이거니와 교회 내에 불안, 부정, 분열의 조짐이 일고, 리더십이 공격받거나 상실되기 쉽다. 진정 때를 놓치지 않기 위해 끊임없이 변화를 시도하고 간절히 기도해야 할 것이다.

"주여, 비상(飛上)의 기회를 놓치지 않게 하소서!"

기회 포착을 위하여　　　그러면 우리는 어떻게 상승과 성장의 기회를 붙잡을 수 있는가? 기회는 결코 우리를 기다려 주지 않는다. 우리가 앞서 기다리고 서서 스치는 기회를 포착해야 하는 것이다. 성장하는 교회마다 나름의 상승의 비법을 가지고 있겠지만 부득이 나의 경험을 토대로 말하는 것을 이해하기 바란다.

1. 교회 성장 사이클을 주시하라.

성장 사이클을 파악하는 데는 일반관찰과 개별관찰의 두 측면이 있다. 일반관찰은 주로 시대적 상황과 교계의 흐름을 파악하는 것을 말한다. 예를 들면 IMF 경제공황, 선거시즌, 남북교류 등 사회, 정치, 문화적

---

9) 무엇이 성장인가에 대해서는 Part 3 Program 8장 참조.

분위기를 파악하고 이에 대한 교회의 대처 방안을 구상하는 것이다. 개인적으로도 고난과 시험의 위기상황이 닥치면 어딘가에 의지하고 싶고 종교심이 강화되는 것과 마찬가지로 사회적 불안과 위기상황은 사람들을 교회로 인도할 수 있는 좋은 기회가 될 수 있다. 이런 때에는 책망과 회개를 촉구하는 예언자적 역할보다는 사랑과 위로, 그리고 희망을 불어넣는 목회가 강조되어야 한다고 본다.

IMF 시절 나는 '고통을 행복으로 바꾸는 비결'이라는 제목으로 시리즈 설교를 준비하고, '한계를 뛰어넘지 못하면 더 이상의 성공은 없다'라는 주제로 새벽예배를 진행하여 교회 갱신과 도약의 계기를 마련한 바 있다. 성장을 위해서는 시대와 역사에 대한 민감성이 요청된다.

또한 일반관찰에 있어 교계의 흐름을 파악하는 것은 그 시대의 영적 동향을 인식하는 것이다. 이는 결코 어떤 유행을 좇으라는 것이 아니라, 시대를 주도하는 교회 성장의 흐름 안에는 성도들의 욕구와 필요가 포함되어있다는 전제를 인정하는 자세이다.

예를 들면 부흥 사경회, 강해 설교, 제자훈련, 경배와 찬양, 전도 폭발, 영성목회, 셀그룹 등 각 시기마다 교회 성장을 주도해 왔던 현상들은 교회 나름대로 시대적 요청에 부응한 것이었다. 물론 이들은 한시적인 문화 현상이 아니라 본질을 보존하고 계승하는 곳에서는 계속해서 성장의 동력으로 작용하고 있음을 밝혀 둔다.

목회자는 일반관찰을 할 때 교회에 대한 사람들의 요청이 무엇인지를 민감하게 파악하고 그것을 어떻게 목회에 창조적으로 적용할 것인가 고민해야 한다. 특히 작은 교회들은 큰 교회에서 행해지는 목회 패러다임을 그대로 수용할 경우 많은 한계에 부딪히기 마련이다. 목회자는 마치

파도타기를 하듯 자신의 영적 체중과 기술을 고려하여 교계의 흐름을 타고 넘으며 성장을 향해 나가야 하는 것이다.

한편, 성장 사이클에 대한 개별관찰은 교회 내의 성장도를 꾸준히 체크하는 것에서 시작된다. 성장도에 대한 측정 중에 가장 기초적인 것은 예배 참석 인원을 살피는 것이다. 단순히 누가 왔는지 안 왔는지를 보는 것이 아니라 주별, 월별, 계절별 등 체계적으로 성도들의 이동 흐름을 파악해야 한다. 예배 인원 통계와 관련된 나의 경험 중 대표적인 두 가지 내용만 소개하면 다음과 같다.

1) 연말연시(11월말~1월)를 교회 성장의 적기(適期)로 삼는다.

언뜻 생각하면 모두가 바쁘고 분주한 때가 아니냐고 반문할지 모른다. 그런데 바로 그 점이 우리에게 유익이다. 연말연시가 되면 외롭고 소외된 사람들은 누군가의 초청과 방문이 그리운 때이고, 분주하게 움직이는 사람들 역시 한해를 의미 있게 마감하고 새해를 새롭게 맞이하고 싶은 소망을 품게 된다. 또한 그 와중에 성탄절이 포함되어 있으니 자연스럽게 교회문화를 접할 수 있는 기회가 되지 않겠는가.

그래서 서초교회에서는 열매 맺는 계절 가을부터 성장과 부흥의 분위기를 조성하고 겨울의 문턱에서 이웃초청주일을 개최한다. 특별히 성탄절은 지역 사회와 함께 하는 날로 준비하여 경찰서, 소방서 등 공공기관 종사자에게 감사를 표하고 독거노인, 소년소녀 가장, 환우들을 섬기는 일대일 봉사자를 쿰(구역)별로 지정하여 예수 탄생의 의미를 되새기기도 한다.

2) 여름 휴가철이나 명절 기간 등은 성장을 위한 에너지 보충기간으로 삼는다.

더러는 교회에 나올 수 없는 상황에서 나오도록 하는 것이 진짜(?) 목회라고 말하는 이들도 있다. 하지만 나의 목회지론은 "쉴 때 쉬고, 일할 때 일하자"이다. 간혹 공휴일이나 명절이 주일과 겹쳐있을 때면 나는 설교도 짧게 전한다. 성도들로 하여금 편히 가서 가족들과 관계를 회복하는 가정사역을 담당하도록 배려하는 것이다. 목회자 자신도 영적, 육체적 안식으로 에너지를 보충하고 이후의 목회를 구상할 수 있는 좋은 기회가 된다.

2. 예배 시간을 분할하라.

교회학 연구자들의 조사에 따르면 예배 인원이 예배당 좌석의 70%이상을 상회하는 때부터는 전반적으로 성장의욕이 감소하고 전도에 대한 긴장감보다는 현 상태를 유지, 안정시키려는 경향이 짙어진다고 한다. 나 역시 현장 목회 경험을 통해 동감하는 바이다. 이러한 시점에서 계속적으로 성장률을 상승시키기 위해서는 예배시간을 분할하는 것이 좋은 대안이 된다.

예배시간을 분할함으로써 얻는 효과는 먼저, 그동안 교회가 성장 부흥했음을 공식적으로 선포하고 계속적인 성장을 위한 다짐을 촉구하는 것이다. 그로 인해 성도들은 교회 생활에 대한 자부심과 성취감을 느끼고 전도에 대한 긴장감을 유지하게 된다.

또한 예배시간 분할은 교회 내적으로는 시간 선택의 폭을 넓혀 예배 참석률을 높이고 외적으로는 전도 대상자들이 올 수 있는 시간대를 확장하는 것이다. 어떤 이들은 예배시간의 분할이 온전한 주일 성수를 방해한다고 주장하기도 하지만, 그것은 어떤 의미에서 소위 본예배라고 불리는 주일 낮 예배 중심적 사고일 수 있다. 더구나 신앙이 연약한 신자들에게는 무조건 주일 성수를 강요하기보다 올 수 있는 시간대에 예배드리도록 권하는 것이 바람직한 일일 것이다.

한 가지 덧붙인다면 예배시간 분할은 사역자를 확보하고 훈련시키는 계기가 된다. 예배 횟수가 늘어남에 따라 성가대, 안내위원, 예배위원 등 봉사자도 확충되어야 하기 때문이다.

여기서 한 가지 염두에 두어야 할 것은 한참 성장 중에 실시한 예배 분할은 영원한 분할이 아니라는 점이다. 다시 말해 예배당이 물리적으로 확장될 때 분할되었던 모든 시스템이 다시 하나로 통합될 수 있도록 그에 대한 조직 운영 방침을 미리 생각해 두어야 하는 것이다. 뿐만 아니라 예배 분할은 사전에 철저히 준비되지 않고 시간대만 분리해 놓을 경우 오히려 성장을 방해하는 요소로 작용할 수 있으므로 세심한 기획이 요청된다.

3. 예배당을 확장하라.

예배를 분할하는 것만으로 모든 것이 해결되지는 않는다. 오랜 전통과 일반 대중들의 습관상 주일 낮 시간(11시를 전후)에 예배 인원이 몰리기 때문이다. 서초교회의 경우 이를 극복하기 위해 11시 예배를 10시와 11시 반으로 분할해 봤지만 역시나 11시 반 예배에 참석 인원이 몰렸다. 이렇게 예배를 분할했음에도 주요 시간대로 여겨지는 예배의 인원이 다시 예배당의 70% 이상을 차지할 경우, 목회자는 예배당 확장을 고려해야 한다. 물론 예배당 확장은 예배 시간대를 분할하는 것과는 비교할 수 없을 만큼 목회자의 앞장선 희생과 헌신이 필요하다.

염려스러운 것은 간혹 개척 목회자들 가운데 교회 건물 짓는데 너무 집착하여 교회가 성장하기도 전에 무리하게 건축을 시도하는 것이다. 이에 대해서는 많은 논의가 있을 수 있겠지만 성장의 원리는 지속적으로 꾸준히, 그리고 한 단계 한 단계 발전해 나가야 한다고 믿는다.

서초교회가 3번의 확장 이전 과정을 시험 들거나 낙오하는 성도들 거의 없이 부흥 성장의 계기로 삼을 수 있었던 것은 현재보다 더 발전적인 목표를 설정하면서도 결코 무리한 확장이 아니라 해볼 만한 도전으로 여겼기 때문이다.

교회만 지으면 다 된다는 식의 목회가 아니라 더불어 함께 성장하고 꾸준히 발전해 나가는 'Step By Step'의 원리를 붙들었던 것이다. 그러므로 잊지 말자. 우리의 모델은 급성장한 몇몇 교회가 아니라 원리에 충실하여 지속적으로 성장하는 다수의 교회이다.

4. 성장을 지향하는 영적 슬로건을 외쳐라.

영적 슬로건은 성도들의 마음과 정신을 하나로 집중시키는데 탁월한 효과가 있다. 영적 슬로건 자체가 직접적으로 교회 성장을 이끄는 것은 아니지만 이를 통해 교회 성장을 향한 비전을 품게 하고 미래를 준비하는 강력한 동기를 부여할 수 있다.

서초교회 이전 당시 "부담 드려서 죄송하다"는 나의 말에 한 성도는 이렇게 대답했다. "올 것이 왔는데요, 뭘." 생각이 말을 낳고 말이 행동을 낳는 법이다. 말하면 믿음이 생긴다. 믿음이 있어야 행동할 수 있다. 모름지기 건강한 교회는 말하는 대로, 기도하는 대로, 교회 강단에서 선포하는 대로 믿음의 역사가 일어나는 교회이다. 그동안 서초교회에서 사용했던 슬로건을 소개하면 다음과 같다.

1) 월별 슬로건(달력 삽입 문구)

21C 새 사람 새 교회 새 역사를 위하여!(영원한 목적)

1월: 하나님으로부터 위대한 일을 계획하라! 하나님을 위하여 위대한 일을 시도하라!

2월: 기적은 오늘도 우리를 향해 달려오고 있다. 그러나 기적은 준비된 자에게 기적 되는 것이다!

3월: 하늘을 높이 나는 새는 강을 어떻게 건널까 염려하지 않는다.

4월: 절망의 자리, 그곳은 언제나 부활의 주님을 만날 수 있는 곳이다!

5월: 아버지가 자녀를 위해 줄 수 있는 최대의 축복은 그들의 어머니, 곧 아내를 진심으로 사랑하는 일이다.

6월: 너희가 이 나라를 살리려면 먼저 교회를 든든히 세워라! - 칼빈

7월: 하나님은 먼저 우리를 예배자로 부르시고 그 다음 일꾼으로 사용하신다.

8월: 불타는 열정과 적당한 쉼이 어우러질 때 비로소 그대, 빛나는 새가 되어 하늘을 날 수 있다.

9월: 사람이 일하면 사람이 일할 뿐이지만, 사람이 기도하면 하나님이 일하신다.

10월: 초의 능력은 크기에 있는 것이 아니라, 자신을 불태우는 데 있다.

11월: 감사의 분량이 행복의 분량이다.

12월: 인간 역사의 가장 위대한 날은 인간이 달에 처음 도착한 날이 아니라, 하나님의 아들이 이 세상에 오신 날이다. - 아폴로15호 선장, 어윈

2) 기타 슬로건

21세기를 열어가는 새 사람 새 교회 새 역사를 위하여!(연중표어)

배움, 확신, 행동-성령님과 함께!(연중표어)

행동하는 그리스도인-성령님과 함께!(연중표어)

먼저 교회를 든든히 세워라!(연중표어)

나도 한 사람, 너도 한 사람, 우리 모두 한 사람!(초청주일)

새 시대를 사랑으로!(LOVE 콘서트-초청)

새 행진곡을 연주하라!(신년 특별새벽기도)

한계를 넘어서지 못하면 더 이상 성공은 없다!(새해맞이 특별새벽기도)

우리의 작은 한 걸음, 그러나 인생을 위한 거대한 도약!(사순절 특별새벽기도)

함께 가자, 꿈의 기지 새 성전을 향하여!(새성전 입당)

5. 성장을 위한 이벤트를 터뜨려라.

어느 교회나 총동원주일, 이웃초청주일 등의 행사를 개최한다. 그러나 중요한 것은 그것이 일회적 행사로 그치지 않고 성장을 자극하고 실제로 성장의 열매를 맺는 기회가 되어야 한다는 것이다. 성장을 위한 이벤트는 얼마든지 다양하게 진행할 수 있다.[10] 여기서 한 가지 짚고 넘어가야 할 것은 성장을 위한 이벤트가 전도 지향적 삶의 연속선상에서 진행되어야 한다는 것이다.

이벤트는 성장에 대한 열망과 평소 실천해온 전도 지향적 삶의 에너

---

10) Part 3 Program 11장 참조.

지를 집중시켜 공동체적 부흥의 발판을 마련하는 의미를 갖는다. 따라서 이벤트 이후에도 계속적인 후속조치는 물론 전도 지향적 삶에 대한 새로운 다짐이 일어나야 한다. 만약 이벤트를 개최하는 당시에만 열기가 고조되었다가 다시 침체된 모습으로 되돌아간다면 오히려 행사에 대한 면역성(?)만 높일 뿐이다.

6. 믿음의 용량을 높여라.

교회는 성장과 성숙의 양 날개에 의하여 부흥의 비상을 하게 된다. 곧 성장, 성숙, 부흥은 보완과 상승의 함수관계인 것이다. 흔히 교회 성장론이 공격을 받는 이유는 바로 성장과 성숙의 수위조절에 실패하는 경우 때문이다. 목회자들이 결코 잊지 말아야 할 것은 성장에 대한 인간적인 동기부여와 설득은 한계가 있다는 것이다. 성장과 더불어 믿음의 용량, 영적 수치가 높아지지 않으면 그것은 기술과 방법에 지나지 않는다.

그러므로 언제든 성장비전은 기도로 점화되고 기도로 이어지며 기도로 마쳐야 한다. 믿음의 용량은 하루아침에 확장되는 것이 아니기 때문에 지속적인 교육과 훈련, 영적 체험 등이 병행되어야 한다. 특별히 교회가 한 단계 성장하는 중요한 시점에 있어서는 더욱더 기도와 말씀으로 무장할 수 있게 해야 한다.

한 예로 봄, 가을에 개최되는 서초교회 이웃초청행사는 언제나 특별 새벽기도회로 시작해왔다. 물론 주일예배의 메시지를 통해서 충분히 동기부여가 되도록 분위기를 만든다. 릴레이 기도나 중보기도회, 밤기도 등이 동시에 진행되지만 전체적인 기도모임의 중심은 새벽예배로 모아진다. 새벽시간에 태신자(초청대상자)를 가슴에 품고 기도하며 말씀을 통해 믿음을 견고히 하는 동안 자연히 전도에 대한 담력을 얻고 성장의 비전을 꿈꾸게 되는 것이다.

믿음으로 결단하지 않으면 믿음의 결실도 없다. 기도로 행한 일만이 기도의 응답으로 확신하게 된다. 교회 성장 지수와 더불어 성도들의 영적 성장 지수를 상승시켜라.

7. 목회자의 총체적 역량을 확장하라.

교회 성장은 목회자의 성장과 비례한다. 사실 예전에는 이 말을 잘 실감하지 못했다. 헌데 한 가지 분명해진 것은 성장하는 목회자는 교회 성장을 위해 몸부림친다는 사실이다. 목회자의 영성이 깊어질수록, 믿음이 커질수록, 지식이 늘어갈수록 어떻게 하면 성도들을 예수 제자로 양육하며 교회를 부흥시킬 것인가를 노심초사 고민하게 되는 것이다.

목회자의 총체적 역량을 강화한다는 것은 전문성을 향상시키는 것과는 차이가 있다. 현대는 전문성이 강조되는 시대이기에 목회자 역시 자신만의 독특한 은사를 개발해야 한다는데 반대하는 것은 아니지만 그럼에도 불구하고 목회 사역은 전인적 리더십이 요청된다. 왜냐하면 목회 리더십의 최고 경지는 예수 그리스도의 전인적 리더십이기 때문이다.

전문성, 또는 한 방면에 치우치다 보면 균형감각을 상실하고 지도력의 누수현상을 가져오기 마련이다. 그렇다고 모든 것을 다 잘하라는 이야기가 아니다. 다만 어떠한 영역에서든 평균치 이상의 수준과 실력을 쌓아가야 한다는 것이다. 특히 개척 목회자들에게 전인적 리더십을 강조하고 싶다. 쉽게 생각해 보라. 부임목회, 더구나 중형 이상의 안정된 교회에 청빙되어 목회하는 경우와 개척 목회자에게 요청되는 리더십이 같을 수 있겠는가?

물론 완전한 능력을 갖추고 개척 목회를 시작하는 사람은 없다. 한 가지 지혜가 있다면 교회가 한 단계 한 단계 성장할 때마다 보다 강하게 요청되는 리더십에 부응하는 것이다. 예를 들어 처음 교회를 개척했을 당시, 교회 성장을 위해 나는 설교와 기획에 집중했다. 톡톡 튀는 아이디어와 행사 기획을 통해 전도하고, 한번 설교를 들은 사람은 반드시 우리 교인이 되게 하겠다는 일념으로 설교에 온 힘을 쏟았던 것이다.

그러나 교인이 100명 이상 되면서부터는 양육과 행정에 대한 리더십이 더해져야 했다. 또한 계속해서 200명, 300명, 400명, 교인이 증가할 때마다 핵심멤버훈련, 은사배치, 팀 네트워크 등 조직 구성의 리더십이 요청되었다. 만약 그때그때 요청되는 리더십에 부응하여 성장하지 못했다면 어떠했겠는가?

사실 성장을 향해 나간다는 것은 매력적인 말 같지만 이는 자기 자신을 쳐서 복종시키는 비장한 의지를 포함하는 말이다. 혹시 '교회가 커지면 나도 큰(?)목회자가 되겠지' 하고 오해하는 자가 있는가? 목사들끼리 하는 말 중에 '교회 지어놓고 교회에서 쫓겨난다'는 말이 있다. 실제로 교회 건축이나 성장에 집착하다가 어느 순간 목회자 자신은 탈진해 버리는 경우를 목격하게 된다.

교회가 성장 부흥하기까지는 목회자의 뼈를 깎는 헌신이 밑거름 되어야 한다. 특히 개척자는 경제적, 시간적, 육체적, 가정적, 아니 삶의 전 영역에서 자신을 관제로 드리는 희생을 각오해야 하는 것이다.

그러나 그 희생은 쓰고 없어질 것이 아니라 목회자의 믿음이 성장하고 영성이 깊어지며 그리스도의 인격을 닮아 가도록 하는 연단이 되어야 한다. 그리하여 교회 성장의 정점에서 목회자 스스로가 가장 많이 성장한 사람이라고 자부할 수 있어야 하는 것이다.

나는 교회 성장을 위한 특별기도를 선포할 때마다 "이번 기회를 통해 나의 약점 중 한 가지만이라도 개선하고 변혁합시다"라고 도전을 준다. 물론 그것은 나 자신에 대한 도전이기도 하다. 목회자는 교회 성장을 이끄는 자로서 먼저 하나님으로부터 능력을 공급받고 앞장서 성장을 체험해야 한다. 만일 교회 성장률이 목회자의 성장률을 앞선다면 어느 순간 목회자의 리더십은 상실되고 말 것이다.

십자가 사랑의 능력으로

상승을 시도하고 성장의 고지를 점령하는 길은 결코 쉬운 일이 아니다. 우리는 앞에서 비행기가 이륙하는 순간 전체 에너지의 반 이상이 소모된다는 사실을 이야기했다. 대가 없이 이루어지는 성장은 없다.

문제는 교회가 한 단계 성장하는 순간마다 목회자에게 요청되는 피와 땀과 눈물의 대가를 어떤 동기로 기꺼이 지불하겠느냐 하는 것이다. 성장을 통해 맛보는 희열 때문인가? 아니면 우리의 넉넉한 인내심과 강인한 의지 때문인가?

중국 선교에 생애를 바쳤던 선교사 허드슨 테일러의 일화이다. 노년에 그는 자신에게 무언가 조언을 듣고자 찾아온 젊은 선교사들의 방문을 받았다. 그가 먼저 젊은이들에게 "당신은 왜 선교를 하시려고 합니까?"라고 묻자 그들은 "저는 이 황무지 같은 중국 땅에 교회들이 서는 것을 보고 싶습니다.", "저는 중국 사람들이 복음을 듣고 미개한 삶에서 벗어나기를 바랍니다"라고 자신에 차서 대답했다.

그러자 허드슨 테일러는 빙그레 웃으며 이렇게 말했다.

"나는 아닙니다. 나는 중국이 사랑스러워서도 아니고, 이곳 생활이 즐거워서도 아닙니다. 모래 바람이 일고 미개한 사람들이 살고 있는 이 문명의 불모지가 무엇이 그리 좋겠습니까? 그러나 내가 이곳에 있는 것을 원하지 아니하고 즐거워하지 않음에도 불구하고, 내 안에는 이 일을 위하여 목숨을 버릴 수밖에 없게 만드는 그 무엇이 역사하고 있습니다. 그것은 곧 그리스도가 나를 위해 죽으셨다는 것입니다(Jesus died for me)."

이렇듯 십자가 사랑에 붙잡힌 자들만이 조금도 사랑스럽지 않은 것을 그리스도로 말미암아 사랑하고, 조금도 즐겁지 않은 것을 그 사랑으로 말미암아 즐거워하며, 도저히 내 힘으로 감당할 수 없는 십자가의 길을 그리스도의 강권하시는 사랑으로 말미암아 기뻐하며 걸어갈 수 있다. 바로 그 십자가 사랑의 정점에서 우리는 예수 부활의 능력으로 말미암아 비상의 날개를 활짝 펴고 성장의 고지를 향해 날아오르게 되는 것이다.

"그리스도의 사랑이 우리를 강권하시는도다(고후 5:14)"

"비상을 위해서는 그만한 에너지와 대가 지불이 필요하다."
"상승해야 할 때 상승하지 못하면 그것은 퇴보요, 쇠락이다."

Apply

1. 교회 성장 사이클을 주시하라.
   "시대와 교회 상황을 동시에 살펴야 한다."
2. 예배 시간을 분할하라.
   "분할과 통합을 적절히 활용해야 한다."
3. 예배당을 확장하라.
   "step by step의 원리를 붙들어야 한다."
4. 성장을 지향하는 영적 슬로건을 외쳐라.
   "성도들의 마음과 정신을 집중시켜라."
5. 성장을 위한 이벤트를 터뜨려라.
   "공동체적 부흥의 발판을 마련한다."
6. 믿음의 용량을 높여라.
   "성장지수와 성숙지수가 함께 가야 한다."
7. 목회자의 총체적 역량을 강화하라.
   "교회 성장은 목회자의 성장에 비례한다."

Part 5 • Pastor

리더십은 선한
영향력이다

Path Breaking 5P

Pastor

17
개척 목회 리더십

Anticipate

1. 지도자와 보스, 지도자와 관리자는 어떻게 다른가?
2. 어떻게 자신의 목회 리더십을 향상시킬 것인가?

미국 풀러신학교의 지도자학 교수인 로버트 클린턴(Rovert Clinton)은 『영적 지도자 만들기』에서 지도자에게는 반드시 두 가지 과정이 필요하다고 말했다. 첫째, 지도자는 하나님의 인도 과정을 거쳐야 한다. 둘째, 지도자는 자기 자신의 개발과정을 거쳐야 한다. 다시 말해 지도자는 택함을 받을 뿐 아니라, 끊임없는 자기 훈련을 통해 세워진다는 것이다. 그러므로 우리는 이렇게 말할 수 있다.

"진정한 리더십은 자리를 획득하는 것이 아니라 능력을 개발하는 것이다."

이러한 원칙은 목회 리더십에도 예외가 아니다. 목회자의 궁극적인 목적은 목사가 되는 것이 아니라 '목사됨', 곧 목사다운 목사로 사는 것이다. 그래서 한 신학대학 학장은 자신의 서재에 "먼저 사람이 되시오! 먼저 성도가 되시오! 먼저 학자가 되시오! 그리고 목사가 되시오!"라는 의미심장한 격언을 걸어두었다고 한다.

리더십이란 무엇인가?   리더십에 관한 이야기는 이미 수많은 책의 주제가 되어 왔다. 나는 그중에서도 특히 존 맥스웰(John Maxwell)이 말한 "리더십은 영향력이다"라는 정의를 자주 인용한다. 곧 한 개인이나, 조직체로 하여금 하나의 목표에 도달하도록 이끄는 영향력으로 리더십을 평가하는 것이다. 이 지도자의 역할은 보스(Boss)나 관리자(Administration)의 그것과 비교할 때 그 의미가 더욱 명확해진다. 지도자와 보스, 지도자와 관리자는 어떻게 다른가?

1. 지도자는 보스가 아니다.

  1) 보스는 '가라'고 명령하지만 지도자는 '가자'고 권한다.

  2) 보스는 겁을 주지만 지도자는 희망을 준다.

  3) 보스는 누가 잘못하고 있는지 지적하지만, 지도자는 무엇이 잘못되었는지 지적한다.

2. 지도자는 관리자가 아니다.

  1) 관리자는 현실에 순응하지만 지도자는 현실에 도전한다.

  2) 관리자는 눈앞에 닥친 일만 보지만 지도자는 먼 곳까지 내다본다.

  3) 관리자는 '언제, 어떻게'를 문제 삼지만, 지도자는 '무엇을, 왜' 하는지를 문제삼는다.

  4) 관리자는 모방하지만 지도자는 창조한다.

그렇다면 당신은 어느 유형인가? 지도자인가, 보스인가, 관리자인가? 하지만 당신이 어떤 유형이든 진정한 지도자를 추구해야 한다. 교회는 이해득실을 위해 상호 교환적 관계로 모인 것이 아니라 상호 변화적 관계, 즉 서로의 인격 속에 체험되어지는 비전, 신뢰, 평안, 영생 등의 영적 행복감으로 인해 자발적으로 모이는 공동체이기에 그만큼 리더십의 비중이 클 수밖에 없다.

리더십 없이는 교회를 세워갈 수도, 성장할 수도 없는 것이다. 따라서 진정 교회의 건강과 성장을 열망한다면 먼저 끊임없는 자기 변혁을 통해 목회 리더십을 개발해야 할 것이다. 교회 성장은 목회자의 성숙에 비례한다.

리더십의 성장 단계

이미 전제한 바대로 리더십은 고정된 상태이기보다는 끊임없는 수련을 통해 점진적으로 향상되는 자기 계발의 과정이다. 사람은 누구나 자신이 소유한 잠재적인 영향력, 리더십을 증진시킬 수 있다. 그렇다면 지금 나의 리더십은 어느 정도 수준에 머물러 있는가? 리더십은 크게 5단계로 평가할 수 있다.

1. 지위의 단계

사람들이 단지 지도자의 직위 때문에 의무감에서 따른다. 말 그대로 직책상의 지도자일 뿐이다. 지위 단계의 지도자는 대부분 권위로 사람들을 억누르고 지시한다. 따라서 사람들의 진심 어린 호감을 기대하기란 거의 불가능한 일이다. 당연히 비전 성취의 가능성은 희박하고, 사기는 날이 갈수록 더욱 저하된다.

2. 실력의 단계

사람들이 지도자가 행하는 전문적인 능력과 일에 대한 성과를 높이 평가한다. 그는 실력 있는 지도자이다. 그러나 사람들이 인정하는 것은 그의 능력과 실력이기에 성과가 지속적으로 나타나지 않으면 더 이상 지도자로서 존중받기 어렵다.

3. 인격의 단계

사람들이 지도자의 훌륭한 인품과 매너에 존경을 표한다. 그는 인간미 넘치는 지도자이다. 사람들은 지도자를 좋아하고 기꺼이 따른다. 반면에 지도자의 도덕적 실수나 인품을 손상시키는 행동에 대해서 무척 예민하다. 이 단계의 리더십은 목적 지향적이기보다는 관계 지향적이어서 공동체의 비전과 성장에 둔감해질 가능성이 있다.

4. 재생산의 단계

사람들이 지도자를 통해 얻은 유익에 감격한다. 그는 사람을 키우는 지도자이다. 그로 말미암아 사람들이 변화되고 성숙하여 또 다른 지도자로 세워지며, 그들은 자신의 지도자에게 존경과 충성을 다한다. 그로 말미암아 비전을 향한 공동체의 행진에 가속도가 붙게 된다.

이때 가장 위험한 장애물은 지도자의 교만이다. 사람들의 충성심은 지도자의 비이성적 행동에 대해서도 매우 관대한 반응으로 나타나 지도자로 하여금 자기기만의 덫에 빠지도록 유혹한다.

5. 통합의 단계

지도자는 모든 단계의 어려움을 신앙으로 극복하고 리더십의 정상에 도달한다. 직위, 실력, 인격, 재생산의 리더십이 신앙 안에서 조화를 이루는 동시에 몸소 모범을 보여 실천하는 지도자의 헌신적 자세로 인해 사람들은 감동한다. 그 결과 사람들은 진정한 동반자를 자청하며 지도자와 그의 비전을 위하여 목숨까지도 아끼지 아니하는 것이다(대상 11:18, 행 16:3-4).

그런데 리더십 향상에 있어 주의할 점은 리더십의 각 단계는 이전 단계를 포함한다는 것이다. 통합의 리더십은 어느 한 순간 모든 단계를 초월하여 나타나는 것이 아니라 한 단계 한 단계 성장의 과정을 거쳐 모든 상황에 대한 리더십을 섭렵하고 체득함으로써 얻게 된다. 따라서 통합의 리더십을 가진 지도자는 경우에 따라 각 단계의 리더십을 시의 적절하게 발휘할 줄 아는 사람이라고 할 수 있다.

리더십은 유동적이어서 삶의 태도에 따라 성장하기도 하고 퇴보하기도 한다. 아무리 탁월한 리더일지라도 일생동안 전혀 굴곡 없이 수직 상승하는 사람은 없다. 때때로 실수하고 실패하여 바닥을 기어 다닐 때도 있고 깊은 수렁을 헤매기도 하지만, 그것은 위기를 가장한 기회이다.

우리는 때때로 뒤로 걷는 것이 앞으로 걷는 것보다 건강에 더 유익하다는 사실을 잘 알고 있다. 실패와 좌절의 순간만큼 인간을 성숙하게 하는 기회도 드물다. 중요한 것은 어떠한 순간에도 포기하지 않고 새롭게 변혁을 시도해야 하는 것이다. 우리에게 있어 멈춤은 정지 상태가 아니라 퇴보이다. 끊임없는 자기 성찰, 자기 변혁, 자기 훈련만이 성장의 비결이다.

남달리 열심히 살아가는 한 벤처기업가는 "나는 100일마다 변혁을 시도한다"라고 했다. 그러나 상기하라. 목회자는 날마다 자신을 쳐서 변혁하는 사람이다.

"나는 날마다 죽노라(고전 15:31)"

리더십 향상을 위한 제안 그렇다면 우리는 구체적으로 어떻게 목회 리더십을 향상시킬 수 있는가? 여기서는 리더십 향상의 키워드 5가지를 제안한다.

1. 실력으로 승부하라.

사실 얼마 전까지만 해도 단순히 목사라는 직위로 인해 존경받던 시절이 있었다. 하지만 모두가 공감하듯이 더 이상 직위나 권위에 대해 맹목적으로 순종하는 시대는 지나갔다. 사람들은 직임 맡은 자에게 합당한 실력과 기술을 기대한다. 특히 목회자는 성경, 교회, 영성, 이 세 분야에서 만큼은 타의 추종을 불허하는 지식과 능력을 갖추어야 한다.

언젠가 한 연합집회에 초청받아 예배당 앞자리에 앉아서 순서를 기다리고 있을 때였다. 사회를 맡은 목사님이 성경을 봉독하는데 워낙 긴 구절인데다 어려운 이름들이 쓰여 있는 본문이어서 그런지 다소 더듬거리며 읽어 내려갔다. 그러자 내 등 뒤에서 누군가 이렇게 중얼거리는 것이 아닌가. "밥 먹고 성경만 읽는 분이 왜 저리 더듬거리신담." 순간 얼굴이 후끈 달아오르는 느낌이었다. 우리도 종종 축구나 야구 같은 스포츠 경기를 보면서 결정적인 순간에 제 역할을 다하지 못하는 선수들을 보며 말하지 않는가. "밥 먹고 공만 차면서 골 하나 제대로 못 넣나. 프로 맞아?"라고 말이다.

목회자라는 말은 목회와 관련된 영역에서 만큼은 아마추어가 아닌 프로페셔널, 곧 전문가요 실력자라는 뜻이다. 그렇다면 나는 진정 목회 전문가로서의 실력을 갖추었는가?

야구선수 박찬호가 미국 메이저리그에서 한창 활약 중일 때 한 기자가 "지난 크리스마스는 어떻게 보내셨습니까?" 라고 묻자, 그는 이렇게 대답했다고 한다.

"마침 첫눈이 내려 마음이 들뜨더군요. 아는 가수의 공연에 참석하고, 가까운 친구들과 회식을 했습니다. 분위기도 그렇고 모처럼 동료들과 술이나 마시며 한껏 기분을 내고 싶더군요. 하지만 순간, '아, 이제껏 이런 마음을 자제하고 맹훈련을 했기에 지금의 내가 있지 않았던가' 하는 생각이 스쳤습니다. 실제로 지금까지 저를 지켜준 것은 다름 아닌 자제력이거든요. 아쉬웠지만 벌떡 일어나 돌아왔고, 다음날 일찍부터 연습에 임했습니다. 정말 멋진(?) 크리스마스였습니다."

참으로 도전되는 이야기가 아닌가? 프로는 아무나 되는 것이 아니다. 그에 따르는 수고와 인내, 그야말로 피와 땀과 눈물의 대가를 지불해야 하는 것이다. 그래서 실력을 갖춰야 하는 것이다.

만약 당신이 진정으로 존경받는 목회자가 되기 원한다면 세계적인 기업, 인텔의 창업자이자 명예회장이었던 앤디 그로브(Andy Grove)의 충고를 기억하기 바란다.

"당신이 그 부서의 리더라면 자신이 리더가 될 자격이 있음을 매일 현장에서 입증해 보여주어야 한다."

2. 실력에 인격을 더하라.

실력이 일에 대한 전문성을 쌓는 것이라면 인격은 관계에 대한 덕(德)을 쌓는 것이라고 할 수 있다. 덕이란 상대방을 인정하고 존중하며 배려하는 마음으로 은밀히, 그리고 넉넉히 섬기는 것이다. 덕 있는 섬김은 사막의 오아시스와 같아서 잔잔한 감동과 행복을 일으킨다. 그래서 옛말에 "용장(勇將)보다는 지장(知將)이 낫고, 지장보다는 덕장(德將)이 낫다"고 하지 않던가.

인격자는 일보다 사람을 먼저 생각한다. 빠른 길보다는 더불어 가는 길을, 성과보다는 과정을 중요시하는 것이다. 그는 늘 사람들의 필요를 살피며 사람들의 요청에 귀 기울인다. 당연히 그와 관계를 맺는 모든 사람은 그를 신뢰하고 존경하며 기꺼이 따르게 되는 것이다. 당신은 성도들에게 사역을 요구하기 전에 그들의 요구에 대해 얼마나 민감한가?

『평생 고객을 만드는 법』의 저자 미셸 레보우프는 현대인의 욕구를 이렇게 표현한다.

내게 옷을 팔려고 하지 마세요. 대신 아름다운 인상, 멋진 스타일, 그리고 품위 있는 외모를 팔아주세요.

내게 보험 상품을 팔려고 하지 마세요. 대신 마음의 평화와 내 가족과 나를 위해 위대한 미래를 팔아 주세요.

내게 집을 팔 생각은 말아요. 대신 안락함과 만족, 되팔 때의 이익과 소유함으로써 얻을 수 있는 자부심을 팔아 주세요.

내게 책을 팔려고요? NO! 대신 즐거운 시간과 유익한 지혜를 팔아주세요.

내게 장난감을 팔려고 하지 마세요. 그 대신 내 아이들에게 즐거운 순간을 팔아주세요.

내게 물건을 팔려고 하지 마세요. 대신 꿈과 느낌과 자부심과 일상생활의 행
복을 팔아주세요.

제발 내게 물건을 팔려고 하지 마세요.

하이테크 시대일수록 사람들은 하이터치의 인격적 리더십을 고대한
다. 나보다 남을 낮게 여기는 겸손함으로, 또한 너의 아픔이 곧 나의 아
픔이라는 동병상련의 마음으로 상대의 입장에 눈높이를 맞추는 것이야
말로 목회 리더십의 기본기인 것이다. 그러니 잊지 말라.

"실력은 감탄을 자아내지만, 인격은 감동을 일으킨다!"

3. 소수의 핵심 인물을 붙잡아라.

서양 격언 가운데 이런 말이 있다. "모든 사람과 친구가 되겠다는 사람
은 누구와도 친구를 하지 않겠다는 것이다."

아무리 뛰어난 지도자일지라도 모든 사람에게 동일한 영향력을 행사
하기란 불가능하다. 그러므로 지도자는 가능성 있는 사람들을 선택, 훈
련하여 지도자로 양성하고 그들로 하여금 비전 성취의 주체가 되도록 이
끌어야 한다.

사실 예수님의 공생애 기간 동안 수많은 사역이 있었지만 그중 핵심
적인 한 가지를 꼽으라면 12제자 양육을 빼놓을 수 없다. 주님의 모든 사
역은 곧 제자들의 양육 과정이기도 했다. 그 결과 예수님은 건물이나 교
파 하나 남기지 않았지만, 그의 제자들을 통하여 복음으로 거대한 로마
제국을 무너뜨리고 오늘날까지 기독교 역사의 거대한 흐름을 면면히 이

어오게 한 것이다.

이처럼 지도자의 최우선적 사명은 말 그대로 사람들로 하여금 비전을 향해 나가도록 가르치고 인도하여 새로운 지도자를 키워내는 것이다. 이를 위해서는 소수의 핵심인물을 선발하고 에너지를 집중적으로 투자하는 것이 중요하다. 그렇다면 누구를 어떻게 선택할 것인가?

사람들은 보다 완벽한 사람을 찾지만 하나님은 선택한 사람을 준비시키신다. 그러니 무엇보다 간절히 기도하라. 기도는 사람의 눈이 아닌 하나님의 눈으로, 하나님의 기준으로 사람을 볼 수 있는 지혜를 얻게 한다 (약 1:5). 곧 그 사람의 과거와 현재보다는 앞으로의 발전 가능성을 내다보게 하는 것이다. 이런 희망적 시각에 대해 괴테(Goethe)는 다음과 같이 말했다.

"만약 당신이 현재의 모습대로 상대를 평가한다면 그는 더 이상 발전하지 못할 것이다. 그러나 더욱 발전된 모습을 기대하고 격려한다면 그는 이미 성장하기 시작했을 것이다."

4. 창조적 균형감각을 키워라.

창조적 균형감각이란 각기 다른 개별적 요소들을 조화시켜 공동체 전체의 성장을 도모하는 능력, 곧 하향 평균이 아닌 상향 조절의 리더십을 의미한다.

쉬운 예로 공동 사역을 하다보면 남다른 열정과 노력으로 탁월한 성과를 거두는, 시쳇말로 '뜨는 사람'이 있기 마련이다. 솔직히 지도자의 입장에서 보면 그저 고맙고 감사할 따름이지만 더불어 사역하는 동역자들과의 관계에 있어서는 미묘한 감정이 뒤따를 수 있다.

이럴 때 지도자의 현명한 처사가 요청되는데 절대 감정적으로 한 개인에게 치우치지 않으면서도 그의 탁월한 성과를 공동의 성과로 승화시켜 개인에게는 인정감을, 공동체 전체에는 신뢰감을 느끼도록 해야 한다. 그렇게 될 때 공동체의 성원들이 한 단계 더 높은 수준의 성장을 향한 도전과 성취의욕을 가지고 사역에 임하게 되는 것이다.

그런데 이러한 창조적 균형감각을 발휘하기 위해서는 무엇보다 통합적 안목이 있어야 한다. 이는 나무 한 그루를 넘어 숲 전체를, 또 숲 전체에서 나무 한 그루에 잠재된 에너지까지도 볼 수 있는 폭넓은 시각과 세밀한 통찰력을 말한다. 사실 평범과 비범의 차이는 '시각'의 차이라고 해도 과언이 아닐 것이다. 인간은 보는 대로 판단하고, 선택하며 행동하기 때문이다. 혹 알래스카에 관한 이야기를 들어본 적이 있는가?

원래 알래스카는 1958년까지 러시아의 영토였다. 러시아는 북극의 얼음 덩어리로 아무 쓸모없이 보이는 이 땅을 미국에 단돈 720만 달러(약 80억 원)를 받고 팔아 넘겼다. 당시 미국의 여론 역시 쓸모없는 땅을 사들이는 정부에 상당히 비판적이었는데, 그때 드와이트 아이젠하워(Dwight Eisenhower) 대통령은 이렇게 국민들을 설득했다.

"여러분, 나는 눈 덮인 알래스카를 바라보고 사는 것이 아닙니다. 그 안에 감춰진 무한한 가치를 보고 사자는 것입니다. 나는 우리 세대를 위해 그 땅을 사자는 것이 아닙니다. 다음 세대들을 위해서 그 땅을 사자는 것입니다."

현재 알래스카는 전 세계적으로 매우 중요한 지점이 되었다. 군사상으로는 미국의 북방 방위 거점인 동시에 북극 항공로의 중간 기착지인 국제공항의 역할을 하고 있다. 또한 세계 제일의 석유 및 천연가스 매장

지요, 세계 4대 어장 가운데 하나이며, 전 세계인들에게 각광받고 있는 관광지이다.

이처럼 영적 지도자는 겉이 아니라, 그 속, 그 내면, 그 깊은 것, 그리고 먼 미래까지 내다볼 수 있는 믿음의 눈, 곧 영적 통찰력을 소유해야 한다. 그래야 사역의 우선순위를 정확히 파악하고 조정과 통제, 조화와 균형을 이루며 공동체 전체가 한마음 한뜻으로 비전을 향해 나가도록 이끌게 되는 것이다.

5. 리더십의 에너지를 공급받으라.

일반 리더십과 목회 리더십은 무엇이 다른가? 그것은 아마도 '근원'의 차이라고 볼 수 있을 것이다. 좀 더 자세히 말해 일반 리더십이 사람의 지식과 지혜, 품성, 인격 등에 의존하는 것이라면 목회 리더십은 하나님으로부터 주어지는 신적 권위에 기인하는 능력이다. 즉 목회자는 인간의 한계를 초월하는 예수 그리스도의 지식과 지혜, 품성, 인격을 추구함으로써 그 리더십을 인정받게 되는 것이다. 그러므로 목회자는 무슨 일을 하기에 앞서 먼저 하나님과의 만남을 통해 리더십의 근원적 에너지를 공급받아야 한다.

미국의 식물학자 마르셀 보겔(Marcel Vogel)은 식물과 인간의 교감 관계를 연구하기 위해 다음과 같은 실험을 했다고 한다.

그는 싱싱한 나뭇잎 두 개를 따서 창가에 둔 다음 그중 한 개의 나뭇잎에는 사랑과 관심을 주고, 다른 잎은 철저히 무시했다. 그러자 흥미롭게도 사랑을 공급받은 나뭇잎은 그렇지 않은 잎보다 수명이 긴 것은 물론 훨씬 더 오래도록 푸른 상태를 유지한다는 결과가 나왔다. 중요한 것은 보겔이 이 실험 결과에 덧붙여서 소개한 인디언의 삶의 이야기이다. 인디언들은 기운이 쇠하면 깊은 숲 속으로 들어간다고 한다. 양팔을 활짝 벌린 채 그 숲의 큰 나무 기둥에 등을 대고 서서 나무로부터 나오는 힘과 생기를 받아들이는 것이다.

그렇다면 당신은 사역의 에너지를 어떻게 공급받는가? 인간적 노력과 수고, 인내만으로는 해결할 수 없는 목회 현장의 갈등 요소들을 어떻게 극복하고 있느냐는 것이다.

지금, 묵상과 기도의 숲으로 들어가 인류 역사상 가장 위대한 나무, 예수 십자가에 등을 기대고 주님으로부터 넘치는 에너지(영감, 영성, 영력, 영권)를 공급받으라. 이것이야말로 당신의 목회 리더십을 강화하는 강력한 에너지임에 틀림이 없다. 사탄은 오늘도 "무엇이든지 하라. 우리가 적극 도와주리라. 그러나 오직 한 가지, 기도만은 하지 말라"며 목회자를 유혹한다. 그럴수록 더욱 명심하라.

"사람은 방법을 찾지만 하나님은 기도하는 사람을 찾으신다."

소유 추구와 존재 추구　　　이제까지 살펴본 리더십 향상의 키워드를 다시 정리해 보면 다음과 같다.

1) 실력으로 승부하라. 당신이 그 부서의 리더라면 자신이 리더가 될 자격이 있음을 매일 현장에서 입증해 보여 주어야 한다.

2) 실력에 인격을 더하라. 실력은 감탄을 자아내지만, 인격은 감동을 일으킨다.

3) 소수의 핵심인물을 붙잡아라. 사람들은 보다 완벽한 사람을 찾지만

하나님은 선택한 사람을 준비시키신다.

　4) 창조적 균형감각을 키워라. 영적 지도자는 겉이 아니라, 그 속, 그
내면, 그 깊은 것, 그리고 먼 미래까지 내다볼 수 있는 믿음의 눈, 곧 영적
통찰력을 소유해야 한다.

　5) 리더십의 에너지를 공급받으라. 사람은 방법을 찾지만 하나님은 기
도하는 사람을 찾으신다.

　이상의 리더십 향상의 과정을 한 마디로 정리한다면 '존재 추구적 삶'
이라고 할 수 있다. 독일의 철학자 마틴 부버(Martin Buber)는 인간의 유
형을 크게 소유 추구형과 존재 추구형으로 구분한다. 전자가 '무엇이 있
느냐, 무엇을 갖느냐'에 집중한다면, 후자는 '어떤 존재가 되느냐, 어떻게
사느냐'에 우선순위를 두고 끊임없이 자신을 개혁한다.

　그리스도인이 추구하는 존재 추구의 궁극적 목표는 무엇인가? 그것은
바로 성숙한 신앙 인격, 곧 그리스도의 형상, 그리스도의 정신, 그리스도
의 삶을 본받는 것이다. 이를 위해 우리는 계속해서 실력을 연마하고, 인
격을 함양하고, 사람을 존귀히 여기고, 균형감각을 키우고, 영적 에너지
를 공급받아야 한다. 하나님은 내가 어떤 일을 하느냐보다 내가 누구인
가에 관심을 두신다. 곧 하나님의 일을 얼마나 했느냐보다 진정 하나님
의 사람인가를 물으시는 것이다. 그러므로 나는 목회 리더십을 이렇게
정의하고 싶다.

　"존재됨을 추구하는 과정에서 나에게 투영되는 그리스도의 조화로운
인격과 능력이다."

존재 추구를 위한 마스터플랜   우리는 이미 무슨 일을 하든지 철저한 계획과 정확한 설계도가 있어야 한다는 사실을 강조해 왔다. 인생의 목적, 곧 나의 존재됨을 추구하는 것 역시 결코 예외는 아니다. 목회자는 자신이 추구하는 존재됨 대한 분명한 목표와 밑그림을 그려야 한다. 그것은 내가 어떤 교회를 이루어 갈 것인가의 문제와도 직결되는 중요한 사안이다.

그런 의미에서 부끄럽지만 내 인생의 비전 설계를 동역자들에게 소개하고자 한다. 혹 설계한 대로 살고 있느냐고 묻는다면, 나는 단지 최선을 다해 노력할 뿐이라고 고백할 수밖에 없다. 물론 때로는 스스로 정해 놓은 목표들이 나를 자책하는 올무가 되기도 한다.

그러나 이러한 기준을 통해 끊임없이 자신을 성찰하고 개선하는 의지적 결단이 없다면 더 이상의 성장과 성숙은 없을 것이다. 모쪼록 나의 고민이 여러 목회자들의 고민인 줄 믿고 더불어 우리의 존재됨을 평가해 보는 기회가 되기를 소망해 본다.

1. 나의 인생관: 예수 흠복(欽服, 엡 4:13)

나의 인생관을 한마디로 요약하면 예수를 흠모하고 순종함으로 그리스도의 분량에까지 자라는 것이다. 이를 위해 5가지 삶의 원칙을 고수하고자 한다.

1) 실력함양: 사람은 실력이 있어야 자기의 전문영역에서 힘있게 일할 수 있다. 시대를 앞서간 모든 사람들은 다 자기 분야의 최고 전문가였다. 그들은 모두 책 속에 길이 있다고 믿고, 밤낮을 가리지 않고 책을 읽은 사람들이다. 그러나 무엇보다 한 권의 책, 곧 성경의 사람(존 웨슬리)이 되고

싶다.

2) 외유내강: 모든 이들을 가슴에 품고, 온유와 겸손으로 대한다. 그러나 나 자신에 대해서는 철저하게 관리한다. 시간관리, 감정관리, 인격관리, 외모관리를 철저히 하여 매력적인 사람이 되는 것이다. 이유는 모든 이들에게 복음이 능력 있게 나타나기 위함이다.

3) 중용지도: 좌로나 우로나 치우치지 않는 조화로운 신앙 인격이다. 그래서 나의 신앙 노선은 복음주의이다. 머리는 차갑고, 가슴은 뜨겁고, 말은 느리고, 일은 빠르게 하는 것이다. 인간관계는 감정에 치우치지 않고 공평무사하게 해결하는 승리기법(win&win)을 따른다.

4) 언행일치: 설교자로서 양심에 거리낌 없이 설교한다. 말한 대로 살고, 사는 만큼 설교하는 것이다. 욕망보다는 필요를, 필요보다는 의를, 의보다는 덕을, 덕보다는 하나님을 뜻을 추구한다. 그리고 모든 일을 긍정적으로 해석하고, 감사하며 자족한다(빌 4:12). 잘못한 일에 대해서는 정직히 사과한다.

5) 예배선행: 혼자 있을 때에도 예배자로 산다. 스스로 설교자, 인도자이기 전에 먼저 예배자가 되고, 예배의 성공자가 되는 것이다.

2. 나의 목회관: 섬김 목회(막 10:45)

최상의 리더십은 섬김의 리더십이다. 신앙인격에 근거한 온전한 섬김이야말로 우리를 감동시키는 가장 큰 영향력인 것이다. 예수님은 이렇게 말씀하셨다.

"인자가 온 것은 섬김을 받으려 함이 아니라 도리어 섬기려 하고 자기 목숨을 많은 사람의 대속물로 주려 함이니라(막 10:45)"

바로 이 섬김, 십자가에 죽기까지 우리를 섬기신 그 사랑, 그 구속으로 인하여 우리 역시 몸 바쳐 헌신하고 있는 것이다. 그렇다면 나는 어떻게 사람들을 섬길 것인가?

1) 복음열정: 늘 복음의 대한 확신과 능력으로 교회와 성도를 열정적으로 섬긴다. 교회 성장은 하나님에 대한 충성과 열망이라고 믿기에 오늘도 부지런하여 게으르지 않고 열심을 품고 교회를 섬기는 것이다(롬 12:11).

2) 사람사랑: 교회는 건물이 아니라 사람이므로 사람을 섬기고, 사람을 키우고, 사람을 살려내는 목회를 한다. 따라서 언제나 일보다는 사람을 소중히 여기는 것을 원칙으로 삼는다. 이는 한 영혼, 연약한 자까지 더불어 그리스도의 교회를 함께 이루어가고픈 나의 소망이다. 그러면 하나님께서는 사람을 통해 모든 필요를 채우실 것이다.

3) 설교생사: 목회는 각자 은사에 따라 다양한 형태로 할 수 있다. 나는 설교로 목회에 승부를 걸겠다고 생각하고 이를 위해 오랫동안 준비했다. 설교가 사람을 살리는 가장 확실한 방법이라 믿고, 목회사역 중 가장 많은 시간과 정성, 기도를 투자한다. 목회의 우선순위를 설교와 예배에 둔다.

4) 항상변혁: 종교개혁은 완성된 것이 아니라 지금도 진행 중이므로 본질은 변하지 않으면서도 접근 방법은 늘 시대에 맞게 변화한다. 본질적인 면에서는 나 자신이 변질되지 않았는가 늘 새롭게 성찰하고, 시대적인 면에서는 고착되지 않도록 신선하게 변화하여 나갈 것이다.

5) 영성목회: 이 모든 일은 내 힘으로 불가하다. 하나님이 도와주셔야만 가능한 것이다. 그래서 영성, 영감, 영력, 영권으로 충만해야 한다. 매

순간 성령의 충만을 받아야 하는 것이다. 교회의 중심은 예배이고, 예배의 중심은 말씀이고, 말씀의 중심은 예수 그리스도이고, 예수 그리스도의 중심은 성령 충만이다. 그리고 이 모든 것의 불쏘시개는 기도이다.

어떤 사람으로 기억되기 바라는가?

존재됨의 추구는 곧 자아실현을 위한 도전이다. 그리스도인에게 있어서 자아실현이란 무엇인가? 그것은 한마디로 하나님이 원하시는 사람이 되는 것이다.

한 중학교 선생님이 계셨다. 선생님은 어느 날 교실에 들어서자마자 "너는 죽은 뒤 어떤 사람으로 기억되기를 바라느냐?"라고 학생들 한 사람 한 사람에게 다가가 물어보셨다. 학생들은 느닷없는 질문에 어안이 벙벙한 채 아무 대답도 하지 못했다. 그러자 잠시 후 선생님은 껄껄 웃으시며 이렇게 말씀하셨다.

"나는 너희들이 이 질문에 대해 지금 대답할 수 있을 것으로 기대하지 않았다. 그러나 너희가 50세가 될 때까지도 여전히 이 질문에 대답을 할 수 없다면 그 사람은 인생을 잘못 살았다고 봐야 할 거야."

과연 당신은 어떤 목회자로 기억되기를 바라는가? 먼저 인생의 비전, 목적과 목표를 분명히 하라. 그리고 진정 하나님이 원하시는 나의 모습, 목회자로서 목회자다운 나의 모습을 꿈꾸며 끊임없이 변화를 시도하라. 리더십은 우리의 목표가 아니다. 그것은 하나님이 원하시는 사람이 되어가는 과정에서 발생하는 성장과 성숙의 에너지가 타인에게로 확장되는 것일 뿐이다.

그러므로 우리는 비록 목회자로서 완벽을 이룰 순 없을지라도 앞으로 보다 성숙한 존재, 예수 그리스도의 인격과 능력으로 충만한 목회자가 되기 위해 하루하루 수고와 노력을 아끼지 않아야 한다.

"내가 이미 얻었다 함도 아니요 온전히 이루었다 함도 아니라 오직 내가 그리스도 예수께 잡힌 바 된 그것을 잡으려고 달려가노라(빌 3:12)"

Advise
"진정한 리더십은 자리를 획득하는 것이 아니라 능력을 개발하는 것이다."
"먼저 사람이 되시오! 먼저 성도가 되시오! 먼저 학자가 되시오! 그리고 목사가 되시오!"

Apply
1. 실력으로 승부하라.
"당신이 리더의 자격이 있음을 매일 현장에서 입증해 보여야 한다."
2. 실력에 인격을 더하라.
"실력은 감탄을 자아내지만, 인격은 감동을 일으킨다."
3. 소수의 핵심 인물을 붙잡아라.
"사람들은 보다 완벽한 사람을 찾지만 하나님은 선택한 사람을 준비시킨다."
4. 창조적 균형감각을 키워라.
"겉이 아니라 미래를 내다보는 영적 통찰력을 소유해야 한다."
5. 리더십의 에너지를 공급받아라.
"사람은 방법을 찾지만 하나님은 기도하는 사람을 찾으신다."

18
개척 목회 능력 개발

Anticipate

1. 우리의 목회 사역에 능률이 오르지 않는 이유는 무엇인가?
2. 목회자가 전인적 용량을 확충하기 위해서는 무엇을 붙들어야 하는가?

언젠가 은퇴를 앞둔 한 목회자가 까마득한 후배들 앞에서 목회에 대해 강연하는 것을 듣게 되었다. 그는 강연 중 이런 고백을 했다.

"저는 오늘까지 44년을 사역했습니다. 주님께 처음 작정하기를 40년간 헌신하겠다고 했는데, 그 40년도 벌써 4년 전에 지났습니다. 이런 제가 느끼기에 목회란 할수록 어려웠습니다. 갈수록 힘들었습니다. 하나님의 능력을 힘입지 않고는 결코 이때까지 올 수 없었을 것입니다."

목회를 하면 할수록 생각하게 되는 것은 목회가 그리 만만치 않다는 사실이다. 그래서 어느 순간은 나도 모르게 낙심과 좌절이 밀려들기도 한다. 그러나 조금만 깊이 생각해 보면 상황이 문제이기보다 내 능력의 한계, 내 능력의 부재가 문제라는 것을 깨닫는다. 비록 눈앞에 여러 가지 난관이 놓여 있을지라도 저 선배 목회자의 고백처럼 하나님의 능력만 있다면 별 문제가 아니지 않겠는가. 그래서 나는 매일 이렇게 기도한다.

"능력에 맞는 일을 구하는 것이 아니라, 어떤 일이든 해낼 수 있는 능력을 주옵소서!"

비범한 사람들　　　교육학 분야의 권위자 하워드 가드너(Howard Gard-
ner)는 저서『비범성의 발견』에서 인간의 능력에 대
한 흥미로운 이야기를 전개하고 있다. 그는 소위 '비범한 사람'으로 불리
는 역사적 인물들을 토대로 비범성을 4가지 유형으로 설명한다.

1. **대가형**(The Master)

하나 또는 그 이상의 영역에서 완벽한 실력을 발휘한다. (예: 모차르트)

2. **창조자형**(the Maker)

자신의 기존 전문 분야에 숙달되어 있으며 또한 새로운 영역을 개척
할 때 자신의 에너지를 쏟아붓는다. (예: 프로이트)

3. **내관자형**(Introspector)

자신의 내면세계, 즉 매일의 경험, 잠재된 욕구와 두려움, 의식의 작용
등에 주로 관심을 갖는다. (예: 버지니아 울프)

4. **지도자형**(the Influencer)

다른 사람들에게 영향 주는 것을 주요한 목표로 생각한다. (예: 간디)

그런데 여기서 주목할 점은 그가 인간이라면 누구나 본질적으로 이런
잠재된 비범성[11]의 요소가 있다고 말하는 것이다.

---

11) 여기서 가드너는 '비범성'이 일반적으로 사용하는 '창조성'과 동일한 의미를 갖는다고 전제한다.

"우리 모두는 천재의 가능성을 가지고 있다. 우리 속에 잠재되어 있는 비범성을 어떻게 발견해 낼 것인가, 그것을 어떻게 키울 것인가에 따라 우리는 더 많은 것을 성취할 뿐만 아니라 우리 사회에 좀 더 의미 있는 기여를 할 수 있을 것이다."

나는 이것을 하나님이 인간에게 주신 능력 개발의 공평성이라는 측면에서 이해하고 싶다. 하나님은 모든 사람에게 동일한 능력을 주시지는 않지만 누구든지 자신의 능력을 무한히 개발할 수 있는 기회를 동일하게 부여하셨다는 것이다.

예수님의 달란트 비유는 이 원리를 잘 설명해 준다(마 25:14-30). 주인이 맡겨둔 달란트는 각기 달랐지만 그것을 발전시켜 이익을 남길 수 있는 기회는 균등했다. 주님의 관심은 얼마만큼의 이익을 남겼느냐보다 그것을 계속해서 계발하고 발전시키고 있느냐에 있다. 그런 의미에서 우리 안에 잠재된 능력을 끊임없이 향상시키는 일은 해도 되고 안 해도 되는 선택사항이 아니라 마땅히 해야 하는 의무사항인 것이다.

창조성의 발현   한 사람의 목회자가 자기 비범성(창조성)을 발전시킨다는 것은 어떤 의미일까? 대체로 비범한 사람들은 어느 특정분야에서 탁월한 성취를 이루는 반면 삶의 다른 영역에서는 조화와 균형을 유지하지 못하는 특징이 있다. 한 영국신문의 기사 제목이 이를 아주 잘 보여준다.

"천재성에서 훌륭한 성품을 빼면 아인슈타인이 된다.(천재성-훌륭한 성품=아인슈타인)"

그러나 목회자의 능력계발은 단순히 특정 영역에 탁월한 기술을 쌓는 것을 의미하지 않는다. 도리어 목회자가 자기 능력을 계발한다는 것은 전인적 용량을 확대한다는 개념으로 이해해야 한다. 즉 전문 영역에 대한 지식과 실력을 갖추는 차원을 넘어 삶의 전 영역(신앙, 인격, 관계, 생활, 사역 등)에서 어떠한 문제, 어떠한 경우에도 넉넉하고 여유 있게 대처할 수 있는 태도를 기르는 것이다. 그리하여 육체적으로는 건강하고, 정신적으로는 지혜롭고, 관계적으로는 덕스럽고, 신앙적으로는 신실한 모습으로 살아가는 것이다.

"사역을 위한 준비는 단순히 어떤 기술을 연마하는 것이어서는 안 된다. 더욱이 풍부한 지식을 갖추는 것만 이어서도 안 된다. 사역을 위한 준비는 유능한 말씀 증거자로서의 역량과 자질을 갖출 때까지, 사람의 전인격을 연마하는 것이다."_필립 브룩스

이 전인적 용량을 확충하기 위해서 목회자가 반드시 붙들어야 할 최소 영역이 있는데, 곧 복음, 독서, 사람, 영성 4가지 영역이다.

복음   목회자는 복음으로 부름 받았고, 복음에 의해 살며, 복음을 위하여 보냄받은, 오직 복음의 사람이다. 복음이 없이는 한 시도 존재할 수 없는 것이 바로 목회 인생인 것이다. 하지만 안타깝게도 우리는 얼마나 자주 이 복음을 망각하거나 무감각한 채로 살아가는가? 이를 보여주는 웃지 못할 이야기가 하나 있다.

영국의 한 대주교가 날마다 시간을 정해놓고 기도를 드렸다. 그는 아

침저녁 기도를 시작할 때마다 "오, 전능하신 하나님 아버지시여!"라고 습관적으로 기도문을 외우곤 했다. 어느 날 저녁, 그날도 예외 없이 그는 "오, 전능하신 하나님 아버지시여!"를 중얼거리며 기도를 시작했는데 바로 그때 느닷없이 하나님의 음성이 들려왔다.

"오냐, 왜 그러느냐? 무슨 일인지 한번 이야기해 보아라."

순간 대주교는 너무 놀란 나머지 심장마비를 일으켜 죽고 말았다. 아무 생각 없이 습관적으로 기도하다가 예기치 않은 응답에 너무 놀라 쇼크사한 것이다.

참으로 의미심장한 교훈을 주는 이야기이다. 어쩌면 우리 역시 산적해 있는 여러 문제들과 과중한 사역, 그야말로 발등에 불 끄듯 살아가는 가운데 일상의 사건, 인간 실존, 이웃의 고통, 종교, 진리, 그리고 무엇보다 복음에 대해 무감각, 무감동한 모습으로 살아가고 있지는 않는가? 그렇다면 대체 그 이유는 무엇인가?

1. 과거의 은혜, 과거의 복음 체험에 머물러 있다.

흔히 간증하면 과거에 경험한 큰 사건이나 사고, 질병에서 구원받은 신앙 체험을 떠올린다. 물론 이미 체험한 복음의 능력은 오늘의 내가 있기까지 버팀목이 되어준 소중한 사건들이며 영영 잊지 못할 감사의 제목들이다. 그러나 나의 '신앙인 됨'은 어제가 아닌 바로 오늘, 지금 이 순간 내 안에 용솟음치는 복음의 능력을 고백하고 경험함으로 드러나는 것이다. 그래서 미국 침례교 목회자 잭 하일스(Jack Hyles)는 『날마다 새로운 구원』을 통해 이렇게 말한다.

"구원받음(중생)은 구원의 시작에 불과하다. '나는 구원받았는가'라는 질문에 내포된 영혼의 구원에서 출발하여 날마다 새롭게 삶의 구원을 이루기까지 복음으로 충만하라."

2. 하나님을 열망하지 않는다.

부끄러운 말이지만 목회를 하다 보면 자신도 모르게 습관적으로 설교를 하고 말씀을 가르치며 찬송과 기도를 인도하는 경우가 있다. 그야말로 하나님에 대한 사모함 없이 전문가요 직업인으로서 목회를 하는 것이다. 당연히 사역에 대한 기쁨과 보람이 감소하고 허탈감마저 찾아오기 마련이다. 어느 대형 교회 부교역자가 주일마다 새신자들이 끊이지 않고 등록하자, "왜 우리 교회에만 몰려오고 난리야"라는 어이없는 말을 했다고 한다.

솔직히 자신을 되돌아보라. 당신은 설교를 위해서가 아니라 오직 하나님의 말씀에 대한 깊은 사모함으로 인해 성경을 묵상하는가? 성도들 앞에서 영감 있게 찬양을 인도하듯이 홀로 있을 때 전심을 다해 찬양하는가? 진정 "내 영혼이 주를 갈망하며 내 육체가 주를 앙모하나이다(시 63:1)"라는 심정으로 하나님 앞에 무릎 꿇어 기도하는가?

3. 말씀을 자신에게 적용하지 않는다.

언젠가 존경하는 노(老) 선배 목사님으로부터 평생 잊지 못할 충고를 들은 적이 있다.

"내 자랑 같아 민망스럽지만 나는 영어성경만으로 135독을 마쳤다네. 이제 내 나이 65세인데, 70세까지 150독 돌파가 목표일세. 김 목사, 설교를 위해 성경을 읽지 말고, 진정 자신의 신앙성숙을 위해 성경을 읽어야 하네."

참으로 진심과 사랑이 담긴 조언이 아닌가? 종종 분주한 일정에 쫓겨 설교를 준비하다보면 순수한 마음으로 내가 먼저 은혜 받고, 죄를 회개하며, 위로부터 내리는 영적 에너지를 공급받아야 한다는 사실을 잊을 때가 있다. 아니 어쩌면 그러한 사실조차 깨닫지 못하고 살아가는지도 모르겠다. 하지만 진정 내 마음에 부딪힘이 없는 말씀을 전하는 것만큼 목회자의 심령을 공허하게 하는 것도 없다.

그러므로 목회자는 언제든 말씀을 대할 때 설교의 자료로써가 아니라 내 영혼의 양식을 공급받는 것을 목적 삼아야 한다. 가능한 말씀 묵상과 큐티를 위해 시간을 따로 떼어 놓으라.

"하나님과의 규칙적, 직접적, 인격적, 친밀한 만남만큼 목사에게 필요한 것은 없다."_잭 헤이포드

4. 복음을 전하지 않는다.

목회자들이 자주 하는 말 가운데 하나가 요즘 시대 복음 전하기가 참 어렵다는 것이다. 그런데 곰곰이 생각해 보면 복음을 전하기가 어렵기도 어려운 일이지만 더욱 심각한 문제는 목회자들 중에도 '복음 전도자'가 너무 적다는 것이다.

나는 복음 전파야말로 하나님의 영광에 대한 열렬한 관심이라고 믿는다. 그렇다면 우리에게 그러한 열정이 식었다는 말인가? 한국교회 스스로도 전도 현장에서뿐만 아니라 강단에서 십자가와 부활, 재림으로 이어지는 케리그마, 곧 구원의 복음이 제대로 선포되지 않고 있다는 자성의 목소리가 크다.

물론 '예수 천당, 불신 지옥' 식으로 막무가내 복음을 선포하는 것 역시

지혜로운 처사는 아니지만 복음 전함에 대한 뜨거운 열정만큼은 그 누구에게도 양보할 수 없는 것이다. 우리를 향해 던지는 존 스토트의 일침(一鍼)을 잊지 말라. "복음(福音)이 말 그대로 좋은 소식이고 그것이 우리에게 맡겨졌다면, 복음을 전하지 않는 것은 죄다."

진정 목회자는 복음에 살고, 복음에 죽는 자이다. 이 복음의 감격, 능력, 확신 때문에 어떠한 어려움과 고통 앞에서도 절대 굴하지 않고 교회를 섬기고, 죽기까지 복음을 전하는 것이다. 여기 복음으로 불타는 복음 전도자의 외침을 들어보라.

나를 저주하십시오.

당신들이 나를 저주하면 저주할수록

나는 더욱 당신들을 사랑할 것입니다.

나에게 침을 뱉어 보십시오.

그러면 나는 사랑의 숨결을 뿜어낼 것입니다.

나를 때리십시오.

나는 신음소리로 사랑을 고백할 것입니다.

나를 찌르십시오.

나는 사랑한다고 절규할 것입니다.

나를 짐승의 먹이로 던지십시오.

나는 사랑의 제물이 될 것입니다.

나를 불태우십시오.

그러면 나는 사랑의 열기로

당신의 증오의 가슴을 녹일 것입니다.

"내가 복음을 부끄러워하지 아니하노니 이 복음은 모든 믿는 자에게 구원을 주시는 하나님의 능력이 됨이라(롬 1:16)"

독서   인생을 살아가면서 생각이 바뀌는 것만큼 중요한 일도 없다. 나는 아무리 설교를 듣고 신앙생활을 오래해도 변하지 않는 사람을 가리켜 종종 '불변의 진리'라고 우스갯말을 한다. 그런데 가만 보면 신앙 연륜이 더할수록, 또는 직분자일수록 변화되기가 어렵다.

목회자도 예외는 아니다. 아니 솔직히 말해 목회자만큼 생각이 잘 안 변하는 사람도 없다. 의외로 젊은 목회자인데도 생각하는 것이나 말하는 것을 보면 굳건한 반석인 경우가 많다. 아마도 일찍부터 전도사님, 목사님이라는 존칭을 들으면서 쌓여온 권위의식 때문이 아닌지 의심해 본다.

예수님은 나이가 들수록 지혜가 자라고 하나님과 사람들에게 점점 더 사랑스러워 가셨다고 하는데, 혹 우리의 모습은 점점 더 고집스러워 가더라는 평을 듣는 것은 아닌가? 먼저 생각부터 바뀌어야 한다. 생각이 바뀌면 말이 바뀌고, 말이 바뀌면 행동이 바뀌고, 행동이 바뀌면 습관이 바뀌고, 습관이 바뀌면 인격이 바뀌고, 인격이 바뀌면 인생이 바뀐다.

그러면 어떻게 우리의 생각이 늘 신선한 자극을 받고, 건강하게 변화할 수 있는가? 사실 목회자라는 위치 때문에 누군가로부터 진심 어린 충고나 조언을 들을 수 있는 기회가 그리 많지 않다. 성도들이야 불만이 있어도 은혜로 받아들이거나 슬그머니 피하면 그만이다. 간혹 배우자나 가족들에게 듣는 평가 역시 감정적으로 대처하기가 일쑤이다. 따라서 가장 객관적으로 자신의 생각을 점검하고 새로운 정보를 얻을 수 있는 통로는 독서라고 할 수 있다. 그래서 혹자는 독서를 가리켜 "독서는 오랜 친구에게 듣는 허물없는 충고와 위안이며, 위대한 스승과 나누는 대화이다"라고 말한다.

우리는 독서를 통해 최소한 3가지 축복을 얻을 수 있다.

1. 새로운 만남을 통해 삶이 풍성해진다.

책을 읽는다는 것은 만남의 범위를 확장하는 것이다. 단순히 정보를 얻는 것이 아니라 책의 저자와 시공간을 넘어 깊이 대화하면서 현실의 제한된 영역을 넘어설 수 있는 것이다. '인생의 깊이는 곧 만남의 깊이요, 현재 나의 모습은 나의 만남의 결과'라는 말이 있다. 독서를 통해 우리의 만남은 더욱 넓고, 깊어져 풍요로운 삶을 살게 되는 것이다.

2. 사고의 확장을 통해 성숙해진다.

창조적 변화는 새로운 지식과 깨달음에서 시작된다. 그런데 독서는 새로운 정보를 제공할 뿐만 아니라, 텔레비전과 같은 전파매체와는 달리 정보와 정보 사이에 시간적 여유가 있기 때문에 능동적으로 생각하게 한다. 그로 인해 지식을 새롭게 깨달을 뿐만 아니라 자신을 성찰하고 불균형을 교정하는 성숙의 기회를 제공하는 것이다.

3. 언어의 확장을 통해 삶이 변화한다.

책은 저자의 사상과 인격, 나아가 삶의 모습을 담은 언어의 조합이라고 할 수 있다. 그런데 이 언어의 세계에는 참으로 놀라운 능력이 있다. 그것은 언어가 가진 3가지 신비한 힘 때문이다. 곧, 각인력(刻印力, 말한 대로 행동하는 능력)과 견인력(牽引力, 말에 끌려가는 능력)과 성취력(成就力, 말한 대로 이루어지는 능력)이다. 따라서 독서는 언어를 통해 인간의 생각에 영향을 미치고, 생각은 마음으로 내려와 마음에 가득한 것을 말하게 하고, 그것은 곧 행동과 인격으로 나타나 인생을 변화시키는 것이다.

이상의 3가지 축복을 누리면서 독서를 즐기기 위한 지침 7가지를 나눠본다.

1) 책을 가까이 하라.

책에 자주 노출되어야 한다. 인제든지 손에 잡힐 만한 곳에 책을 두라. 약속 장소를 정할 때에도 서점을 이용하면 좋다.

2) 책을 겸손하게 읽어라.

어떤 책이든 땀과 수고가 담기지 않은 것은 없다. 비평가가 아닌 이상 책은 배우려고 읽는 것이지 비판하려고 읽는 것이 아님을 상기하라.

3) 책의 내용을 음미하고 소화하라.

4) 문자에 얽매이지 말고 그 책의 정신을 읽으라.

5) 책의 저자와 대화하는 심정으로 읽으라.

6) 책에서 얻은 지식과 정보를 지혜로 활용하라.

7) 독서의 목적이 나의 존재 변화에 있음을 명심하라.

역사상 위대한 인물들은 거의 예외 없이 책 속에 길이 있다고 믿고, 책 읽기에 열중한 사람들이었다. 그래서 "배움이 중단되는 순간 지도력은 상실된다"고 했다. 책을 읽는 자만이 지도자가 될 수 있다. 독서는 창조적 영감을 흐르게 하는 지혜의 물줄기이기 때문이다. 그러므로 가능한 많은 책을 읽으라. 고전(古典)과 전기(轉記)를 읽음으로 당신은 역사적으로 검증된 삶의 원리들을 깨닫게 될 것이다. 또한 최신 베스트셀러를 통해 시대의식과 그 흐름을 파악하는 혜안을 가질 수도 있다.

그러나 무엇보다 목회자는 성경을 읽어야 한다. 성경은 인생 원리의 책이다. 성경은 인생 깨우침의 책이다. 성경은 인생 성숙을 위한 책이다. 성경은 인생 구원의 책이다. 그래서 존 웨슬리는 "나는 한 권의 책, 성경의 사람이 되고 싶다"고 고백한 것이다. 그야말로 성경은 역사 이래 영원한 베스트셀러이며 최고의 고전이다.

> 피로할 때 성경은 나의 침상이 되었고
> 어두울 때 성경은 나의 불빛이 되네.
> 주릴 때에 성경은 나의 만나가 되었고
> 두려울 때 성경은 나의 무기가 되었네.
> 일할 때에 성경은 나의 연장이 되었고
> 찬양할 때 성경은 나의 악기가 되었네.
> 무지할 때 성경은 나의 교실이 되었고
> 헛발 딛어 빠질 때 성경은 나의 반석이 되네.
> 위기 때에 성경은 나의 보호자 되었고
> 세상 떠날 때 성경은 나의 천국 시민권과 상속권이 되리라.

사람   목회의 궁극적인 대상은 언제나 사람이다. 복음으로 무장하는 것도, 책으로 지식과 지혜를 얻는 것도 결국은 어떻게 사람을 섬길 것인가의 문제로 귀결된다.

사람을 섬긴다는 것은 무엇인가? 섬김은 내가 주도적으로 상대방과 인격적인 관계를 맺는 것에서 시작한다. 설혹 상대의 마음이 열리지 않은 상태일지라도 사랑의 마음으로 다가가 그를 인정하고, 알아가며, 필요를 공급하는 것이다. 마치 하나님께서 먼저 예수 그리스도를 통해 죄인 된 우리와 인격적 관계를 맺으시고 복음 안에서 그의 자녀로 인정하시며 모든 필요를 공급하심과 같이 말이다.

결국 목회자의 본분은 섬김을 위하여(막 10:45) 세상에 오신 주님과 같이 복음 안에서 아름다운 섬김의 관계를 끊임없이 확장시키는 것이다. 그러면 어떻게 아름다운 섬김의 인간관계를 이어갈 수 있을까? 다음에 소개하는 7가지 비결을 참고하기 바란다.

1. 건강한 자아상을 가지라.

인간관계에서 발생하는 문제 중 상당부분은 나 자신의 태도와 관련되어 있다. 다시 말해 건강한 관계는 건강한 자아상, 곧 성서적 인간관을 정립하는 데서 비롯된다.

1) 모든 인간은 하나님의 형상으로 지음 받은 존귀한 존재임을 확신하는 것이다. 따라서 누구를 대하든 우리의 관심은 영혼에 집중되어 있다. 상대의 위치, 학력, 인격, 심지어 나에 대한 불손한 언행에 대해서도 초연할 수 있는 것은 그 사람 안에 있는 하나님의 형상을 보기 때문이다.

2) 나는 하나님의 아들, 예수의 목숨과 맞바꿀 만큼 사랑받는 존재이다. 그러므로 일생을 지나도 갚지 못할 그 무한한 사랑의 빚을 모든 사람에게 갚으며 살아가는 것이다.

3) 그럼에도 불구하고 인간적 연약함과 허물을 가진 죄인이다. 그러기

에 겸손과 온유로 타인의 허물을 덮어주고 용납하는 것이다.

2. 절대 비난하지 말라.

인간관계는 불평, 시기, 비난, 이 3가지만 하지 않아도 절반 이상 성공한다. 그래서 미국 건국의 아버지 벤자민 플랭클린(Benjamin Franklin)은 자신의 성공 비결을 묻는 사람들에게 "나는 내가 알고 있는 사람에 대해서 지금껏 나쁘게 말한 적이 없다. 오직 그의 장점만을 이야기했을 뿐이다"라고 말했다.

사실 우리와 관계를 맺고 있는 사람들 가운데는 유독 사람을 힘들게하고 괜한 시비를 거는 사람이 있다. 하지만 그럼에도 불구하고 목회자는 절대로 비판하는 말을 해서는 안 된다. 설혹 목회자의 비판적 평가를 모든 사람이 동조한다 할지라도 결국엔 나에 대한 비판으로 돌아오기 마련이다(마 7:1-2). 그러므로 순간순간 "나는 어떤 경우에도 남을 비난하지 않겠다"라고 새롭게 결심해야 한다.

인간관계로 인해 받는 아픔과 상처들을 정화할 수 있는 흐뭇한 이야기가 있어 소개한다.

가슴으로 마시는 사랑차(茶) 조리법

재료 준비
성냄과 불평은 뿌리를 잘라내고 잘게 다진다. 짜증은 껍질을 벗기고 반으로 토막 낸 후에 넓은 마음으로 절여둔다. 교만과 자존심은 속을 빼낸 후 깨끗이 말린다.

차 끓이는 법

미리 준비한 재료에 인내와 기도를 첨가하여 재료가 다 녹고 쓴 맛이 없어질 때까지 다린다.

마시는 법

기쁨과 감사로 잘 젓고 미소를 몇 개 띄운 후 깨끗한 사랑 잔에 부어서 따뜻하게 마신다. 미소를 몇 개 더 띄우면 훨씬 더 맛있다.

이런 차를 드신 적이 있나요?
마음이 허전한 날, 힘들고 지쳐 보일 때
대접하고 싶은 차이기에
언제라도 마실 수 있도록 준비해 두겠습니다.

3. 칭찬하고 격려하라.

경험상으로 볼 때, 사람은 교훈과 책망보다는 칭찬과 격려를 통해 성장하고 발전한다. 독일에서 목회하던 시절 강단에서 설교를 마치고 내려올 때마다 "은혜 받았습니다, 훌륭한 설교였습니다"라는 성도들의 반응을 곧이곧대로 믿고 진짜로 내가 설교를 잘하는 줄 착각한 적이 있다. 헌데 어느 날인가 내 설교를 녹음한 테이프를 들었는데 '와, 이것도 설교라고 들어주나' 하는 생각이 들었다. 교인들에게 정말 부끄러우면서도, 얼마나 감사한 마음이 들었는지 모른다.

이렇듯 칭찬과 격려야말로 서로를 복되게 하고, 성장시키는 활력소임이 틀림없다(잠 16:23). 그러므로 항상 기적을 일으키는 7가지 언어를 말하라. 언제 어디서나 모든 사람들이 당신을 환영하는 기적이 일어날 것이다.

"사랑합니다. 감사합니다. 미안합니다. 덕분입니다. 기도합시다. 훌륭합니다. 기대됩니다."

만일 목회자가 이 언어를 습관화, 생활화 할 수만 있다면 목회 관계가 훨씬 유연하고 풍성해질 것이다.

4. 잘 들어주라.

상대의 말을 경청하는 것은 무엇보다 그를 인정한다는 뜻이다. 동일한 인격으로, 대화의 파트너로, 그리고 무언가 도울 준비가 되었음을 나타내는 것이다. 때로는 말 같지 않은 말이라도 무시하지 않고 기꺼이 들어주는 것, 듣는 것 자체만으로도 당신은 이미 인간관계의 최고 기술을 발휘한 것이다.

5. 필요를 채워주라.

필요를 공급하기 위해서는 먼저 그의 필요가 무엇인지, 상대의 입장을 주의 깊게 관찰하는 자세가 필요하다. 한 낚시꾼은 물고기를 잡으며 "나는 딸기 아이스크림을 무척 좋아하지만 물고기를 낚을 때에는 낚싯대에 언제나 지렁이를 매 단다"고 말했다.

이처럼 상대방의 욕구를 파악하라. 그가 대화를 원하는지 아니면 위로나 충고, 혹은 접대나 쉼을 원하는지를 살펴 정성을 다해 배려한다면 그것이 아무리 작은 일일지라도 사람들은 만족과 감동을 느끼게 될 것이다.

6. 갈등을 해결하라.

아무리 결심을 하고 섬기는 마음으로 사람을 대한다 해도 인간관계에는 갈등이 일어나기 마련이다. 문제는 갈등을 어떻게 해결 할 것이냐에 달렸다. 교회 내 갈등 해결을 위한 2가지 방안을 제안한다.

1) 가능한 빨리 해결하라.

갈등의 악영향은 전염성이 매우 높다. 우스운 예이지만 흔히 있을 법한 이야기를 예로 든다면, 출근시간에 빚어진 남편과 아내의 갈등은 늦잠 자는 자녀를 향한 화풀이로 옮겨 붙고, 기분 상한 자녀의 마음은 잠자코 있는 강아지를 걷어차는 일로 발전하며, 결국 성난 강아지는 애꿎은 병아리만 물어 죽이는 꼴이 되고 마는 것이다.

2) 내가 먼저 화해를 시도하라.

엄밀한 의미에서 언제든 갈등은 쌍방과실이다. 특히 목회자는 이해득실을 따지면 따질수록 손해를 보게 된다. 상대방의 잘못은 일단 덮어두고, 먼저 나의 잘못과 책임을 인정할 때 비로소 갈등의 실타래가 풀리기 시작할 것이다. 당장은 손해 보는 것 같지만 하나님은 더 큰 것으로 보상해 주신다. 롯에 대한 아브라함의 지혜로운 행동을 교훈삼기 바란다(창 13:14-17).

7. 기도하고 축복하라.

인간관계에도 흔히 말하는 천적이 있다. 하지만 이를 통해 하나님은 우리를 훈련시키시고 성숙한 인격자로 다듬어 가신다. 그러므로 어렵고 힘든 관계일수록 진심으로 긍휼의 마음을 갖고 기도와 축복의 끈을 놓지 말아야 한다. 인간관계의 최고 절정은 상대를 위해 축복기도 하는 것이다. 그의 이름을 부르며 진심으로 기도할 때 성령이 주시는 용서, 화해, 사랑, 감사의 기적을 체험하게 될 것이다.

그러나 이상에서 말한 것같이 섬김의 인간관계를 실천한다는 것은 결코 쉬운 일이 아니다. 그럴 땐 어떻게 해야 하는가.

어느 날 아렌느라는 한 부인이 자기 연민에 빠져서 고민하다가 유능한 상담가로 알려진 필립스 원장에게 편지를 보냈다고 한다.

"저의 남편은 저보다 시어머니와 더 가깝습니다. 일전에 제가 남편에게 당신 어머니와 내가 물에 빠졌을 때 누구를 먼저 구하겠느냐고 물은 적이 있습니다. 그랬더니 남편은 그동안 어머니에게 더 큰 은혜를 입었으니 어머니를 먼저 구하겠다고 하더군요. 원장님, 저는 몹시 괴롭습니다. 앞으로 어떻게 해야 좋겠습니까?"

원장의 대답은 간단했다.

"친애하는 아렌느, 수영하는 법을 배우십시오."

우리가 할 수 있는 일은 오직 한 가지, 사랑하는 법을 배우는 것이다. 그것은 곧 예수 십자가를 바라봄으로 그 풍성한 사랑을 공급받는 것이다. 사랑은 받은 만큼 베풀 수 있다. 진정 죽음보다 더 강한 십자가 사랑이 우리를 밀고 갈 때, 모든 사람과 더불어 넉넉한 섬김의 관계를 이루어 가게 될 것이다.

영성   복음은 목회의 내용이요, 독서는 목회의 자원이며, 사람은 목회의 대상이고, 영성은 목회를 목회되게 하는 능력, 곧 목회의 원동력이라 할 수 있다. 뿌리 없는 나무에서 성장과 열매를 기대할 수 없듯이 영성 없는 목회에서 성장과 성숙, 사역의 열매를 기대할 수 없다. 생각해 보라! 역사상 하나님의 탁월한 일꾼으로 쓰임받은 인물들은 공통적으로 영성 훈련의 대가들이었다.

흔히 영성 생활하면 영적 체험을 떠올리기 쉽다. 물론 영성이 깊을수록 다양한 영적 체험에 대한 간증이 있을 수 있다. 그러나 영적 체험과 영성 생활은 다르다.

먼저 영적 체험은 인간의 내적 변화와는 무관하게 어느 순간, 오감(五感)을 통해 감각적으로 느끼고 경험할 수 있도록 하나님이 임의적으로 부어주시는 신비한 능력이다. 반면에 영성 생활은 지속적인 훈련과 자기 연단을 통해 예수 그리스도의 성품과 인격을 닮아가는 점진적인 변화의 과정을 뜻한다.

설혹 눈으로 보거나 피부로 와닿는 감각적 현상을 느끼지 못한다 해도 스스로에게는 성장과 성숙의 보람을, 모든 관계(이웃, 자연, 물질 등)에 있어서는 아름다운 영향력을 미치며 삶의 전 영역에 걸쳐 행동하는 그리스도인으로 인정받게 되는 것이다.

영적 체험	영성 생활
순간적	점진적
현상, 느낌	훈련, 연단
위로부터 임하는	안에서부터 변화하는
감각을 통해	삶을 통해
신비적 능력	영향력 있는 삶

영적 체험과 영성 생활

목회자가 우선적으로 추구할 것은 영적 체험보다는 영성 생활이어야 한다. 영성 생활을 추구하는 것은 영적 체험을 포함하는 보다 포괄적인 신앙인의 삶이기 때문이다. 그러나 이미 전제한 바대로 영적 삶은 끊임없이 자신을 부인(否認)하고 대신 하나님의 것을 채우는 극기(克己)와 훈련을 통해 이루어진다. 훈련 자체가 인간 변화를 가져오는 것은 아니지만 훈련은 성숙을 위한 은혜의 통로요, 또한 은혜를 받기 위한 환경 조성임을 깨달아야 하는 것이다.

그렇다고 해서 뭔가 대단하고 특별한 훈련이 필요한 것은 아니다. 한 사람의 크리스천으로서 가져야 할 영성 능력을 체득하고, 그것이 더 깊어지도록 훈련하라. 그래서 사람들을 그 깊은 경지로 점차 이끌어가는 것이다. 이미 우리는 깊은 영성의 세계로 나아가기 위해서 필요한 5가지 훈련 영역을 살펴보았다.

1) 말씀훈련: 성경통독, 성경공부, 묵상, 암송 등

2) 공동체훈련: 교회생활, 전도, 학습, 은사 계발, 헌신 등

3) 기도훈련: 친밀한기도, 통성기도, 합심기도, 묵상기도, 금식기도, 항시기도 등

4) 예배훈련: 회개와 고백, 찬양 경배, 말씀 청종 등

5) 성품훈련: 기쁨, 용서, 화해, 단순 등

우리는 영성 훈련을 통해 말씀에 깊이 뿌리를 내리고 교회 안에서 지속적인 하나님과의 긴밀한 교제를 나누며 하나님과의 합일을 경험하고 삶의 모든 영역에서 하나님의 뜻을 이루어가게 된다. 그러나 이 모든 것은 값비싼 대가와 희생 없이는 결코 불가능하다. 그래서 디트리히 본회퍼는 우리를 향해 "누구나 은혜로 구원을 받을 수 있다. 그러나 제자가 되는 길은 결코 값싼 것이 아니다"라고 도전한다.

다만 영성 훈련을 할 때 몇 가지 주의해야 할 점이 있음을 알아야 한다. 훈련은 분명 우리의 삶을 보다 풍성케 하고 자유에 이르게 하는 도구이지만 잘못하면 오히려 영혼을 병들게 하는 도구로 전락할 수도 있기 때문이다. 이러한 위험 요소를 방지하기 위해 3가지를 제언하는 바이다.

1. 영성 훈련은 교회 안에서 받아야 한다.

흔히 '영성 훈련'하면 기도원이나 특별집회에 가야 하는 것으로 오해하는 사람이 있다. 간혹 목회자들 가운데도 교회를 단지 사역의 장소로 이해하여 교회를 통해 공급되는 영적 충만을 경험하지 못하는 경우가 있다. 당신은 성도들이 기도원이나 타교회의 철야집회 등에 참석하는 것에 대해 어떻게 반응하는가? 반대로 당신이 기도원이나 특별집회를 자주 간다면 그 이유는 무엇인가?

언젠가 후배 목사로부터 성도들이 다른 교회 철야예배에 다녀왔다는 말을 듣고 심한 배신감을 느꼈다는 하소연을 들은 적이 있다. 그래서 나는 이렇게 되물었다.

"교인들을 탓하기 전에 그들이 왜 그랬는지 생각해 보았나?"

아무리 작은 교회일지라도 그 규모와 상관없이 영성 훈련의 기본 틀은 갖추고 있다. 바로 주일예배, 새벽예배, 수요예배, 금요철야예배, 성경공부, 전도활동 등이 그것이다. 그러므로 목회자는 현재 교회에서 진행되고 있는 모임과 행사들을 최대한 영성 훈련의 계기로 삼되, 목회자 스스로가 먼저 이를 통해 영적 충만과 성숙, 성장을 체험하여 자연스럽게 그 영향이 성도들에게 확산될 수 있도록 해야 할 것이다.

2. 율법(형식주의)으로 돌아가지 말아야 한다.

율법적인 훈련은 자유를 빼앗는다. 내 안의 외식, 교만, 두려움, 통제력 상실 등으로 나타나 결국은 영적 사망을 초래할 수도 있는 것이다. 그러므로 언제나 성령의 인도를 좇아 은혜로 훈련받으라. 그래서 우리는 영성 훈련의 원리를 "은혜에서 훈련으로, 훈련에서 은혜로!"라고 정리할 수 있다.

3. 상대방을 억지로 변화시키려 하지 말아야 한다.

언제나 훈련은 나부터 변화되어야 한다. 그런데 가끔 이 사실을 잊어버리는 목회자들이 있다. 자신은 훈련받아야 할 사람이 아니라 훈련시키는 사람이라고만 생각하는 것이다. 그런 이들을 향해 레프 톨스토이(Lev Tolstoy)는 "모든 사람들은 인간이 변화되어야 한다는 것을 생각하면서도 정작 자기 자신이 변화되어야 한다는 것은 생각하지 않는다"라고 꼬집어 말한다.

영성 훈련은 가르침을 통해 전해지는 것이 아니라 삶의 모범을 통해 보여지는 것이다. 은혜의 훈련을 통해 더 깊은 영성의 세계로 나아갈 때 우리는 모든 삶의 영역에서 더 많이, 더 깊이 그리스도의 형상을 회복하며 성도들에게 거룩한 변화의 영향력을 주고, 주의 뜻을 온전히 이루게 될 것이다.

Pass Over   중국 복음화를 위해 크게 쓰임 받은 워치만 니(Watchman Nee)는 선교 사역 중에 당하는 고난이 너무 힘겨워

하나님께 제발 고난을 제거해 달라는 기도를 하다가 비몽사몽 꿈을 꾸게 되었다. 꿈속에서도 그는 길을 가면서 자기 앞에 놓여 있는 여러 장애물들을 제거하느라 몹시 고생을 하다가 결국 지쳐 쓰러지고 말았다.

바로 그때 갑자기 하늘 보좌로부터 물이 흘러내리더니 온 땅에 차고 넘쳐서 눈앞에 놓인 모든 장애물이 순식간에 잠기고 자신은 출렁이는 물 위를 신나게 헤엄쳐 건너가는 것이 아닌가. 깜짝 놀라 꿈에서 깨어난 워치만 니는 즉시 기도 제목을 바꾸었다.

"주님, 이제야 알았습니다. 눈앞에 놓인 장애물늘이 문제가 아니라 제가 성령 충만치 못한 것이 문제입니다. 주여, 제가 성령 충만으로 말미암아 고난을 능히 넘어서게(Pass Over)하옵소서."

목회의 길을 가는 것은 결코 만만치 않은 일이지만, 그러나 위로부터 임하는 성령의 능력이 우리 안에 넘쳐흐르면 우리의 전인적 용량이 확장되어 그 어떤 어려움과 고통일지라도 능히 패스 오버하게 될 것이다. 이를 사도 바울은 이렇게 고백한다.

"우리가 이 보배를 질그릇에 가졌으니 이는 심히 큰 능력은 하나님께 있고 우리에게 있지 아니함을 알게 하려 함이라 우리가 사방으로 우겨쌈을 당하여도 싸이지 아니하며 답답한 일을 당하여도 낙심하지 아니하며 박해를 받아도 버린 바 되지 아니하며 거꾸러뜨림을 당하여도 망하지 아니하고(고후 4:7-9)"

이제 더 이상 문제를 탓하지 말고 자기 자신의 전인적 용량을 넓혀라. 무엇보다 복음, 독서, 사람, 영성을 붙잡아라. 이것을 훈련할 때 목회도 절로 살아날 것이다.

Advise

"역량과 자질을 갖출 때까지, 사람의 전인격을 연마하는 것이다."

"눈앞에 놓인 장애물이 문제가 아니라 성령 충만치 못한 것이 문제이다."

Apply

목회자의 전인적 용량 확충

1. 복음

"목회자는 복음에 살고 복음에 죽는 자이다!"

2. 독서

"독서는 오랜 친구에게 듣는 허물없는 충고와 위안이며, 위대한 스승과 나누는 대화이다."

3. 사람

"목회자의 궁극적 과제는 사람을 어떻게 섬길 것인가에 있다."

4. 영성

"누구나 은혜로 구원받을 수 있다. 그러나 제자가 되는 길은 결코 값싼 것이 아니다."

19
개척 목회 기본기

Anticipate

1. 목회자로서 기본기가 중요한 이유는 무엇인가?
2. 목회 현장에서 요청되는 기본기에는 어떤 것들이 있는가?

그리스도의 몸, 교회를 위하여 부름받은 목회자로서 일평생 대과(大過)없이 사명을 완수할 수 있다면 이보다 더 큰 은혜와 영광은 없을 것이다. 그러나 이것은 쉬운 일이 아니다. 앞으로 목회 사역 가운데 찾아올 수많은 위기와 고난, 아픔과 수고를 극복한 뒤에야 이 사명은 완수될 것이기 때문이다.

이런 존재적 이유로 인해 우리는 끊임없이 자기관리(self-care)에 힘써야 한다(벧전 5:8-9). 그렇지 않으면 많은 영혼을 다루고 돌보면서, 정작 자기 스스로는 영 혼 몸이 피폐해지는 불쌍한 존재가 되고 말 것이다.

"인생의 프로가 되고자 한다면 누구나 자기관리가 필요하다." _피터 드러커

목회의 실천적 기본기　　하지만 자기관리만으로는 부족하다. 무엇이든 관리하려고 하면 오히려 더 관리가 안 되는 법이다. 작심삼일로 끝나는 경우가 많다. 설혹 관리에 성공했다 할지라도 자기 의를 자랑하는 교만한 사람이 되기 십상이다. 관리한다고 하면서 도리어 관리를 안 한 것만 못한 경우도 있고, 또 잘못된 관리로 인해 기형적 모습이 나타나는 경우도 허다하다.

그러므로 자기관리보다는 먼저 기본기(basic attitude)를 갖추어야 한다. 목회를 잘하기 위해 또는 성공적 목회를 위해 자기관리를 하기보다는, 목회자로서의 기본기를 갖추는 것이 우선이다. 기본기는 무엇을 얻고자 함(doing)을 넘어 어떤 존재가 될 것인가(being)를 추구하는 것이다.

그런 의미에서 나는 이 책을 마감하며 너무나 당연한, 그러나 결코 행하기 쉽지 않은 목회자의 기본자세, 곧 목회 기본기를 점검하기로 하겠다. 잠언 형식으로 나열된 다음의 내용들은 목회 현장에서 필요한 실천적 기본기를 5가지 영역으로 구분해 본 것이다.

1. 영성

1) 성경과 기도에 있어서는 교회에서 타의 추종을 불허하라.

기도와 성경은 목회자 최강의 무기이다. 매일 1시간 이상 기도와 성경 읽는 시간을 엄수하라. 설교하는 것을 보면 그가 성경을 읽는 사람인지 아닌지를 알 수 있다. 기도 역시 마찬가지이다. 가능한 교회의 기도 모임에서는 가장 오래 기도하는 모범을 보이라. 이것은 외식이 아니라, 연약한 육체를 쳐서 복종시키는 신앙의 행위이다.

"성경은 설교를 위해 읽는 것이 아니라 자기 신앙 성장을 위해 읽는 것이다."

2) 새벽예배 시간을 최상의 기도 시간으로 삼아라.

성도들은 목회자의 설교하는 앞모습보다 기도하는 뒷모습에 더욱 은혜를 받는다는 말이 있다. 새벽예배 시간을 설교하는 시간으로 여기지 말고 자신의 기도 시간으로 충분히 활용하라. 분주한 목회 일정상 새벽 시간이 아니면 따로 시간을 내어 기도하기가 어렵다. 한 시대 위대하게 쓰임받은 하나님의 종들은 하루 평균 3시간 이상 기도했다고 한다. 기도의 질이 문제지 양이 문제냐고 반론할지 모르지만 많은 양에서 좋은 질이 나는 법이다. 기도 없이 하는 일은 무늬만 하나님의 일이다.

"사람이 일하면 사람이 일할 뿐이지만 사람이 기도하면 하나님이 일하신다!"

3) 일 때문에 경건의 시간을 빼앗기지 말라.

자기 성찰, 영적 충만이 없는 사역은 결코 생명력이 없다. 기도할 틈도 없이 늘 바쁜 목사는 나쁜 목사이다. 마틴 루터의 말이다.

"나는 바쁘다. 그러므로 기도해야겠다. 나는 매우 바쁘다. 더욱 기도해야겠다."

경건 훈련은 십자가 앞에서 자신을 죽이는 연습이다. 그러므로 기도한 것에 만족하지 말고 기도를 통해 자기반성과 성찰의 시간을 가져야 하는 것이다. 자신이 죽지 않으면 남을 죽인다. 어떠한 경우에도 신경질 나고 짜증나는 모습으로 성도 앞에 서지 말라. 기쁨 없는 사역은 사역이 아니라 노동이다.

4) 정기적으로 깊은 경건의 시간을 가지라.

목회자는 얄팍한 냄비가 아니라, 계속 퍼내어도 마르지 않는 저수지 같은 영성을 소유해야 한다. 그래야 그 안에서 말씀의 생수가 솟아나고, 사역에 풍성한 열매가 맺히는 것이다. 그러니 바쁨을 핑계로 영성의 우물을 고갈시키지 말라.

"큰 저수지는 홍수를 막는다."

5) 언제 어디서든 목회자의 정체성을 잃지 말라.

교인들이 있을 때만 목회자라면 그는 연기자나 다름없다. 하나님은 언제나 우리를 지켜보고 계신다. 어떤 상황에서도 목회자의 도(道)와 품위를 상실하지 말아야 한다.

"혼자 있을 때의 모습이 진정한 나의 모습이다."

6) 예배마다 진실한 예배자가 되라.

목회자가 겪는 아이러니는 가장 예배드리기 어려운 사람이 바로 목회자 자신이라는 점에 있다. 그렇다고 밥상 차려주고 밥 못 얻어먹는 신세가 될 것인가? 예배 인도자이기 전에 참된 예배자가 되어야 한다. 물론 쉽진 않겠지만 인도하는 동시에 은혜를 누려야 한다. 매 예배 시간과 기도 모임에 전심전력을 다하라. 예배를 통해 은혜를 경험하지 못하면 최고의 영성을 기대하기 어렵다.

"하나님은 우리를 먼저 예배자(Worshipper)로 부르시고, 그 다음 사역자(Worker)로 사용하신다."

2. 지성

1) 새벽 시간을 붙잡아라.

새벽예배 후 다시 잠자리에 드는 것은 신체기관의 기능을 저하시켜 건강에 해롭다. 더군다나 목회자에게 실력과 영성수련을 위해 새벽 만큼 좋은 시간은 없다. 결국 목회의 승패는 새벽예배 후 집에 가서 다시 잠을 자느냐 자지 않느냐에 달려있는 것이다.

대다수 목회자가 새벽예배를 하지만 성공한 목회자는 그 직후의 시간까지 잘 관리한 사람이다. 부족한 체력을 위해 일찍 자는 습관을 갖고 낮시간에 잠깐의 휴식을 취하라. 능률 있는 사역을 위해 자기만의 체력 관리와 휴식 방법을 터득해야 한다.

2) 독서량을 늘려라.

성공한 사람들의 공통점이 있다면 그들은 한결같이 책 속에 길이 있다고 믿은 독서광이었다는 것이다. 특별히 성경의 전문가가 되되 성경밖에 모르는 사람이 되어서는 안 된다. 고전을 읽으면 생각의 폭이 넓어지고 베스트셀러와 시사지를 통해서는 시대의 흐름을 파악할 수 있다. 다독과 정독의 균형을 맞춰 독서의 지평을 넓혀라.

3) 기록하는 습관을 가지라.

'또렷한 기억보다 희미한 잉크자국이 낫다'는 속담이 있다. 아무리 찬란한 문명일지라도 기록으로 남지 않는 것은 보전되지 않는다. 순간순간 떠오르는 영감을 놓치지 않기 위해 종이와 펜을 준비하라. 종이와 펜은 순간의 영감을 붙잡는 그물과 같다.

다른 사람의 설교를 요약해서 정리하는 것은 좋은 습관이다. 또 가능한 중요한 안건이나 보고는 서면으로 작성하라. 글로 적을 때 생각을 정리할 수 있고 준비된 말을 할 수 있다. 그리고 매일 영성 일기를 작성하면 평소 사유의 깊이가 깊어지고, 신앙의 성숙도 이루어갈 수 있게 된다.

4) 끊임없이 배우라.

사역의 창조적 감각은 배움에서 말미암는다(잠 18:15). 겸손히 모든 사람, 모든 사건, 모든 책을 배움의 대상으로 삼는 자세가 필요하다. 될 수 있는 대로 각 분야의 대가를 직접 만나라. 그리고 그들의 작업 현장, 공연 현장을 직접 체험하라. 모든 사람, 모든 책과 작품을 배움의 대상으로 삼아야 하는 것이다.

충분히 배우기 전에는 섣불리 평가하지 말라. 목회는 말이 아닌 땀과 마음으로 체득하는 것이다. 필요하다면 공개방송, 철야집회, 음악회, 기도모임 등의 현장을 탐방해 보는 것도 좋다.

"배움이 중단되는 순간 리더십은 상실된다."

3. 감성

1) 주일 사역을 마친 후의 시간은 가족과 함께 보내라.

고된 사역 후 종종 밀려오는 허전함을 채우는데 가정만큼 좋은 곳은 없다. 가정에서 충분한 쉼을 누릴 때 사역을 위한 에너지를 재충전하고, 친밀한 관계에서 오는 평안도 누리게 될 수 있다.

2) 설교 본문 묵상을 습관화하라.

목회자의 스트레스 해소를 위한 최상의 방법은 말씀 묵상이다. 주일 사역을 마친 후 다음 주 설교의 본문을 묵상해 보라. 영감의 끈이 이어져 지속되는 영감을 얻을 수 있다. 또한 일주일 내내 설교 본문이 마음을 지배하고 삶에 적용되어 더 깊고 풍성한 설교를 하게 된다.

3) 때로는 사역과 자신을 완전히 분리하라.

엘리야가 신앙적 위기에 봉착했을 때에 먹고, 자고, 기도함므로 회복되었던 것처럼, 목회자도 지치고 탈진했을 땐 나만의 쉼터를 찾아 마음껏 먹고, 충분히 휴식한 다음 원기를 회복하여 기도하는 시간이 필요하다. 위기는 언제든 새로운 도약을 위한 기회이다. 성급한 마음을 버리고 '먹자기법'의 지혜를 활용하라.

4) 건강한 사람들로부터 삶의 에너지를 충전 받으라.

평소 존경하고 신뢰하는 신앙의 선배나 친구와 더불어 정담을 나누거나 가까운 곳을 여행하는 것도 좋다. 자신에 대해 객관적으로 성찰하고 새로운 목회의 아이디어를 얻는 유익한 시간이 될 수 있다. 건설적이고 건강한 교제를 나눌 수 있는 관계는 저절로 되는 것이 아니다. 나의 인생을 함께 나눌 수 있는 관계를 확보하기 위해서는 먼저 섬김의 노력이 필요하다는 사실을 잊지 말라.

"우정은 임마누엘의 또 다른 표현이다."

5) 규칙적으로 운동하고 취미 활동을 개발하라.

'건강한 육체에 건강한 정신이 깃든다'는 격언처럼 규칙적인 운동은 심신을 단련하고 젊음을 유지시킨다. 이왕이면 취미활동이 건강을 도모하는 일이면 더욱 좋다. 단, 운동이나 취미활동이 과하여 오히려 사역의 장애가 되어서는 안 될 것이다.

4. 관계

1) 개인적인 일로 교회에 금전적인 요구를 하지 말라.

목회자는 언제든 설교할 준비, 이사할 준비, 그리고 굶을 준비가 되어 있어야 한다. 곧 주어진 상황 속에서 자족하며 살아야 하는 것이다. 그렇지 않으면 영적 권위가 실추되기 쉽다. 목회자는 돈을 많이 받아도 남지 않으며 적게 받아도 부족하지 않다. 물질의 풍요보다 영적 풍요가 중요하다.

2) 교인들에게 대접만 받는 사람이 되지 말라.

먼저 베푸는 사람이 되라. 목회자가 나눔의 종착역이 되려 하면 스스로 썩어 버린다. 대접받았으면 대접하라. 성도들은 목회자의 작은 접대에도 큰 감동을 받는다.

3) 어떤 경우에도 진실하라.

진실함은 최상의 인격이다. 위기를 넘기기 위해 거짓말하지 말라. 싫은 소리를 듣는 것이 진실을 잃는 것보다 훨씬 낫다.

4) 실수에 대해서는 체면 내세우지 말고 사과하라.

목회자가 자신의 실수에 대해 사과하는 것을 비웃는 성도는 거의 없다. 오히려 실수를 묵인하고 모른 척할 때 성도들은 상처를 받는다. 실수를 깨달았으면 정중하고, 겸손하게 용서를 구하라. 그러나 실수가 반복되면 사과의 효력도 상실되기 마련이다.

5) 교인의 사적 내용이나 비밀은 목회 차원에서라도 누설하지 말라.

귀는 활짝 열고 입은 꽉 다무는 것이 목회자의 자세이다. 그렇다고 해서 담임목사에게 정보가 단절되어 목회에 능동적으로 대처하지 못하는 경우가 있어서는 안 된다. 건강치 못한 성도일수록 부목회자에게 비밀스럽게 말하는 경우가 있다.

6) 목회의 총체적 역량을 강화하라.

지혜로운 사람은 다른 사람이 주관하는 일에도 내가 맡았을 때를 생각하며 적극적으로 협력한다. 특히 부목회자 시절에는 마음은 담임목사의 심정으로 그러나 부목회자의 위치를 잃지 않고 최선을 다해 일해야 한다. 우리는 경쟁자가 아니라 협력자이다. 앞서는 것을 끌어내리지 말고 함께 앞서갈 수 있도록 분위기를 조성하라. 새로운 멤버를 세워주고 함께 성장할 수 있는 기회를 마련하는 것이다.

 7) 목회실의 분위기가 공동체의 분위기를 좌우한다.

 목회자들이 서로 사랑하지 못하면, 그 입에서 나오는 모든 말들은 공허한 메아리일 뿐이다. 개인적인 관계로는 친밀감을 유지하되 공적인 자리에서는 존칭어를 사용하라. 동역자에 대해서는 의도적으로 장점만 이야기하는 것이 좋다. 특히 관계가 나쁠수록 그렇게 하라. 교회 사역은 관계 사역이다.

 "칭찬은 칭찬을 낳고 비난은 비난을 낳는다."

 평신도들 앞에서 동역자의 부정적인 면을 비춰 사람들로 하여금 이간하는 기회를 주지 말라. 칭찬할 때 절대로 단서를 붙여서는 안 된다. 아무리 탁월한 사람도 깎아 내리는 것은 순식간이다. 공적인 서열은 사역과 관계의 질서를 유지하는데 건전한 도구로 활용되어야 한다.

 8) 거룩한 불만족을 품으라.

 목회자는 항상 열린 자세로 타인에 대해서는 최대한 배려하고 관용해야 한다(外柔內剛). 그러나 자기 자신에 대해서는 최대한 까다롭고 인색하라. 그것이 목회자의 성장과 성숙을 가져다준다.

 9) 나보다 교회가 우선이다.

 동역자 간에 의견이 상충될 때는 서로 다를 수 있음을 인정하고 보다 큰 우선순위(교회 전체, 성도, 담임목사의 목회 철학, 비전 등)에 입각하여 결정하라. 나를 세우지 말고 교회를 세우는 것이 원칙이다. 담임목사와 동역자를 위해 철저히 손해 보면 나의 손해는 하나님이 책임지신다.

 10) 부목회자는 담임목사의 대사임을 잊지 말라.

 담임목사를 존경하고, 담임목사처럼 행하라. 심방 시, 가능한 자기 말이 아니라 담임목사의 메시지를 전하라. 부목회자는 그리스도의 대사인 동시에 담임목사의 대사이다.

11) 설교를 경청하는 모범을 보여라.

강단의 설교자는 하나님의 대언자로 바라보고 경청해야 한다. 위치는 다를 수 있지만 모두가 하나님의 대언자이기 때문이다. 설교 시간에 졸지 말라. 타인의 설교를 소홀히 하면서 나의 설교를 경청하기 원하는가? 다른 사람의 설교에 목회자가 귀 기울이는 것 자체가 이미 교인을 향한 훌륭한 설교이다.

5. 목회

1) 시간을 엄수하라.

모든 집회시간은 정시에 시작해야 한다. 사람이 많이 오지 않았다고 예배시간을 늦추면 점점 더 늦어지기 마련이다. 한두 사람이 모였을지라도 약속된 시간에 시작하는 문화를 만들라. 더구나 예배시간은 사람뿐만 아니라 하나님과 약속된 시간임을 명심해야 할 것이다.

2) 타이밍을 맞춰라.

목회에서는 타이밍이 중요하다. 특히 심방의 경우, 성도들의 필요를 충족시키면서 사역의 효과를 극대화할 수 있는 최적의 시간을 포착해야 한다.

3) 요구와 강요보다는 기꺼이 할 수 있도록 격려하라.

무능한 목사는 성도들로 억지로 하게하고, 보통 목사는 의무적으로 하게하고, 유능한 목사는 자발적으로 하게 한다. 성도들의 자발적이고도 행복한 사역을 위해 90% 칭찬하고 10% 조언하라.

4) 오늘의 사역현장을 일생일대 사명지로 여기라.

아무리 원대한 비전도 하루아침에 이루어지는 법은 없다. 오늘의 사역이 내일의 비전을 좌우한다. 오늘 당신의 생명을 불사르라. 그러나 무엇을 성취했을지라도 그것이 집착이나 소유가 되어서는 안 된다.

"너무 일찍 떠나지 말라. 그러나 너무 오래 매달려 있지도 말라."

5) 작은 것에서부터 섬김의 도를 실천하라.

사역은 섬김이다. 목회자의 권위는 능력 있는 말씀과 섬김에서 나온다. 섬김은 큰 희생보다는 따스한 말 한마디, 미소 띤 표정에서 느껴지는 경우가 많다.

"작은 섬김이 큰 섬김이다."

6) 토요일은 철저히 주일을 준비하는 날로 지켜라.

가능한 방문심방보다는 전화심방을 통해 주일참석을 독려하고 일주일 동안 전도한 사람들을 재확인한다. 예배 점검표에 맞추어 예배를 점검하고 일기예보 확인 및 필요사항을 조치하는 것도 잊어서는 안 된다.

7) 교회의 모든 사역은 교인의 눈높이로 진행하라.

은사 중심의 사역배치로 평신도를 충분히 활용해야 한다. 목회자는 평신도가 사역하는 것을 돕는 조력자이다. 어떻게 일을 시킬까 고민하지 말고 어떻게 동기를 부여할 것인지를 고민하라.

8) 주일예배를 일주일 사역의 결산으로 생각하라.

한 주간의 사역은 주일예배로 평가된다. 주일예배 후 결석자를 확인하고 전략적 심방계획을 세우라(전화, 문자, 방문, 이메일 등). 또한 모든 사역을 평가하고 그에 다른 후속 조치를 마련하는 것도 주일의 마감 사역이다.

9) 진리를 거스르는 것이 아닌 이상 기꺼이 양보하라.

목회자는 변화시킬 수 있는 것에 대해서는 개혁의 용기를, 변화시킬 수 없는 것에 대해서는 수용의 평안을, 그리고 이 둘을 분별하는 지혜를 발휘해야 한다.

10) 교인들의 이름이 기록되는 자료들은 각별히 신경 써라.

사람들은 자신의 이름을 알아주는 것에서 인정받는다는 생각을 한다. 반대로 이름을 틀리는 것은 소홀히 대하는 것으로 여길 수 있기에 명단 기록은 각별히 유의해야 한다. 또한 금액과 이름이 적힌 헌금 봉투는 절대 누출되지 않도록 하며 일정기간 후 소각하는 것이 바람직하다.

11) 교역자간의 이야기는 교역자 회의에서 끝내라.

12) 모든 사역은 ① 목적 지향적으로, ② 창조적으로, ③ 효과적으로, ④ 인격적으로, ⑤ 성경적으로, ⑥ 전도 지향적으로 행하라.

교육기관에서부터 장년부에 이르기까지 교회 전체가 동일한 방향으로 일관성 있게 나가야 한다. 매 사역마다 한 가지씩만 창조적 포인트를 더하라. 모방은 제2의 창조이다. 남의 것을 소중히 배우고 창조적으로 적용하라. 일이 많다고 불평하지 말고 일할 수 있는 능력을 달라고 기도하라. 일의 종이 되지 말고 하나님의 종이 되라. 모든 아이디어는 성경에 준해야 한다.

13) 매 주일 사역 보고서를 작성하라.

형식이 아니라 창조적 사역을 위한 자기 관리, 자기 반성, 자기 성장에 유용한 보고서이다. 주로 4가지 영역, ① 지난 주 사역보다 진보하고 전진한 것, ② 사역하는데 어려웠던 부분들(예배 및 예배에 관한 평가서-예배 준비 상황, 찬양, 새교우 환영, 설교, 주차장, 화장실, 게시판, 교회소식, 유아실, 주일학교 등 개선해야 할 내용, 주일 방문자들의 평가서), ③ 담임목사가 결정해야 할 일들, ④ 보고자의 개인기도 제목과 응답들을 중심으로 작성하라.

"점검과 평가는 성장의 기초석이다."

14) 전도의 모범을 보여라.

목회자는 전도를 통해서 정기적으로 생명을 구하는 기쁨을 맛보아야 한다. 생명을 구원하는 현장체험이 없는 목회는 생명력을 잃는다. 스스로 양육자라고 변명하지 말고 현장을 누비는 전도자가 되라.

15) 팀 사역을 추구하라.

첨단 문화와 다양성의 시대에 생존 전략은 전문화와 수용성이다. 각 분야별로 세분화된 전문 사역자를 양성하라. 경쟁하면 망하고 협력하면 산다.

개인 생활 십계명　　　중요한 것은 이상의 내용들을 나 자신에게 적용하여 구체적인 생활 지침을 수립하고 실천하는 것이다. 그 예로 신년도 교역자수련회에서 한 동역자가 작성한 개인 생활 십계명을 소개해 본다.

제1계명 기도 생활 1시간 이상!
- 새벽기도 후 자리를 굳게 지킨다.
- 기도수첩을 기록하고 유지한다.
- 기도 대상자 명단을 점검한다.

제2계명 말씀 읽기와 묵상!

- 성경읽기 카드(맥체인)에 따라 통독한다.

- QT Zine으로 큐티한다.

제3계명 가정을 행복한 영성 수련장으로!

- 주 1회 가정예배를 드린다(금요일).

- 영성 태교에 힘쓴다(음악, 독서).

제4계명 운동을 통한 신체관리와 스트레스 해소!

- 탁구를 통해 신체를 활기차게 한다(주2회).

- 사이클과 런닝을 통해 몸을 관리한다(주3회).

제5계명 말씀 연구!

- 〈말씀으로 여는 하루〉, 〈주님을 만나는 기쁨〉을 공부한다(새벽 활용).

제6계명 지성과 정보 축적!

- 도서 구입비를 계속 유지한다(월 10만원).

- 구입 후 적어도 목차 이상 확인한다(새벽기도 이후 시간 활용).

제7계명 월요일은 재창조의 시간!

- 오전에 자지 않는다.

- 도전이 되는 인물을 만나거나 공연 등의 취미 활동을 즐긴다.

제8계명 즐겁게 섬기는 목회!

- 말씀과 기도로 섬긴다.

- 받기 전에 먼저 준다.

- 성도들의 필요와 욕구를 늘 기억, 확인한다(정보카드).

제9계명 설교 Up-Grade!

- 초점 있는, 잘 정리된, 욕심 안 부리는 설교를 한다.

- 타인의 설교는 요약 정리한다.

- 논리적 speech를 공부한다.

제10계명 전도 지향적 목회!

- 태신자 리스트를 작성한다(ABCD 그룹).

- 오후엔 사람을 만나며 놀자.

- 모든 프로그램은 전도 지향적으로 기획한다.

한 번 더 도전할 의무   오페라의 거장 주세페 베르디(Giuseppe Verdi)는 그의 나이 열여덟에 이미 노련한 음악가로서 천재성을 인정받았지만, 80세가 되었을 때 이렇게 인생을 회고했다.

"음악가로서 나는 일생 동안 완벽을 추구해 왔다. 완벽하게 작곡하려고 애썼지만, 하나의 작품이 완성될 때마다 늘 아쉬움이 남았다. 때문에 나에게는 분명 한 번 더 도전해 볼 의무가 있다고 생각한다."

우리 역시 험난한 목회 인생을 살아가며 결코 완벽에 도달할 수 없을지도 모른다. 도리어 그렇기에 우리에게는 오늘, 지금 이 순간, 한 번 더 도전해 볼 의무가 있다. 시도하면 조금이라도 진전이 있지만, 시도하지 않으면 아무것도 할 수 없다. 여기, 자기 성장을 향해 도전하는 이들에게 들려주고픈 시가 있어 소개해 본다.

내가 되어야 할 나는

말이 적으면서도 속이 깊은 사람

다정하면서도 날카로운 눈으로 매사를 헤아려 볼 줄 아는 사람

항상 자신감에 차 있으면서도 오만해 보이지 않는 사람

나보다는 남의 입장에 서서 생각해 볼 줄 아는 사람

불의를 위해 용기를 내며 또한 용서하는 일에 마음이 너그러운 사람

무조건 참기보다는 조금씩 나아지는 삶을 위해 노력하는 사람

자기 힘으로 최선을 다하며 기도하기를 멈추지 않는 사람

누군가를 사랑하는 일에 게으르지 않는 사람

절대로 꿈꾸기를 포기하지 않는 사람

그리고 무엇보다도

내가 나임을 잃지 않는 사람이어야 하는데

내가 이루어야 할 내 모습은

아직도 내가 아니다

그래도, 또 한 해, 노력하는 내 모습은

언제나 나다.

"자기 관리를 넘어 기본기를 체득해야 한다."

"오늘, 지금 이 순간, 한 번 더 도전해볼 의무가 있다."

A p p l y

목회 기본기 5가지 영역

1. 영성

 "사람이 일하면 사람이 일할 뿐이지만, 사람이 기도하면 하나님이 일하신다."

2. 지성

 "배움이 중단되는 순간, 리더십은 상실된다."

3. 감성

 "우정은 임마누엘의 또 다른 표현이다."

4. 관계

 "자신에 대해서는 인색하고 타인에 대해서는 관용하라."

5. 사역

 "작은 섬김이 큰 섬김이다."

셰르파의
세 가지 조언

우리가 교회를 세우는 일로 부름받았다는 것, 세상에 이보다 더 존귀하고 영광스러운 일은 없으리라. 교회는 '그리스도의 몸'이기 때문이다. 누군가 나에게 교회의 의미를 묻는다면 이렇게 대답할 것이다.

- 교회 사랑은 주님 사랑이다.
- 교회는 그리스도의 뜻을 실현하는 공동체이다.
- 교회는 사람을 살리는 공동체이다.
- 교회는 축복의 근원지이다(엡 1:23).
- 교회는 희망의 공동체이다.
- 교회는 영원 승리의 공동체이다(마 16:18).

그야말로 교회를 세우는 일은 이 세상 가장 중요하고 행복하며 위대한 일인 것이다.

총체적 용량을 높여라

하지만 교회를 세우는 이 위대한 과업은 결코 쉬운 일이 아니다. 무작정 사명과 열심만 가지고 달려든다고 해서 될 일이 아니다. 특히 21세기는 '퓨전(fusion)' 시대이기에 열심은 기본이고, 고도의 전문성과 창조적 능력, 인격과 영성을 갖추어야 하는 것이다. 개척교회의 경우 한두 가지를 잘 한다고 해서 교회가 부흥되는 것은 아니다. 무엇보다 목회자의 총체적인 역량이 높아져야 한다.

크리스티안 슈바르츠는 『자연적 교회 성장』에서 "성장을 원하는 교회라면 8가지 질적 요소(지도력, 사역, 영성, 조직, 예배, 소그룹, 전도, 관계) 중 어느 한 가지라도 간과해서는 안 된다. 8가지 요소의 질적 수치를 일정 수준(65법칙) 이상 향상시켜야 한다"고 강조한다.

그러나 이는 하루아침에 향상되는 것이 아니다. 은혜받았다고 되는 것도 아니고, 한두 번의 훈련이나 무슨 프로그램을 통해서도 아니다. 오랜 기간(최소 10년 이상) 피눈물 나는 각고의 자기 훈련, 자기 변혁이 있어야 한다. 전인적 자기 성숙을 향한 목표를 정해놓고, 일정 기간 한 분야에 집중과 훈련을 권하고 싶다.

그러나 무엇보다 먼저 자신의 내면, 말씀의 본질을 추구하라. 그리고 전문 사역, 은사 사역의 역량을 점차 향상시키는 것이다. 결코, 성급히 자신을 특성화하려고 하지 말라. 자칫 에너지가 소진되어 목회 생명이 단축될 수 있다.

먼저 합당한 그릇을 준비하는 것이 중요하다. 곧 총체적 용량을 높이는 것이다. 결코 서둘지 말라. 한 술에 배부른 법은 없다. '천천히 그러나 꾸준히' '열심히 그러나 차분히' 나 자신을 변화시켜 가는 것이다. 기억하라!

"오래 엎드린 새가 멀리 날 수 있다."

셰르파의 마지막 세 가지 조언

우리는 '새 사람 새 교회 새 역사'라는 거대한 미지의 산, 그 푸르고 푸른 영원한 희망의 산을 향하여 등반을 시작했다. 그러나 정상에는 소수 정예 대원만 오르는 법. 결국에는 외롭고 고독한 험한 길을 혼자 가야만 한다. 길을 안내하는 셰르파를 자처하며, 최고봉을 향해 등반에 나선 이들에게 마지막으로 세 가지를 조언하고자 한다.

첫째, 원리에 충실하라!

언제든 방법과 기술보다는 원리가 우선이다. 우선적으로 원리를 충실히 따라야 한다. 원리를 따르다 보면 그 원리의 깊은 뜻을 알게 되고 비로소 길이 보이는 것이다. 특히 위기의 순간일수록 원리로 돌아가야 한다. 절대 꼼수나 변칙으로 통하지 않는다. 목회 위기의 순간이 닥치면 언제든 원리로 돌아가라. 원점으로 돌아가면 거기서 영감을 얻고, 위기 극복의 빛을 보게 될 것이다. "본질과 원리, 사랑은 언제든 통하는 법이다."

둘째, 사람을 살려라!

교회는 사람이다. 예수를 그리스도로 고백하는 사람들(성도)의 공동체가 교회이다. 그러므로 목회는 궁극적으로 '사람을 살려내는 일'이다. 사람을 존중하고, 행복하게 하고, 키우고, 살려내는 일이야말로 목회의 최우선 과제인 것이다. 예배, 교육, 봉사, 전도, 선교를 통해서 사람을 살려내는 일이 바로 교회가 하는 일이요, 목회사역인 것이다. 곧 사람을 살려내는 일을 통해서 이 땅에 하나님 나라가 이루어지고, 하나님께 영광을 돌리게 되는 것이다.

그래서 우리는 늘 점검해야 한다. 교회는 무엇을 하느냐가 중요한 것이 아니라, 무슨 일이 일어나고 있느냐가 중요하다. 사이즈가 커지고 있는가 아니라, 사람이 살아나고 있는가를 물어야 한다. 이를 위해 언제든 사람을 존중하고, 배려하고 말씀으로 섬겨야 하는 것이다.

"우리는 주님의 종인 동시에 교회의 종, 사람의 종이다(요 13:15)."

셋째, 목회를 즐겨라!

세상에 많은 보람된 일이 있지만, 그러나 목회만큼 행복하고 신나는 일이 또 있으랴! 목회를 바로 잘하기만 한다면 나도 살고, 너도 살고, 교회도 살고, 가정도 살고, 민족도 살고, 세계도 살기 때문이다. 세상에 이보다 더 신바람 나는 일이 어디 있겠는가?

물론 어려운 일이 없는 것은 아니다. 그러나 소위 세상에서 성공하는 사람들도 그만한 고생은 각오한다. 고생하지 않고 어렵지 않고 되는 일은 세상에 없다. 사람들은 고생을 자처하면서 부와 명예를 벌지만, 우리는 고생을 통해 생명이 살아나는 역사를 볼 수 있다.

지금까지 어떠했든 다시 소명을 확인하라. 십자가를 기억하라. 세상이 꿈꾸는 예수는 십자가에 달렸다. 우리는 예수가 꿈꾸는 부활의 시간, 사랑의 완성을 기다리는 자이다. 그 사랑으로 가득 채워라. 영혼의 쉼을 가지라. 마음의 여유를 가지라. 실컷 울고, 웃으며 놀아라. 그리고 행복한 얼굴로 다시 시작하는 것이다.

목회가 어렵다고 근심 어린 표정을 짓지 말라. 그럴수록 여유를 갖고 웃는 것이다. 말씀으로 고난을 극복하며 스스로 웃지 못하면서 어찌 성도들이 웃기를 바라겠는가. 십자가 아래, 힘든 짐을 내려놓고 성령의 신바람(柛風)이 나를 든든히 밀어주고 있음을 확인하라. 그로인해 이렇게 고백하는 것이다.

"나의 전공은 목회이고, 나의 취미 생활은 심방과 전도이며, 나의 최고의 행복은 말씀을 나누는 일이다."

언제나 오늘

자, 이제 우리 서로 떠나 할 시간이다. 어렵지만 다시 시작이다. 푸르
고 푸른 영원한 희망봉을 향해 새롭게 출발하자. 이 책 책머리에서 그랬
듯이 새로운 시간의 다짐을 상기하며 다시 발걸음을 내딛는다.

어제
아침을 지나고
점심을 지나고
저녁을 지나왔는데
다시, 오늘입니다.

내일
희망을 찾고
미래를 꿈꾸고
성공을 그렸는데
다시, 오늘입니다.

어제도 내일도
과거도 미래도
나의 시간은
다시, 오늘입니다.

『교회』 한스 큉, 한들출판사
『살아 있는 교회』 존 스토트, IVP
『한국교회 경쟁력 보고서』 홍영기 외, 교회성장연구소
『세상을 가슴 뛰게 할 교회』 웨인 코데이로, 예수전도단

『예배』 마르바 던, 이레서원
『부흥』 마틴 로이드 존스, 생명의말씀사
『부흥론』 찰스 피니, 생명의말씀사
『윌로우그릭 구도자 예배』 G. 프리챠드, 서로사랑
『예배의 감격에 빠져라』 김남준, 규장
『예배갱신의 신학과 실제』 조기연, 대한기독교서회

『프로페셔널의 조건』 피터 드러커, 청림출판
『변화 리더의 조건』 피터 드러커, 청림출판
『이노베이터의 조건』 피터 드러커, 청림출판
『21세기 지식경영』 피터 드러커, 한국경제신문
『성공하는 사람들의 7가지 습관』 스티븐 코비, 김영사
『인생론』 데일 카네기, 선영사
『80 20 법칙』 리처드 코치, 21세기북스
『태도의 경쟁력』 키스 해럴, 푸른숲
『성공하는 시간관리와 인생관리를 위한 10가지 자연법칙』 하이럼 스미스, 김영사
『성공하는 기업들의 8가지 습관』 제임스 콜린스 외, 김영사
『아침형 인간』 사이쇼 히로시, 한스미디어
『월화에 일을 끝내라』 오카쓰 후미히토, 국일미디어
『원칙중심의 리더십』 스티븐 코비, 김영사
『승자의 리더십 패자의 리더십』 존 키건, 평림
『리더십 훈련』 폴 태핀더, 넥서스

『불가능은 없다』 로버트 슐러, 대한기독교서회
『당신도 성공할 수 있다』 로버트 슐러, 보이스사
『크리스찬의 자기관리』 스테펀 더글라스, 순출판사

『탁월성을 키우라』 찰스 스윈돌, 보이스사
『성공 이야기』 존 맥스웰, 가치창조
『리더십 101』 존 맥스웰, 청우
『리더십을 키우라』 존 맥스웰, 두란노
『리더십 21가지 법칙』 존 맥스웰, 청우
『디지털 목회 리더십』 이성희, 규장
『리더십의 진실』 존 스토트, IVP
『리더는 무엇으로 사는가』 고든 맥도날드, IVP
『리더십 쉬프트』 옥한흠 외, 국제제자훈련원
『마틴 루터 킹의 리더십』 도널드 필립스, 시아출판
『목회자의 리더십』 김상복, 엠마오
『목회코칭 리더십』 홍삼열, 좋은땅

『죽을 때까지 이 걸음으로』 함석헌, 한길사
『거인들의 발자국』 한홍, 두란노
『기독교 선교사』 스티븐 니일, 성광문화사
『허드슨 테일러』 로저 스티어, 두란노
『루터 자서전』 존 딜렌버거, 크리스챤다이제스트
『칼빈의 경건』 존 칼빈, 크리스챤다이제스트
『존 웨슬리의 일기』 존 웨슬리, 크리스챤다이제스트
『탁상담화』 마틴 루터, 크리스챤다이제스트
『그리스도의 십자가』 존 스토트, IVP
『소명』 오스 기니스, IVP
『목적이 이끄는 삶』 릭 워렌, 디모데
『목회비전을 교회 요람에 담아라』 김점옥, 기독신문사
『찰스 스펄전의 목회 비전』 송삼용, 기독신문사
『목사의 심장』 글렌 와그너 외, 규장
『설교사역론』 정장복, 대한기독교서회
『설교자가 꼭 명심할 9가지 설득의 법칙』 박영재, 규장
『스퍼전의 설교학』 찰스 스퍼전, 생명의말씀사
『영혼을 울리는 설교 개발』 한국교회장기목회연구원, 서로사랑

『메시지 전달혁명』 맹명관, 규장
『밀레니엄 프리칭』 존 킬링거, 진흥
『미래목회대예언』 이성희, 규장
『밀레니엄목회 리포트』 이성희, 규장
『사역자 매뉴얼』 임성철, 생명의말씀사
『그리스도의 몸을 이루는 목회』 박종석, 사랑마루
『팀 목회』 딕아이버슨, 진흥
『은사코드』 홍영기 외, 교회성장연구소
『네트워크 은사배치 사역』 빌 하이벨스, 프리셉트
『패스파인더』 오정현, 두란노
『성령의 은사와 교회성장』 피터 와그너, 생명의말씀사

『독서와 영적 성숙』 강준민, 두란노
『영적 훈련과 성장』 리처드 포스터, 생명의말씀사
『습관과 영적 성숙』 손경구, 두란노
『목회자의 자기 관리』 로이 오스왈드, 세복
『목회자의 지성과 인격』 정진경, 진흥
『목회영성』 벤 존슨, 진흥
『예수님의 이름으로』 헨리 나우웬, 두란노
『세상의 길 그리스도의 길』 헨리 나우웬, IVP
『영성의 씨앗』 헨리 나우웬, 그루터기하우스
『21세기 영성신학』 홍성주, 은성
『생수의 강』 리처드 포스터, 두란노
『영성의 거장들』 송삼용, 기독신문사
『기독교의 영적 스승들』 이후정 외, 대한기독교서회
『내면세계의 질서와 영적 성장』 고든 맥도날드, IVP
『영성과 목회』 오성춘, 장신대출판부
『나를 따르라』 본 회퍼, 신앙과지성사